Hundegestütztes Coaching und Training

Manuela Lentzsch

Hundegestütztes Coaching und Training

Effizient, wirkungsvoll und nachhaltig

 Springer

Manuela Lentzsch
Werder Havel, Deutschland

ISBN 978-3-658-42453-4   ISBN 978-3-658-42454-1 (eBook)
https://doi.org/10.1007/978-3-658-42454-1

Die Deutsche Nationalbibliothek verzeichnet diese Publikation in der Deutschen Nationalbibliografie; detaillierte bibliografische Daten sind im Internet über https://portal.dnb.de abrufbar.

Titelbild und Autorenfoto: © Maria Bykova (www.morophoto.de)

Planung/Lektorat: Eva Brechtel-Wahl
Springer ist ein Imprint der eingetragenen Gesellschaft Springer Fachmedien Wiesbaden GmbH und ist ein Teil von Springer Nature.
Die Anschrift der Gesellschaft ist: Abraham-Lincoln-Str. 46, 65189 Wiesbaden, Germany

Das Papier dieses Produkts ist recyclebar.

Aus Gründen der besseren Lesbarkeit verwende ich in diesem Buch geschlechtsneutrale Personen- und Berufsbezeichnungen und damit das generische Maskulinum. Die genutzten Begriffe schließen stets alle Geschlechter ein.

Geleitwort

Hunde und Pferde tun uns gut – das werden viele Hunde- und Pferdehalter*innen aus ihrem Alltag bestätigen. So heißt es: „Gib dem Menschen einen Hund, und seine Seele wird gesund" (vermutlich von Hildegard von Bingen) oder „Mein Pferd ist mein Therapeut" (übersetzter Titel einer wissenschaftlichen Studie). Doch nicht nur alltagspsychologisch merken Hunde- und Pferdeliebhaber die positiven Effekte, sondern auch wissenschaftliche Studien untermauern genau das. Tiere bringen Menschen dazu, sich emotional zu öffnen, und sie wirken beruhigend. Es gibt mittlerweile diverse Studien zur Wirkung von Tieren auf unser Wohlbefinden und unsere Gesundheit.

Es ist also kein Wunder, dass Tiere bereits seit Jahrzehnten in verschiedenen Interventionen eingesetzt werden, wie beispielsweise in der Psychotherapie, in der Reittherapie oder auch im Coaching. Hier kennen viele das pferdegestützte Coaching, das sich wissenschaftlich nachweislich positiv auf das menschliche Erleben und Verhalten auswirken kann. Mithilfe der Methode des Pferdecoachings wird u. a. die Selbstwirksamkeit der Klient*innen gestärkt, sie haben ihre Emotionen besser im Griff und steigern ihre emotionale Intelligenz.

Das klappt allerdings nur, wenn die Coachings fachlich fundiert durchgeführt werden.

Genau das gilt auch für den Einsatz von Hunden im Coaching. Sie werden noch nicht so lange wie Pferde in Coachings für Privatpersonen oder Unternehmen eingesetzt, aber sie bieten zahlreiche Vorteile. Umso wichtiger ist es, tiergestützte Coachings auf einer fundierten, wissenschaftlichen und somit professionellen Basis durchzuführen, damit Klient*innen und Unternehmen im Sinne der Persönlichkeitsentwicklung hiervon profitieren können. An diesem Punkt setzt dieses Buch an, und ich wünsche allen Leser*innen viel Freude beim Lesen!

Pferdecoaching Institut, Brühl, Deutschland   Prof. Dr. Kathrin Schütz

Vorwort

Seit meiner Kindheit schätze ich das Zusammenleben und die tiefe Verbundenheit mit einem Hund. Meine Mutti starb sehr früh, und als junges Mädchen durfte ich leider keinen eigenen Hund bei meiner Oma halten. Daher war ich mehr bei meinen Nachbarn, die einen Hund hatten, als zu Hause anzutreffen. Die Nachbarshündin Bessi war für mich Freundin, Seelentrösterin, Kraftquelle, Beschützerin und Spielgefährtin zugleich. Durch sie spürte ich zum ersten Mal dieses besondere Band zwischen Mensch und Hund.

Kaum war ich volljährig, erfüllte ich mir den Traum von einem eigenen Hund. Ich habe in meinem Leben unglaublich viel von meinen eigenen Hunden sowie von meinen Pflegehunden lernen dürfen. Sie haben es geschafft, meinen Blick auf die Welt mit ihren Wesen zu sehen, zu erleben und meine eigenen Perspektiven zu erweitern. Es war meine Hündin Kira, die mich durch ihre Präsenz aus meinem Alltagstrott, dem beruflichen Hamsterrad als Führungskraft und der daraus resultierenden Stressspirale herausgeholt hat. Sie hat mir gezeigt, was wirklich wichtig ist im Leben, und hat mich geerdet. Mein Rüde Sam hingegen hat mir beigebracht, was Geduld und Liebe bei einem Angsthund bewirken können und wie sehr man sich über kleinste statt immer nur über große Erfolge freuen sollte. Dies sind zwei Beispiele von vielen in meinem Leben durch Hunde.

Ich hatte einen hundefreundlichen Arbeitgeber und durfte meine Hündin Kira über viele Jahre mit ins Büro nehmen. Meine Kollegen schätzten es sehr, wenn sie da war. Ich bekam öfter Besuch in meinem Zimmer: Dies förderte die interne Kommunikation, die Kollegen waren achtsamer, und eine Kollegin fragte mich sogar, ob sie mittags mit Kira Gassi gehen dürfte. Bei ihr konnte ich weitere positive Effekte beobachten. Durch die regelmäßigen Spaziergänge an der frischen Luft wurde sie mit der Zeit konzentrierter bei der Arbeit. Gerade in für sie hektischen Situationen streichelte sie Kira mit einer Hand, während sie am Computer mit der anderen Hand arbeitete. Auf die Frage, ob Kira störe, antwortete sie: „Nein, ganz im Gegenteil, sie beruhigt mich ungemein." Zudem verlor meine Kollegin mit der Zeit an Gewicht, wurde aktiver (auch in ihrer Freizeit) und selbstbewusster. Am Ende adoptierte sie sogar selbst einen Hund.

Jahre später stieß ich in einer Zeitschrift auf einen Artikel zum Thema hundegestütztes Coaching. Daraufhin recherchierte ich weiter und probierte erste tiergestützte Übungen bei meinen damaligen Klienten aus. Die Aha-Effekte überzeugten mich, und ich absolvierte

entsprechende Weiterbildungen, um mein Wissen zu vertiefen. Heute weiß ich aus praktischer Erfahrung, dass gerade die eigene Haltung, Klarheit, Führung, Kommunikation, Zusammenarbeit und die Entwicklung von individuellen Kompetenzen durch hundegestütztes
Coaching und Training besonders effizient, nachhaltig und wirksam sind.

Als systemische hundegestützte Coachin und Trainerin ist es mir wichtig, mit diesem
Buch einen Überblick für Menschen zu schaffen, die mehr über hundegestütztes Coaching
und Training erfahren wollen. Daher zeige ich neben den Grundlagen und den Wirkungs-
weisen vor allem die Einsatzmöglichkeiten sowie Praxisbeispiele und konkrete Interventionen zur praktischen Anwendung auf. Die tiergestützten Übungen habe ich nach Per-
sönlichkeits-, Führungskräfte- und Teamentwicklung unterteilt. Ein besonderes Augenmerk lege ich als zertifizierte Hundeerzieherin und Verhaltensberaterin neben dem
klientenzentrierten auf einen tierzentrierten Ansatz, der dem Wohlbefinden des Hundes
Rechnung trägt. Darüber hinaus beleuchte ich wichtige Aspekte der Qualitätssicherung
sowie der Auswahlkriterien beim Hund. Als Tierschützerin gehe ich auch auf tierschutzrelevante Gesichtspunkte bei der hundegestützten Arbeit ein.

An einigen Stellen in diesem Buch spreche ich von Coaching und Training, an anderen
Stellen nur von Coaching oder nur von Training. Manchmal werden die Begriffe mit
Bindestrich, manchmal ohne und an anderen Stellen wieder ohne Zusätze genutzt. Dessen
bin ich mir bewusst, und dies geschieht kontextabhängig mit Absicht. Vieles in diesem
Buch gilt für Coaching und Training gleichermaßen. Wenn nicht, werden die Unterschiede
an den entsprechenden Stellen herausgearbeitet, oder es wird der Begriff Coaching bzw.
Training bewusst einzeln genutzt, um die inhaltliche Bedeutung für das jeweilige Gebiet
herauszustellen.

Das vorliegende Werk erhebt keinen Anspruch auf Vollständigkeit. Als Grundlagen-
werk möchte ich mit diesem Buch vor allem einen Einstieg in die Thematik bieten.

Mein besonderer Dank gilt allen Hunden, die mein Leben bereichert und allen Menschen, die in Hunden nicht nur einen Sachgegenstand, sondern fühlende und denkende
Wesen sehen, diese wertschätzen und aktiv schützen. Danke dafür!

Werder Havel, Deutschland   Manuela Lentzsch

Danksagung

An dieser Stelle möchte ich mich bei meinen Testleserinnen Vivian Lentzsch, Petra Strohmeier und Ines Siering ganz herzlich bedanken. Danke, dass ihr euch die Zeit genommen und mir wertvolle Anregungen und Tipps gegeben habt. Meinem Lebenspartner Enrico Reich danke ich für seine Geduld und sein Verständnis, wenn ich, statt mit ihm Zeit zu verbringen, mal wieder über meinem Laptop gesessen habe, um dieses Buch zu schreiben. Danke, dass ihr dieses Herzensprojekt von mir unterstützt habt.

Danke vor allem auch an Sie, liebe Leser, für Ihr Interesse an diesem Buch und dass Sie bis hierher – ans ENDE – gelesen haben.

Inhaltsverzeichnis

1   Einleitung   1
    Literatur   2

2   Ursprung des tiergestützten Coachings   5
   2.1   Unterscheidung zwischen Coaching und Training   7
   2.2   Unterscheidung zwischen Co-Coach und Co-Trainer   8
    Literatur   9

3   Wirkungsweise von hundegestütztem Coaching   11
   3.1   Warum sind Hunde so wertvolle Co-Trainer?   12
   3.2   Physiologische, hormonelle und neuronale Wirkung   13
    Literatur   18

4   Notwendige Qualifikationen und Kompetenzen beim Menschen   21
   4.1   Coaching-Kompetenz für Menschen   22
   4.2   Coaching-Kompetenz für hundegestützte Interventionen   23
   4.3   Coaching-Kompetenz für Hunde   24
    Literatur   29

5   Notwendige Qualifikationen und Kompetenzen beim Hund   31
   5.1   Die Auswahl und Eignung des Hundes   33
   5.2   Der Hund im Einsatz   34
    Literatur   35

6   Gesetzliche Grundlagen und Qualitätsstandards   37
   6.1   Gesetzliche Grundlagen   37
   6.2   Qualitätsstandards   38
    Literatur   39

7   Der Hund im Coachingprozess   41
   7.1   Das klienten- und tierzentrierte Beziehungsdreieck   41
   7.2   Die Bedürfnisse des Hundes   48
   7.3   Der Coaching-Prozess mit Hund   51

7.4   Rollen und Funktionen des Hundes im Coaching   52
7.5   Hundische Metaphern, Bedeutungsübertragungen, Zitate
        und Geschichten   53
Literatur   62

8   Einsatzgebiete, Zielgruppen, Themen, Besonderheiten und Grenzen   65
8.1   Einsatzgebiete und Zielgruppen   65
8.2   Themen   68
8.3   Besonderheiten und Grenzen   71
Literatur   73

9   Praxisbeispiele für hundegestütztes Coaching   75
9.1   Praxisbeispiel: Führung   75
9.2   Praxisbeispiel: Grenzen setzen   76
9.3   Praxisbeispiel: Projektmanagement   76
9.4   Praxisbeispiel: Teamarbeit   77
9.5   Praxisbeispiel: Prozessoptimierung   78
9.6   Praxisbeispiel: Bereichsübergreifende Zusammenarbeit   78

10   Ablauf des hundegestützten Coachings   81
10.1   Auftragsklärung   81
10.2   Vorbereitung und Materialien   82
10.3   Einstieg   85
10.4   Interventionen   89
10.5   Abschluss   90
10.6   Dokumentation und Nachbereitung   94
Literatur   94

11   Hundegestütztes Design und Interventionen   97

12   Hundegestütztes Personal Coaching   99
12.1   Hundegestützte Persönlichkeitsentwicklung   99
        12.1.1   Intervention: Achtsamkeit erhöhen   103
        12.1.2   Intervention: Wahrnehmung schulen   105
        12.1.3   Intervention: eigene Klarheit schaffen   107
        12.1.4   Intervention: Entscheidungen treffen   109
        12.1.5   Intervention: Grenzen setzen   111
        12.1.6   Intervention: Vertrauen aufbauen   113
        12.1.7   Intervention: Kommunikation verbessern   114
        12.1.8   Intervention: Glaubenssatz: „Sei stark".   116
        12.1.9   Weitere Interventionsmöglichkeiten mit Hund   119
        12.1.10 Reflexionsfragen für Hundehalter   120
        12.1.11 Reflexionsfragen für Kinder und Jugendliche   121
Literatur   122

13 Hundegestütztes Business Coaching 125
   13.1   Hundegestützte Führungskräfteentwicklung 125
        13.1.1   Intervention: Führung 125
        13.1.2   Intervention: Selbst- und Fremdführung 127
        13.1.3   Intervention: Mitarbeiterorientierte Führung 129
        13.1.4   Intervention: Kooperative Führung 131
        13.1.5   Intervention: Führung unter Herausforderung und Druck 133
        13.1.6   Intervention: Umgang mit Ablenkungen in der Führung 135
        13.1.7   Intervention: Führung und Vertrauen 137
        13.1.8   Intervention: Führungskompetenzen 139
        13.1.9   Intervention: Führungskommunikation 141
        13.1.10 Intervention: Achtsame Führung 143
        13.1.11 Intervention: Umgang mit Komplexität in der Führung 145
        13.1.12 Intervention: Führung und Delegieren 147
   13.2   Hundegestützte Teamentwicklung 149
        13.2.1   Intervention: Teamarbeit 150
        13.2.2   Intervention: Teamkompetenzen 152
        13.2.3   Intervention: Zusammenarbeit und Kommunikation 154
        13.2.4   Intervention: Zusammenarbeit und Zeitmanagement 156
        13.2.5   Intervention: Zusammenarbeit und Vertrauen 158
        13.2.6   Intervention: Agile Zusammenarbeit 160
        13.2.7   Intervention: Abteilungsübergreifende Zusammenarbeit 163
        13.2.8   Intervention: Kreativität im Team fördern 166
        13.2.9   Intervention: Prozesse im Team optimieren 168
        13.2.10 Hundegestützte Teamrallye 170
   Literatur 171

14 Weitere Unternehmens- und Personalentwicklungsansätze 173

15 Ausblick 175
   15.1   Weitere Entwicklungen im hundegestützten Coaching 175
   15.2   Hundegestütztes Coaching mit Roboterhunden 175
   Literatur 176

Schlusswort 177

Über die Autorin

Manuela Lentzsch ist Expertin für systemisches hundegestütztes Coaching und Training. Unter dem Label „Hund Herz Kopf" vereint sie tiergestützte Persönlichkeits-, Führungskräfte- und Teamentwicklung und begleitet Unternehmen bei ihren Veränderungsprozessen.

Durch ihren ersten Arbeitgeber kam sie 2005 erstmals mit der Entwicklung von Führungskräften mittels Potenzialanalysen auf neurologischer Basis in Berührung. Die Faszination für die Entwicklungsmöglichkeiten von Menschen teilt sie bis heute. Ihre tiefe Überzeugung ist es, dass in der Persönlichkeitsentwicklung – im SELBST-Konzept – der Schlüssel für ein glücklicheres und erfüllteres Arbeits- und Privatleben liegt.

Sie ist zertifizierte systemische Business Coachin, Coachin und Trainerin für hundegestütztes Coaching und Training sowie Hundeerzieherin und Verhaltensberaterin. Manuela Lentzsch verfügt als Background über 15 Jahre Wirtschaftserfahrung in leitenden Positionen in verschiedenen Branchen und über 10 Jahre Führungserfahrung von unterschiedlichen Teams. Sie war jahrelang im deutschen Tierschutz tätig und hat über mehrere Jahre einen Tierschutzverein für Golden Retriever in Not als Vorstand geleitet.

Manuela Lentzsch begleitet Unternehmen, Führungsmenschen und Teams zur besten Version ihrer selbst. Die Werte innovativ, wirksam, authentisch und nachhaltig begleiten ihre tägliche Arbeit.

Im Privatleben ist Manuela Lentzsch leidenschaftliche Hundeliebhaberin und Wohnmobilreisende. Sie liebt es, mit ihren Hunden in der Natur zu sein, in dieser zu entspannen und zu fotografieren.

www.hund-herz-kopf.de

© Hund Herz Kopf

Einleitung

1

> ➤ Zitat: „Der beste Freund des Menschen ist der Hund."

Der Hund ist der älteste Kulturfolger des Menschen. Genetische Untersuchungen zeigen, dass die Co-Evaluation zwischen Menschen und Hunden bereits vor ca. 30.000 bis 40.000 Jahren begonnen hat. Die ersten Gräberfunde vor ca. 14.000 Jahren, in denen Menschen mit ihren Hunden begraben wurden, weisen schon damals aufgrund der Lage der Skelette auf eine tiefe und innige Beziehung hin (Wohlfarth und Mutschler 2020). Die Mensch-Hund-Beziehung ist demnach eine der längsten sozialen Verbindungen. Die erste schriftliche Erwähnung des Ausspruchs „Der beste Freund des Menschen ist der Hund" findet sich 1518 (Wikipedia o. J.).

Die Domestikation von Hunden begann vor ca. 15.000 bis 20.000 Jahren. Hunde haben in dieser langen gemeinsamen Zeit mit dem Menschen auf unvergleichliche Weise gelernt, den menschlichen Ausdruck zu lesen und zu verstehen. Der Domestikationsprozess hat so beim Hund zu einer genetisch disponierten Kommunikationsfähigkeit mit dem Menschen und einem erstaunlichen Verständnis des menschlichen Verhaltens geführt (Pongracz et al. 2003; Miklósi 2011). Studien zeigen, dass Hunde freundliches und bedrohliches Verhalten von fremden Menschen ihnen gegenüber erkennen und angepasst darauf reagieren (Vas et al. 2005; Gyori et al. 2010). Sie können unsere Emotionen und Stimmungen wahrnehmen. Selbst ihre eigene Gestik und Mimik haben Hunde an uns Menschen angepasst. Forschungsergebnisse belegen, dass Hunde mit Menschen in gleicher Weise wie mit Artgenossen über ihr arttypisches Ausdrucksverhalten kommunizieren (Feddersen-Petersen 2004). So können Hunde bspw. ihre Augenbraue heben und lächeln. Bestimmte Verhaltensweisen, wie das Lächeln, zeigen Hunde nur uns menschlichen Kommunikationspartnern gegenüber (Fox 1970, 1975). Dieses Lächeln ist Ausdruck von freudiger Erregung und Zuneigung (Wardeck-Mohr 2013). Kaum ein anderes Tier verfügt über eine so ausgefeilte Mimik und Körpersprache.

Die Neuroanatomie, die Neurophysiologie und die Neurochemie des Hundes sind denen der Menschen recht ähnlich. Daher ist auch das Sozialverhalten des Hundes, wie bspw. die sozialen Interaktionen, das Zusammenleben im Rudel sowie die Beziehungs- und Anpassungsfähigkeit, dem unseren sehr nah. Kein anderes Tier auf dieser Welt versteht den Menschen so gut (Wardeck-Mohr 2013) und bindet sich so stark an einen Menschen (Bezugsperson) wie der Hund. Hunde verstehen uns sogar besser als unsere nächsten biologischen Verwandten, die Schimpansen (Kirchhofer et al. 2012).

Eine Vielzahl an Studien belegt, dass das Zusammenleben mit Hunden für unser Wohlbefinden und damit für unsere Gesundheit förderlich ist (Headey et al. 2008). Bereits nach kurzzeitiger Interaktion mit einem Hund zeigt sich beim Menschen eine deutliche physiologische, als gesundheitsförderlich zu bewertende Reaktion, wie ein Absinken des Cortisolspiegels (Stressreduktion) und des Insulinspiegels, ein niedrigerer Ruhepuls sowie eine Ausschüttung von Oxytocin (Handlin et al. 2011).

Wer könnte also besser geeignet sein als ein Hund, uns zu beruhigen, zu lesen, einzuschätzen und zu reflektieren? In der Interaktion mit Hunden kann der Mensch lernen, unterschiedlichste, mitunter sehr minimale, aber wichtige Signale wahrzunehmen und zu verstehen. Damit lässt sich unsere Achtsamkeit und Empathie für uns selbst und andere stärken. Unser eigenes Ausdrucksverhalten kann durch die Reflexion der Hunde verfeinert und die eigene Klarheit gefördert werden (Knabe 2019). Hunde besitzen Kompetenzen, die wir leider aufgrund unserer eigenen gesellschaftlichen Entwicklungen und der heutigen Schnelllebigkeit verlernt haben. Durch Hunde können wir nicht nur unsere Kompetenzen stärken, sondern auch verloren gegangene Ressourcen und Fähigkeiten wiederfinden und erlernen – dazu später mehr.

Literatur

Feddersen-Petersen D. U. (2004). Hundepsychologie: Sozialverhalten und Wesen, Emotionen und Individualität. Vol. 4, Stuttgart: Franckh-Kosmos.

Fox M. W. (1970). A Comparative Study of the Development of Facial Expressions in Canids: Wolf, Coyote and Foxes. Vol. 36, 49.

Fox M. W. (1975). Vom Wolf zum Hund: Entwicklung, Verhalten und soziale Organisation. München: BLV.

Gyori B., Gacsi M., Miklosi A. (2010). Friend or foe: Context dependent sensitivity to human behaviour in dogs, Applied Animal Behaviour Science. S. 128, 69–77.

Handlin, L., Hydbring-Sandberg, E., Nilsson, A., Ejdebäck, M., Jansson, A., Uvnäs-Moberg, K. (2011): Short-term Interaction between Dogs and Their Owners: Effects on Oxytocin, Cortisol, Insulin and Heart Rate – An Exploratory Study. Anthrozoös. 24(3), 301–315.

Headey B., Na F., Zheng, R. (2008). Pet dogs benefit owners' health: a "natural experiment" in China, Soc. Indic.Res. S. 84, 481–493.

Knabe, M. (2019). Gute Führung braucht Haltung, 11 Kompetenzen, die Führungskräfte von Hunden lernen können. (S. 201). Weinheim: Wiley.

Kirchhofer, K. C., Zimmermann, F., Kaminski, J., Tomasello, M. (2012). Dogs (Canis familiaris), but Not Chimpanzees (Pan troglodytes), Understand Imperative Pointing.

Miklósi Á. (2011). Hunde: Evolution, Kognition und Verhalten. Stuttgart: Franckh-Kosmos.

Pongracz P., Miklosi A., Kubinyi E., Topal J., Csanyi V. (2003). Interaction between individual experience and social learning in dogs. Animal Behaviour. S. 65, 595–603.

Vas J., Topal J., Gacsi M., Miklosi A., Csanyi V. (2005). A friend or an enemy? Dogs' reaction to an unfamiliar person showing behavioural cues of threat and friendliness at different times, Applied Animal Behaviour Science. S. 94, 99–115.

Wardeck-Mohr, B. (2013). Team-Coaching Mensch-Hund. Wege zur erfolgreichen Kommunikation. (S. 82). Stuttgart: Müller Rüschlikon.

Wikipedia. (o.J.). Der beste Freund des Menschen. https://de.wikipedia.org/wiki/Der_beste_Freund_des_Menschen. Zugegriffen: 22. Januar 2023

Wohlfarth, R., Mutschler B. (2020). Wie Tiere uns gesund machen: über die Heilkräfte der Tiere. München: Btb.

Ursprung des tiergestützten Coachings

Erste Bestrebungen des Einsatzes von Tieren finden sich in der Therapie im 9. Jahrhundert in Belgien, im 18. Jahrhundert in einem englischen Zentrum für Geisteskranke sowie im 19. Jahrhundert in Bethel in einem Epileptikerzentrum wieder. Da die Versuche nicht ausreichend dokumentiert waren, sind diese für die Wissenschaft von nicht allzu großem Wert (Stoppel 2018). Die ersten wissenschaftlichen Ursprünge der tiergestützten Interventionen gehen auf die Erkenntnisse von Sigmund Freud (1938) und Boris Levinson (1961) zurück. Sigmund Freud gilt als Vater der Psychoanalyse (McLeod 2013). Während seiner Sitzungen mit Patienten ließ Freud seinen Hund bei sich. Er bemerkte, dass seine Patienten offener waren, wenn sein Hund anwesend war, und er schätzte vor allem die beruhigende Wirkung auf diese (Svaldo 2021). Boris Levinson gilt als Begründer der Haustiertherapie. Er hielt den ersten Vortrag über tiergestützte Therapie in den 1960er-Jahren. Er wurde dafür mit Spott und abfälligen Bemerkungen konfrontiert. Levinson stellte fest, dass sich die Kinder, mit denen er arbeitete, wohler zu fühlen schienen, wenn er seinen Hund mit zur Arbeit brachte (Coren 2013). Neben der Funktion als Eisbrecher betonte er, dass Hunde im Bereich der Empathieentwicklung besonders gut fungieren (Svaldo 2021). Veröffentlichungen der Soziologin Erika Friedmann, des Mediziners Aaron Katcher und des Psychologen-Ehepaars Sam und Elisabeth Corson folgten. Als deutsche Pioniere, die sich mit der Mensch-Tier-Beziehung befassten, sind die Psychologen Reinhold Bergler und Erhard Olbricht zu nennen (Stoppel 2018).

Seither wurde die Wirkungsweise in vielen Studien für die Bereiche tiergestützte Therapie, Pädagogik, Aktivität und Coaching untersucht und untermauert. Die wissenschaftlichen Arbeiten zum tiergestützten Coaching finden sich vor allem im pferdegestützten Bereich. Studien explizit zum hundegestützten Coaching gibt es hingegen leider kaum. In den 1970er-Jahren hat man begonnen, Tiere ehrenamtlich als Co-Partner einzusetzen. Man wollte Menschen mit Behinderung durch eine Reittherapie helfen. Später wurde entdeckt, dass Manager und Führungskräfte durch pferdegestütztes Coaching ihre Mitarbeitenden effektiver leiten konnten.

M. Lentzsch, *Hundegestütztes Coaching und Training*, https://doi.org/10.1007/978-3-658-42454-1_2

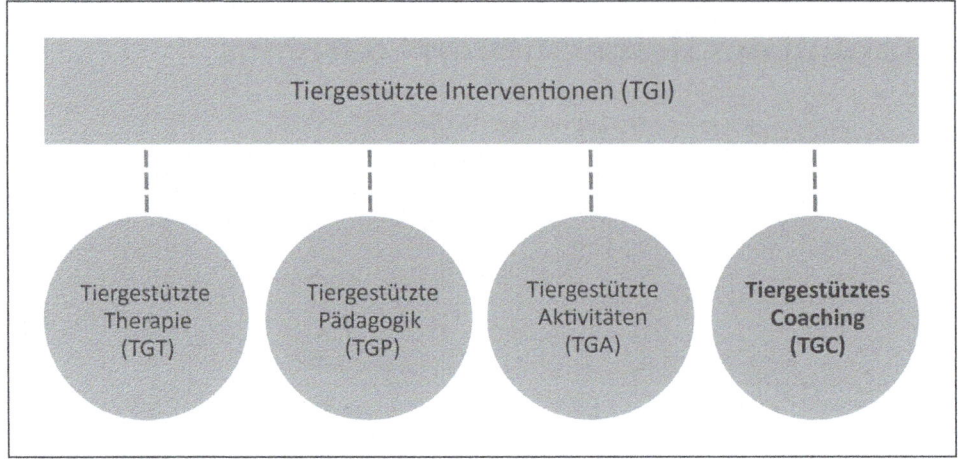

Abb. 2.1 Überblick zu tiergestützten Interventionen

Das tiergestützte Coaching (TGC) zählt zu den tiergestützten Interventionen (TGI). In Abb. 2.1 ist ein Überblick der TGI dargestellt. Das hundegestützte Coaching unterscheidet sich demnach von den anderen hundegestützten Interventionen. Bei der Tiergestützten Therapie (TGT) steht die Verbesserung der körperlichen, sozialen, emotionalen oder kognitiven Funktionen der Patienten im Einzel- oder Gruppensetting im Vordergrund. Hierfür setzt der ausgebildete hundegestützte Therapeut einen ausgebildeten und zertifizierten Therapiebegleithund ein. Der Fokus von Tiergestützter Pädagogik (TGP) liegt auf dem Erreichen von akademischen Zielen sowie auf der Entwicklung von prosozialen Fertigkeiten und kognitiven Funktionen bei Schülern im Einzel- oder Gruppensetting. Ein hundegestützter Pädagoge setzt hierfür einen Schulbegleithund ein. Tiergestützte Aktivitäten (TGA) sind hingegen geplante und zielorientierte informelle Interaktionen/Besuche, die von Mensch-Tier-Teams mit motivationalen, erzieherischen/bildenden oder entspannungs- und erholungsfördernden Zielsetzungen durchgeführt werden (Jegatheesan 2018). Hierfür werden oft entsprechende Begleithunde eingesetzt.

TGC wurde als jüngster Baustein der tiergestützten Interventionen (TGI) im Jahr 2018 in die Begriffsdefinitionen der International Associations of Human-Animal Interaction Organizations (IAHAIO) in Seattle aufgenommen und in der White Paper Revision veröffentlicht. Die Definition (Jegatheesan 2018) lautet wie folgt:

Animal Assisted Coaching (AAC)

„Animal Assisted Coaching is a goal oriented, planned and structured animal assisted intervention directed and/or delivered by professionals licensed as coaches. Intervention progress is measured and included in professional documentation. AAC is delivered and/or directed by a formally trained (with active licensure, degree or equivalent) professional coach with expertise within the scope of the professionals' practice.

AAC focuses on enhancing personal growth of the recipient, on insight and enhancement of groups processes, or on social skills and/or socio-emotional functioning of the coachee(s) or client(s). The coach delivering AAC (or the person handling the animal under the supervision of the coach) must have adequate training about the behavior, need, health and indicators and regulation of stress of the animals involved."

Im Merkblatt Nr. 131 der Tierärztlichen Vereinigung für Tierschutz e.V. fand der Begriff „Tiergestütztes Coaching" im November 2021 seine erste Erwähnung. Das Merkblatt definiert neben dem Begriff die Einsatzgebiete, Zielgruppen, Zielsetzung und notwendige Qualifikationen von TGC (siehe hierzu auch Kap. 4).

2.1 Unterscheidung zwischen Coaching und Training

Bevor als Nächstes die Wirkungsweise von hundegestütztem Coaching erläutert wird, soll zunächst kurz zwischen hundegestütztem Coaching und Training unterschieden werden. Beide Begriffe werden oft synonym verwendet. Für den professionellen Coach bzw. Trainer handelt es sich jedoch um zwei verschiedene innere Haltungsfragen, in welcher Rolle er tätig ist.

Beim Coaching wird zukunfts-, ziel-, ressourcen- und lösungsorientiert mit dem Klienten gearbeitet. Der Coach geht dabei flexibel auf die individuellen Herausforderungen des Klienten ein. Der Klient bestimmt das Ziel und bringt daher seine konkreten Inhalte ein. Der Coach hingegen ist für den vertrauensvollen und wirksamen Rahmen sowie für den Prozess und die Auswahl der geeigneten Intervention für die gewünschte Zielerreichung verantwortlich. Er hört dem Klienten aktiv zu und stellt lösungsorientierte Fragen. Er selbst bringt sich, seine Meinungen, Einstellungen und Werte jedoch nicht mit ein. Ratschläge werden vermieden (Radatz 2000). Ein Coaching ist immer ergebnisoffen und meist kurz- bis mittelfristig angelegt.

► Wichtig: Im Coaching werden keine Ratschläge vom Coach gegeben.

Beim Training wird hingegen wissens- und problemlösungsorientiert gearbeitet. Der Trainer vermittelt konkretes Fachwissen und sorgt für den Auf- bzw. Ausbau von Kompetenzen und Fähigkeiten, sodass die Verhaltensweisen des Klienten und seine Verhaltens- und Denkmuster optimiert werden. Um entsprechende Erfolge zu erreichen, bringt der Trainer im Gegensatz zum Coach konkrete Inhalte, Interpretationen und Feedback ein. Ein Training ist ergebnisfokussiert und meist mittel- bis langfristig angelegt. In Tab. 2.1 sind die Unterschiede zwischen Coaching und Training noch einmal verdeutlicht (Seifert o. J.; Barczynski 2018).

Beim hundegestützten Coaching gibt der Coach dem Klienten kein Feedback. Daher beschreibt er ohne Wertung, was für ein Verhalten er beim Klienten bzw. beim Hund be-

Tab. 2.1 Unterscheidungsmerkmale zwischen Coaching und Training. (Quelle: In Anlehnung an Seifert o. J. und Barczynski 2018)

Thema	Coaching	Training
Ziel	Hilfe zur Selbsthilfe, Konzentration auf Hilfestellung zur Zielerreichung	Konzentration auf Wissensvermittlung, Anleitung zum Auf- oder Ausbau spezifischer Fähigkeiten und Verhaltensweisen
Verantwortung	Der Coach ist für die Einhaltung des Prozesses sowie für die zielorientierte Auswahl der Intervention verantwortlich, der Klient bringt seine Themen sowie den Inhalt ein und ist für das Ergebnis verantwortlich	Der Trainer bestimmt den Inhalt und den Ablauf, er ist für das Ergebnis verantwortlich
Anleitung	Methodische Anleitung	Fachliche Anleitung mittels didaktischer Kompetenz
Rolle	Zuhörer, Fragende	Zuhörer, Wissensvermittler
Beziehung	Wertschätzend und empathisch auf Augenhöhe: Klient ist Experte für sich selbst	Lehrer-Schüler-Verhältnis: Trainer ist Experte in seinem Fach
Qualifikation	Vielfalt an Interventionen und Konzepten	Vielfalt an Trainingsmethoden und Konzepten

obachtet hat. Die Interpretation überlässt der Coach durch entsprechende Fragestellungen allein dem Klienten. Beim hundegestützten Training hingegen kann der Trainer dem Klienten Feedback geben und auf Grundlage seines fachlichen Wissens und seiner Erfahrungswerte das Verhalten des Klienten und des Hundes interpretieren. Bei der Arbeit in Gruppen bzw. Teams wird die Selbstreflexion i. d. R. durch Fremdreflexion der anderen Teilnehmenden ergänzt. Die Teilnehmenden werden durch den Coach bzw. Trainer dazu angeregt, ein solches Feedback zu geben. Es ist darauf zu achten, dass entsprechende Feedbackregeln bei allen Teilnehmenden bekannt sind oder ggf. besprochen und eingehalten werden. Der Feedbacknehmer kann das wertschätzende Feedback annehmen, muss es aber nicht. Er allein entscheidet, was er hilfreich findet.

In der Praxis hat sich die Vorgehensweise „Erst Coaching, dann Training." bewährt. Denn nachhaltige Veränderung bzw. Entwicklung bei Menschen ist ein Veränderungsprozess, und dieser benötigt stetige Impulse sowie Zeit. Wahre Verhaltensveränderung passiert demnach nicht über Nacht und ist somit keine einmalige Sache. Die neuen neuronalen Netze, die durch das Coaching entstehen, erlangen erst durch mehrfachen Gebrauch mittels Training Stabilität. Für die ersten Impulse und Erkenntnisse sorgt das Coaching, für die Verfestigung und Vertiefung das Training.

2.2 Unterscheidung zwischen Co-Coach und Co-Trainer

Die beim Coaching eingesetzten Hunde werden von einigen Coachs als Co-Coach und von anderen als Co-Trainer bezeichnet. Doch was ist korrekt?

Das Wörtchen „co-" bezeichnet zunächst einmal eine unterstützende Funktion des Hauptcoachs bzw. Haupttrainers. Da der Hund den Coach im Coaching-Prozess unterstützt, ist die Bezeichnung „Co-" korrekt. Folgt man der Unterscheidung zwischen Coaching und Training, lässt sich festhalten, dass der Coach durch gezielten Einsatz von Fragen den Klienten zu Erkenntnissen verhilft. Ein Hund stellt keine Fragen. Ein Coach bringt sich und seine Ansichten bzw. Meinungen nicht in das Coaching ein. Er ist stets wertfrei und klientenzentriert. Der Hund als zusätzliches Medium hingegen bildet sich eine eigene Meinung zum Klienten. Er entscheidet aktiv, ob dieser bspw. vertrauenswürdig ist und ob er dem Klienten folgen möchte oder nicht. Er reflektiert durch sein Verhalten sein eigenes Wertesystem und bringt sich damit aktiv ein. Dies ist eine Rolle, die einem Coach nicht zusteht, dem Trainer hingegen schon. Deshalb wird in diesem Buch der Begriff Co-Trainer als Bezeichnung für den eingesetzten Hund beim Coaching genutzt. Natürlich steht es jedem hundegestützten Coach zu, sich eine eigene Meinung zu bilden und die Begrifflichkeiten nach eigener Überzeugung zu nutzen.

Literatur

Barczynski, D. (2018). Training, Beratung, Supervision oder Coaching? Gemeinsamkeiten und Unterschiede der Beratungsmaßnahmen. Coaching-Magazin. https://www.coaching-magazin. de/beruf-coach/training-beratung-supervision-oder-coaching. Zugegriffen: 2. Juli 2023

Coren, S. (2013). How Therapy Dogs Almost Never Came to Exist. The idea of therapy dogs was originally met with derision and laughter. Psychology Today. https://www.psychologytoday. com/intl/blog/canine-corner/201302/how-therapy-dogs-almost-never-came-exist. Zugegriffen: 13. Oktober 2023

Jegatheesan, B. (2018). Definition der IAHAIO für tiergestützte Interventionen und Richtlinien für das Wohlbefinden der beteiligten Tiere. Weissbuch. https://www.tiergestuetzte.org/fileadmin/Redaktion/Dokumente/IAHAIO_white_paper_2018_german_final.pdf. Zugegriffen: 3. September 2023

McLeod, S. (2013). Citation: McLeod, S. A. (2013). Sigmund Freud: Biography, Theories and Contribution to Psychology. SimplePsychology. http://www.simplypsychology.org/Sigmund-Freud. html. Zugegriffen: 13. Oktober 2023

Radatz, S. (2000). Beratung ohne Ratschlag, Systemisches Coaching für Führungskräfte und BeraterInnen (S. 109). Wolkersdorf: Literatur-VSM.

Seifert, T. (o.J.). The Conscious Leader. Was ist Coaching und wie unterscheidet sich Coaching von Beratung, Training, Mentoring und Therapie?. https://www.consciousleadership.club/blog/was-ist-coaching-und-wie-unterscheidet-sich-coaching-von-beratung-training-mentoring-und-therapie. Zugegriffen: 2. Juli 2023

Stoppel, K. (2018). Tiergestützte Interventionen unter tierschutzrelevanten Aspekten. Voraussetzungen – Risiken – Chancen. (S. 19). Hamburg: Diplomica.

Svaldo, L. (2021). Tiergestützte Therapie und Therapiehunde. Intrapsychisch.de. https://intrapsychisch.de/tiergestuetzte-therapie-und-therapiehunde/#:~:text=Die%20Pioniere%20der%20 tiergest%C3%BCtzten%20Arbeit%20%E2%80%93%20Levinson%20und%20Freud&text=Levinson%20betonte%20vor%20allem%2C%20dass,Jofi%20in%20seinen%20Therapien%20ein. Zugegriffen: 13. Oktober 2023

Wirkungsweise von hundegestütztem Coaching

3

Wie wirkt hundegestütztes Coaching eigentlich? Warum ist es so wirksam?

Hunde wirken, wissenschaftlich bewiesen, auf uns über ganz grundlegende **physiologische, hormonelle** und **neuronale Prozesse**.

> ➤ Wichtig: Hunde wirken, wissenschaftlich bewiesen, auf uns über ganz grundlegende physiologische, hormonelle und neuronale Prozesse.

Hundegestütztes Coaching ist:

✓ **effizient**, weil der Coaching-Prozess durch den Hund beschleunigt wird. Zum einen erhält der Coach meist rascheren Zugang zum Klienten, der sich durch den Hund i. d. R. schneller öffnet. Zum anderen werden die eigentlichen Themen hinter dem Ursprungsthema schneller sichtbar, denn Hunde riechen die Gefühle der Menschen und reflektieren, ob die innere Haltung auch wirklich mit dem äußeren Verhalten übereinstimmt (Kongruenz). Was im klassischen Coaching über viele Fragen, Worte und Erklärungen erarbeitet wird, wird im hundegestützten Coaching zügig durch die Reaktion der Hunde aufgezeigt (Landgraf und Neuse 2021);

✓ **wirksam**, da durch den Kontakt mit Hunden das Wohlfühlhormon Oxytocin ausgeschüttet wird. Dieses verstärkt die Aufmerksamkeit für soziale Reize, reduziert Stress und aktiviert das Belohnungssystem. Hunde eröffnen mit ihrem Wesen einen dynamischen, vielschichtigen und kreativen Erfahrungs- und Lernraum;

✓ **nachhaltig**, weil die emotionalen Lernerlebnisse ohne Umwege sofort im Langzeitgedächtnis des Gehirns und auf ganz unterschiedlichen Ebenen abgespeichert werden.

M. Lentzsch, *Hundegestütztes Coaching und Training*, https://doi.org/10.1007/978-3-658-42454-1_3

So ist der Abruf des Gelernten in einer nächsten beruflichen oder privaten Situation über unterschiedliche Zugänge möglich;

✓ **sicher**, weil Hunde im Gegensatz zu uns Menschen immer spontan, wertschätzend und wertfrei Feedback geben. Ihnen sind Äußerlichkeiten wie Status, Titel, Sprache oder teure Kleidung egal. Hunde verändern ihre Reaktion sofort, wenn Klienten ihre Haltung nach dem Reflexionsgespräch wandeln. So sind Lernen und Ausprobieren in einem geschützten Raum möglich.

3.1   Warum sind Hunde so wertvolle Co-Trainer?

Grundsätzlich können und werden sehr viele verschiedene Tierarten, wie Pferde, Hunde, Esel, Katzen, Kaninchen, Ziegen, Schafe, Meerschweinchen, Kühe, Ochsen, Rinder, Hühner, Enten, Wellensittiche und Lamas, für tiergestütztes Coaching eingesetzt (Bär 2019). Sogar die Arbeit mit Greifvögeln wird in Deutschland praktiziert. Der Deutsche Tierschutzbund e.V. spricht sich jedoch klar gegen den Einsatz von Wildtieren aus (Deutscher Tierschutzbund).

Jede Tierart hat dabei bestimmte Vorzüge und hält so unterschiedliche Lern- und Erlebniseffekte für Klienten bereit. Für Hunde spricht, dass sie uns Menschen näher sind als alle anderen Tierarten. Sie zeigen durch ihr Ausdrucksverhalten eine sehr differenzierte Kommunikation, was wiederum bei zahlreichen Themen der Klienten nützlich sein kann. Aufgrund der Nähe und des Bindungsverhaltens bieten Hunde Klienten, die noch keine Erfahrungen mit Coaching haben, oft einen leichteren Einstieg in das unbekannte Setting.

Der Hund als Co-Trainer ermöglicht Lernen ohne Lehrplan, ohne Bewertung, ohne Prüfung. Klienten lernen im eigenen Tempo, zu den eigenen Themen und gemäß ihren eigenen Werten und Maßstäben. Sie ermöglichen Lernen in Freiheit und Direktheit, für den Kopf und für das Herz. Daher wirkt hundegestütztes Coaching unmittelbar und tief (Knabe 2019).

Nachstehend findet sich eine Auswahl an Gründen, die für den Einsatz von Hunden im tiergestützten Coaching sprechen:

➤ Hunde erschaffen im Coaching einen dynamischen, vielschichtigen und kreativen Erfahrungsraum, der es erleichtert, ganz neue Erfahrungen zu machen.

➤ Hunde reflektieren immer wertschätzend, spontan und ehrlich. So ist das Feedback leichter für die Klienten annehmbar. Sie sind dabei stets wertfrei und unvoreingenommen. Ihnen sind Äußerlichkeiten wie Titel, Sprache oder teure Kleidung egal.

➤ Hunde sind sehr feinfühlig. Sie zeigen minimale Unstimmigkeiten in der inneren Einstellung und im äußeren Verhalten auf. Unterschwelligem Druck weichen sie sichtbar aus; fehlende Klarheit und mangelnde Aufmerksamkeit werden ebenso reflektiert wie fehlende authentische und souveräne Führung. Hunde decken damit unbewusste und intuitive Denk- und Verhaltensmuster bei den Klienten auf.

- Hunde können sogar Gefühle riechen, die dem „menschlichen" Coach durchaus verborgen bleiben können.
- Hunde sind Experten der nonverbalen Kommunikation. Sie beobachten uns immer. Ihnen entgeht dabei nichts und sie reflektieren uns ständig.
- Hunde folgen ausschließlich Menschen, denen sie vertrauen können. Hunde stoßen daher wertvolle Reflexions- und Veränderungsprozesse an.
- Hunde verändern ihre Reaktion sofort, wenn Klienten ihre Haltung nach dem Reflexionsgespräch wandeln. Hunde geben damit unmittelbares Feedback, sodass der Coaching-Prozess von schnelleren Erfolgen profitiert.
- Hunde sparen zudem wertvolle Zeit im Lernprozess durch intensive Lernerlebnisse, die sofort im Langzeitgedächtnis des Gehirns abgespeichert werden. Sie regen gezielt neuronale Netze an, wodurch Umlernen möglich wird und Haltungen verändert werden.
- Hunde ermöglichen wirkungsvolle und nachhaltige Lerneffekte durch emotional erlebte Situationen.
- Hunde sind Rudeltiere und damit perfekte Lehrmeister für soziale Beziehungen und Strukturen. Sie haben ein Gefühl für Beziehungen und erkennen Stimmungen (Foltin 2022) sowie Dynamiken in Beziehungen, die in Teamcoachings genutzt werden können.
- Hunde haben im Einsatz eine beruhigende Ausstrahlung auf die Klienten und Teilnehmenden. Sie versprühen gleichzeitig aber auch Spaß und gute Laune in den praktischen Übungen.
- Durch den Augenkontakt und das Streicheln von Hunden stoßen Menschen Oxytocin aus. Dieses Wohlfühlhormon verstärkt die Aufmerksamkeit für soziale Reize, reduziert Stress und aktiviert das Belohnungssystem.
- Hunde eröffnen mit ihrem Wesen und mit ihren tief verwurzelten Werten neues Lernpotenzial.
- Hunde ermöglichen aufgrund ihrer Größe einen flexiblen Einsatz auch beim Auftraggeber bzw. Klienten vor Ort.

3.2 Physiologische, hormonelle und neuronale Wirkung

Doch wie funktioniert nun hundegestütztes Coaching konkret in uns Menschen? Was passiert auf physiologischer, hormoneller und neuronaler Basis genau? Welche positiven Effekte haben Hunde auf uns Menschen?

Es gibt zahlreiche Studien, welche die positiven Effekte des Hundes auf uns Menschen belegen. Diese hier vollumfänglich aufzuführen, ist nicht möglich. Daher wird auf ein paar wesentliche Studien zur physiologischen Wirkung fokussiert, um den großen Umfang der positiven Effekte zu verdeutlichen.

Physiologische Wirkung

Hunde wirken auf uns Menschen stressreduzierend, sie verhindern soziale Isolation bzw. Vereinsamung und reduzieren das Risiko, depressiv zu werden (Mubanga et al. 2017). Bereits kurzzeitige Interaktionen mit Hunden sind gesundheitsförderlich. Sie bewirken ein Absinken des Cortisolspiegels (Stressreduktion) und des Insulinspiegels sowie einen niedrigeren Ruhepuls und die Ausschüttung von Oxytocin (Handlin et al. 2011). Dr. Linda Handlin von der Swedish University of Agricultural Sciences, Faculty of Veterinary Medicine and Animal Science hat sich 2010 in ihrer Doktorarbeit „Human-Human and Human-Animal Interaction" insbesondere mit der Ausschüttung von Oxytocin bei Mensch-Mensch Beziehungen und bei Mensch-Hund-Beziehungen beschäftigt. Sie stellte u. a. folgende physiologische Wirkungen bei Mensch-Hund-Interaktionen fest: einen niedrigeren Blutdruck, geringere Triglyzeridwerte (Fettstoffwechselstörung, Übergewicht, Thrombosen, Arteriosklerose), geringere Cholesterinwerte (koronare Herzkrankheit, Schlaganfallrisiko, Krebserkrankungen) sowie einen verbesserten Umgang mit chronischen Krankheiten (Herzerkrankungen, Demenz, Krebs) (Handlin 2010).

Weitere Untersuchungen zeigen, dass Hundehalter leichter Kontakt zu anderen Menschen finden. Dies kann sich positiv auf ihre sozialen Kontakte und die menschliche Psyche auswirken (Walsh 2009 und Wood et al. 2015). Petersson sowie Handlin verweisen zudem auf eine verbesserte Mobilität sowie eine Steigerung der Schmerztoleranz (Petersson et al. 2017). Die tägliche Bewegung mit Hund fördert Körper und Geist gleichermaßen. Die Atmung verlangsamt sich, das Herz schlägt schneller und wird dadurch trainiert. Der ganze Körper nimmt deswegen besser Nährstoffe auf und wird optimal mit Sauerstoff versorgt. Dies beugt wiederum verschiedenen Krankheiten, wie Bluthochdruck oder Herzkrankheiten, vor. Durch die gleichzeitige Anregung des Stoffwechsels und der Fettverbrennung schützt regelmäßiges Gehen mit dem Hund zudem vor Übergewicht und Diabetes. Auch die Abwehrzellen des Körpers werden positiv beeinflusst, und der natürliche Knochenabbau, der bereits sehr früh beginnt, wird verzögert.

Da der Körper zudem Glückshormone ausschüttet, fühlen wir uns nach Spaziergängen oft besser und entspannter. Neue Gehirnverbindungen werden „ganz nebenbei" gebildet und die Konzentration sowie unser Denkvermögen gestärkt. Wissenschaftliche Studien belegen, dass Gehen zudem gegen Depressionen wirkt und bestehende depressive Symptome lindern kann. Weitere Studien zeigen, dass die Wahrscheinlichkeit, an Demenz zu erkranken, deutlich sinkt bzw. der Ausbruch der Krankheit verzögert wird. Demenzkranken helfen Hunde durch ihre kognitiv stimulierende Wirkung. Sie regen Kindheitserinnerungen an und erzeugen dadurch eine positive Gefühlslage bei den Patienten. Sie fungieren als Erinnerungsanker sowie Orientierungshilfe und helfen den Tag zu strukturieren. Depressionen und Aggressionen, Stress- und Unruhezustände werden gemildert. Der Hund wirkt beruhigend, entspannend und stimmungsaufhellend und beugt Einsamkeitsgefühlen vor (Braun 2009).

Das Zusammensein mit einem Hund wirkt sich auch förderlich auf das Konzentrations- und Lernvermögen aus. Studien mit Kindern und Jugendlichen belegen dies. Auch die Neugierde eines Menschen zeigt sich mit Hund im Raum ausgeprägter (Hediger und Turner 2014). Hunde bieten eine wunderbare Möglichkeit, die eigene Sozialkompetenz, Achtsamkeit und Empathie sowie ein Verantwortungsbewusstsein für andere Lebewesen zu entwickeln (Endenburg und van Lith 2011). Auch Kompromissbereitschaft, Sensibilität,

Fürsorge, Wertschätzung und Wahrnehmung können gefördert werden (Stoppel 2018). Sie bieten zudem eine emotionale Stütze bei schwierigen Situationen (Purewal et al. 2017).

Durch das Lernen über den Hund und seine Haltung findet eine geistige Anregung bei den Klienten statt. Hunde können verschiedene Gefühle, wie Akzeptanz, Zuwendung, Bestätigung, Trost, Ermunterung, Begeisterung oder Beruhigung, auslösen; sie fördern damit das emotionale Wohlbefinden und bedeuten Stressreduktion und Entspannung. Auch das eigene Selbstbild, Selbstwertgefühl und Selbstbewusstsein sowie die Selbstsicherheit können nachhaltig positiv beeinflusst werden (Stoppel 2018).

Die Ergebnisse dieser verschiedenen Studien zeigen, wie vielfältig und positiv Hunde auf unsere Seele und unseren Körper wirken können.

Hormonelle Wirkung

Der lernphysiologische Ablauf auf hormoneller Basis wird nachstehend in Anlehnung an den Coaching-Prozess in die Phasen Ausgangssituation, Intervention, Reflexion und Transferplanung unterschieden (siehe dazu auch den dargestellten Coaching-Prozess in Abb. 7.4 in diesem Buch).

Ausgangssituation:

Durch den Kontakt mit Hunden wird das Wohlfühlhormon Oxytocin ausgeschüttet. Es wird umgangssprachlich auch als Wohlfühlhormon oder Kuschelhormon bezeichnet. Wie erwähnt, reduziert es Stress, steigert die Aufmerksamkeit für soziale Reize und aktiviert das Belohnungssystem – eine ideale Ausgangsbasis für das Öffnen und Erleben des Klienten.

> „Den Verstand zu schulen, ohne gleichzeitig das Herz zu schulen, ist keine Schulung."
> [von Aristoteles | 384–322 v. Chr.]

Die Zusammenarbeit mit Hunden stellt zunächst für die meisten Klienten eine ungewohnte Situation dar, in der es keine bekannten Lösungswege und damit kein eingeübtes oder aufgesetztes Verhalten gibt. Daher setzen sich Klienten mit der Lernumgebung mit allen Sinnen auseinander. Dies ist wiederum genau das, was für neues Lernen benötigt wird.

Wenn beim Lernen auch Emotionen integriert sind, können auf neuronaler Ebene Veränderungen stattfinden (Schütz 2022). Das Gehirn wird dadurch angeregt, gewohnte Wahrnehmungsfilter auszublenden, und Klienten öffnen sich für neue Erfahrungen. So wird die Bildung neuer neuronaler Verknüpfungen im Gehirn ermöglicht (Landgraf und Neuse 2021).

Lange Zeit wurde von unterschiedlichen Lerntypen gesprochen, also von Menschen, die bestimmte Reize (visuell, auditiv, haptisch oder intellektuell) bevorzugt aufnehmen. Frederic Vester vertrat diese vier Lerntypen (Wikipedia). Heute weiß man, dass die Unterteilung so nicht zutrifft und der Mensch am besten lernt, wenn alle Sinne gleichzeitig angesprochen werden. Die Kombination aller Sinne führt zum größten Lernerfolg (Landgraf und Neuse 2021). Hundegestütztes Coaching und Training leistet genau dies, denn es spricht neben dem Mind- und Skillset vor allem auch das Heart- sowie das Feelset an. Das Herz verfügt über ein eigenes autarkes neuronales Netzwerk, das wie das Gehirn Kurzzeit- und Langzeiterinnerungen speichern kann. Etwa 40.000 Zellen sind im Herzen für Denk- und Merkvorgänge zuständig. Auch unser Herz veranlasst selbstständig, ohne das Gehirn zu fragen, die Ausschüttung von Hormonen und Neurotransmittern und gibt diese an das zentrale Nervensystem ab. Vereinfacht gesagt kann das Herz unserem Körper eigenständige Anweisungen geben. Unser Gehirn und unser Herz stehen dabei in einem engen Informationsaustausch. Das Herz sendet mehr Informationen an das Gehirn als umgekehrt. Die vom Herzen geschickten Informationen beeinflussen unsere Wahrnehmung sowie unsere Gefühle und Gedanken (Schache 2015). Dies können wir uns im hundegestützten Coaching und Training zunutze machen.

Intervention Klienten verlassen in dem Moment, in dem sie sich auf eine hundegestützte Übung einlassen, ihre eigene Komfortzone. Denn sie begeben sich durch die Interaktion mit dem Hund in eine unbekannte Herausforderung. Dadurch wird zunächst das Stresshormon Noradrenalin im Körper des Klienten ausgeschüttet, was zunächst zu einer leichten unangenehmen Anspannung führen kann. Diese wiederum ist wichtig für das Lernen, denn wir lernen am besten unter Eustress, dem sogenannten positiven Stress. Ein gewisses Maß an Stress ist sinnvoll und für die optimale Leistungsbereitschaft des Körpers sogar notwendig. Als Eustress wird die notwendige Aktivierung des Organismus bezeichnet, die zur Steigerung der eigenen Energieversorgung führt, welche die Fortentwicklung der eigenen Fähigkeiten ermöglicht. Disstress hingegen meint ein schädigendes Übermaß an Anforderungen an den Organismus (Scholz und Reinhardt 2015). Damit der Klient nicht in den Bereich von Disstress gerät, sollte zu Beginn immer mit einer leichten Intervention begonnen werden. Abb. 3.1 stellt die Bereiche von Eustress und Disstress dar.

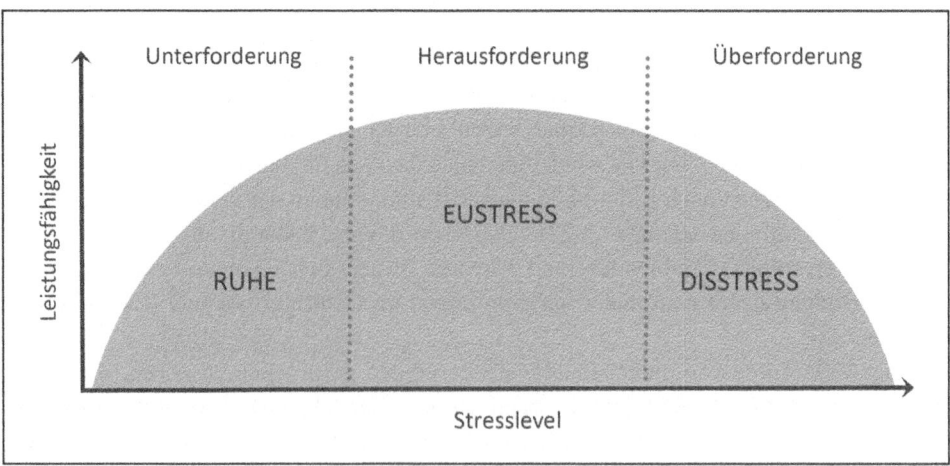

Abb. 3.1 Darstellung des Stresslevels

Reflexion In der anschließenden Reflexionsphase sinkt der Noradrenalinspiegel durch die Reflexion des Erlebten und des daraus resultierenden Erfolgserlebnisses. Hierbei führt die Ausschüttung von Dopamin und körpereigenen Opioiden zu einem Glücksmoment beim Klienten. Diese positive Verknüpfung erleichtert das Lernen.

Transferplanung Sehr wichtig im Coaching-Prozess ist die Transferplanung zwischen dem emotionalen Erlebnis und den künftigen Verhaltensoptionen des Klienten. Durch die Besprechung von Übertragungen in den Berufs- und/oder Lebensalltag sowie die Schaffung von Verbindlichkeiten wird das emotionale System aktiviert, und es werden neue neuronale Netzwerke werden geschaffen.

Neuronale Wirkung

Im Folgenden wird der lernphysiologische Ablauf auf neuronaler Basis in Anlehnung an Landgraf und Neuse (2021) dargestellt. Der Lernvorgang läuft dabei implizit und auf mehreren Ebenen ab:

➤ Die mit dem Hund erlebten Szenen werden bildhaft im **episodischen Gedächtnis** gespeichert. (Bsp.: Wenn sich der Klient auf den Hund konzentriert und ihn anschaut, kommt dieser zu ihm.)
➤ Die verschiedenen Sinneseindrücke werden in den **sinnesspezifischen Speicherbereichen** des Gedächtnisses verankert.
(Bsp.: Der Klient nimmt das weiche Fell und das entspannte Schnauben des Hundes wahr, wenn dieser sich z. B. hinlegt.)
➤ Die dabei erlebten Emotionen werden im **emotionalen Gedächtnis** gespeichert.
(Bsp.: Der Klient erlebt eine positive Überraschung, wenn die besprochene Verhaltensweise auf einmal funktioniert.)
➤ Die erlebten Emotionen werden durch sogenannte somatische Marker auch im **Körpergedächtnis** verankert.
(Bsp.: Der Klient verspürt eine innere Zufriedenheit beim erfolgreichen Abschluss der Intervention.)
➤ Die neuen Handlungsmöglichkeiten werden im **prozeduralen Gedächtnis** gespeichert.
(Bsp.: Der Klient nimmt wahr, was sein Gegenüber gerade braucht.)
➤ Die Reflexion und der Transfer werden im **Wissensgedächtnis** verankert.
(Bsp.: Der Klient nimmt sich vor, öfter mal den Kopf auszuschalten und auf sein Bauchgefühl zu hören.)

Landgraf und Neuse betonen dabei den Wirkeffekt durch einen Dreiklang aus emotional Erlebtem, intellektueller (Selbst-)Reflexion und direkter praktischer Umsetzung. „Hier lernt der Klient die Wirksamkeit seiner persönlichen Präsenz im Hier und Jetzt kennen, erkennt den Wert davon, sich auf andere einzulassen, übt eine bewertungsfreie Wahrnehmung und entwickelt mithilfe der Tiere ein Bewusstsein für die unbewussten Einstellungen, die sein Handeln bestimmen. So entsteht eine ganzheitliche Handlungskompetenz, die weit

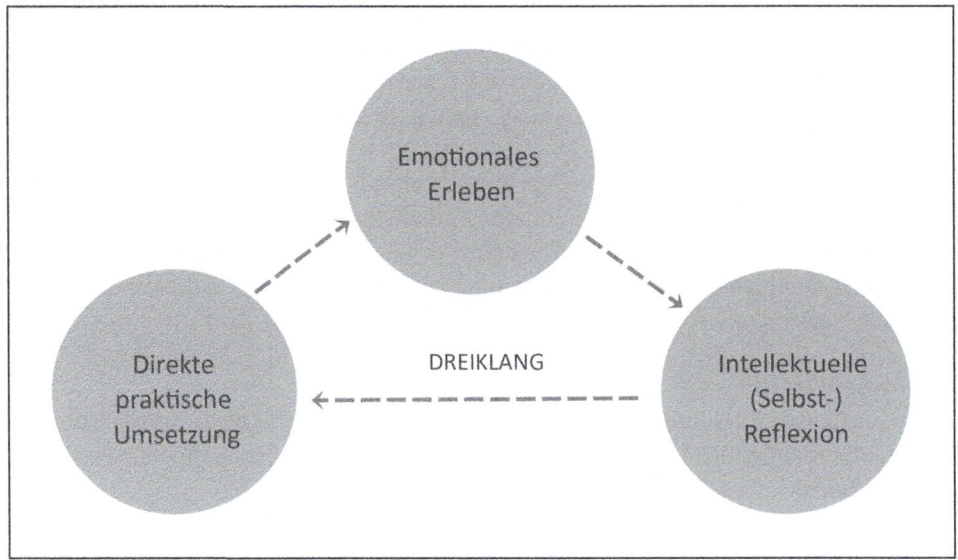

Abb. 3.2 Dreiklang der Wirkung von hundegestütztem Coaching

über erlernbares Fach- und Methodenwissen hinausreicht" (Landgraf und Neuse 2021).
Dies macht hundegestütztes Coaching so wirkungsvoll. Da die Lernerfahrungen auf verschiedenen Ebenen gespeichert und verankert werden, ist der Abruf des Gelernten auch
später in entsprechenden Situationen des Klienten über unterschiedliche Zugänge möglich
(Landgraf und Neuse 2021). In Abb. 3.2 ist der Dreiklang grafisch dargestellt.

Mit einem Coaching können neue neuronale Netze geschaffen werden. Die neu geschaffenen neuronalen Netze werden jedoch erst durch mehrfachen Gebrauch stabil.
Daher gilt: erst Coaching und dann Training. Wahre Verhaltensveränderung benötigt
kontinuierliches Training und daher Zeit. Jeder Klient hat seinen eigenen Rhythmus,
braucht unterschiedliche Wiederholungen und benötigt unterschiedlich viel Zeit.

▶ Tipp: Erst Coaching, dann Training.

Literatur

Bär, R. A. (2019). Abschlussarbeit im Zusammenhang mit der beruflichen Weiterbildung in Tiergestützter Therapie, Tiergestützter Pädagogik, Tiergestützten Fördermaßnahmen durch das Institut I.E.T., Horgen und die Psychotherapeutische Praxis Altamira, St. Gallen, im Auftrag der
Schweizerischen Gesellschaft für Tiergestützte Therapie und Aktivitäten, GTTA

Braun, C. (2009). Tiere und demenzkranke Menschen – eine ganz besondere Beziehung!. https://www.alzheimer-bw.de/fileadmin/AGBW_Medien/AGBW-Dokumente/Demenzen/Praevention__Diagnose__Therapie/Tiere%20und%20demenzkranke%20Menschen.pdf. Zugegriffen: 15. August 2023

Deutscher Tierschutzbund e.V. Broschüre. Tiergestützte Interventionen. Menschen helfen, Tiere schützen. (S. 11–12). https://www.tierschutzbund.de/fileadmin/Seiten/tierschutzbund.de/Downloads/Broschueren/Broschuere_Tiergestuetzte_Interventionen.pdf. Zugegriffen: 1. September 2023

Endenburg, N., van Lith, H. A. (2011). The influence of animals on the development of children. The Veterinary Journal, 190, 208–214 und Purewal, R., Christley, R., Kordas, K., Joinson, C., Meints, K., Gee, N., Westgarth, C. (2017). Companion Animals and Child/Adolescent Development: A Systematic Review of the Evidence. International Journal of Environmental Research and Public Health, 14(3), 234–259.

Foltin, Dr. S. (2022). Hundegestützte Interventionen. Wissenschaft trifft Praxis – Ausgewählte Studien erklärt. (S. 202). Nerdlen: Kynos.

Handlin, L. (2010). Human-Human and Human-Animal Interaction. Some Common Physiological and Psychological Effects. Faculty of Veterinary Medicine and Animal Science Department of Animal Environment and Health Skara. (Seite 25). https://pub.epsilon.slu.se/2423/1/handlin_l_101222.pdf. Zugegriffen: 23. August 2023

Handlin, L., Hydbring-Sandberg, E., Nilsson, A., Ejdebäck, M., Jansson, A., Uvnäs-Moberg, K. (2011). Short-Term Interaction between Dogs and Their Owners: Effects on Oxytocin, Cortisol, Insulin and Heart Rate – An Exploratory Study. Anthrozoös.

Hediger, K., Turner, D. C. (2014). Can dogs increase children's attention and concentration performance? A randomised controlled trial. Human-Animal Interaction Bulletin, 2(2), 21–39.

Knabe, M. (2019). Gute Führung braucht Haltung. 11 Kompetenzen, die Führungskräfte von Hunden lernen können, (S. 201). Weinheim: Wiley.

Landgraf, D., Neuse, V. (2021). Praxisbuch tiergestütztes Training und Coaching. (S. 17, 19, 99, 156). Weinheim: Beltz.

Mubanga, M., Byberg, L.; Nowak, C., Egenvall, A., Magnusson, P. K., Ingelsson, E., Fall, T. (2017): Dog ownership and the risk of cardiovascular disease and death – a nationwide cohort study. Scientific Reports. Artikel 7, 15821 (2017). https://doi.org/10.1038/s41598-017-16118-6.

Purewal, R., Christley, R., Kordas, K., Joinson, C., Meints, K., Gee, N., Westgarth, C. (2017). Companion Animals and Child/Adolescent Development: A Systematic Review of the Evidence. International Journal of Environmental Research and Public Health, 14(3), 234–259.

Petersson, M., Uvnäs-Moberg, K., Nilsson, A., Gustafson, L.-L., Hydbring Sandberg, E., Handlin, L. (2017). Oxytocin and Cortisol Levels in Dog Owners and Their Dogs Are Associated with Behavioral Patterns: An Exploratory Study. Frontiers in Psychology, 8, Article 1796 und Handlin, L., Hydbring-Sandberg, E., Nilsson, A., Ejdebäck, M., Jansson, A., Uvnäs-Moberg, K. (2011). Short-Term Interaction between Dogs and Their Owners: Effects on Oxytocin, Cortisol, Insulin and Heart Rate – An Exploratory Study. Anthrozoös, 24(3), 301–315.

Schache, R. (2015). Herzverstand: Mit den 4 Schlüsselfragen zu unserem größten Potenzial. (S. 36, 41, 44). München: Arkana.

Scholz, M., Reinhardt, C. v. (2015). Stress bei Hunden. (S. 11, 24). Bernau: animal learn.

Schütz, K. (2022). Pferdegestütztes Coaching – psychologisch basiert und wissenschaftlich fundiert. (S. 61). Berlin: Springer.

Stoppel, K. (2018). Tiergestützte Interventionen unter tierschutzrelevanten Aspekten. Voraussetzungen – Risiken – Chancen. (S. 26). Hamburg: Diplomica.

Walsh, F. (2009). Human-Animal Bonds I: The Relational Significance of Companion Animals. Family Process, 48(4), 462–480.

Wikipedia. Lerntypentest nach Vester. https://de.wikipedia.org/wiki/Lerntypentest_nach_Vester. Zugegriffen: 11. Februar 2023

Wood, L. J., Martin, K., Christian, H., Nathan, A., Lauritsen, C., Houghton, S., Kawachi, I., McCune, S. (2015). The Pet Factor - Companion Animals as a Conduit for Getting to Know People, Friendship Formation and Social Support. PLoS One. DOI: https://doi.org/10.1371/journal.pone.0122085

Notwendige Qualifikationen und Kompetenzen beim Menschen

Die Definition tiergestütztes Coaching (TGC) der IAHAOI legt erste Anforderungen an die notwendigen Kompetenzen des ausführenden Coachs für die Ausübung seiner Tätigkeit nahe; es gilt das Wohl des Klienten und des Tieres gleichermaßen zu schützen (Jegatheesan 2018).

> **Tiergestütztes Coaching (TGC)**
>
> „Tiergestütztes Coaching ist eine zielgerichtete, geplante und strukturierte **tiergestützte Intervention**, die von einer professionell ausgebildeten Coaching-Fachperson durchgeführt und/oder angeleitet wird. Die Fortschritte im Rahmen der Interventionen werden **gemessen** und professionell **dokumentiert**.
>
> TGC wird von beruflich (durch Lizenz, Hochschulabschluss oder Äquivalent) **qualifizierten Personen** im Rahmen ihrer Praxis innerhalb ihres Fachgebietes durchgeführt und/oder angeleitet. TGC strebt die **Verbesserung** von **persönlichem innerem Wachstum**, eine Verbesserung der sozialen und/oder sozio-emotionalen Funktionen **individueller** Coachee(s) an und bietet Unterstützung bei **gruppenbildenden** Prozessen.
>
> Die Fachkraft, welche TGC durchführt (oder der Betreuer der Tiere unter Supervision dieser Fachkraft) muss **adäquate Kenntnisse** über das Verhalten, die Bedürfnisse, die Gesundheit und die Indikatoren der Regulation von Stress der **beteiligten Tiere** besitzen.“

M. Lentzsch, *Hundegestütztes Coaching und Training*, https://doi.org/10.1007/978-3-658-42454-1_4

Die Definition umreißt die Mindestanforderungen an tiergestütztes Coaching. Daraus wird deutlich, dass ein tiergestützter Coach Wissen und Fähigkeiten aus drei verschiedenen Fachbereichen benötigt:

➤ Coaching-Kompetenzen für Menschen.
➤ Kompetenzen zu tiergestützten Interventionen und
➤ Kompetenzen für die eingesetzte Tierart – also dem Hund.

Es fehlt der Definition an Konkretisierung, welcher spezifischen Standards für die Aus- bzw. Weiterbildung von tiergestützten Coachs es konkret bedarf. Daher sollen im Folgenden durch Qualitätsstandards aus diesen drei Bereichen die notwendigen Qualifikationen und Kompetenzen eines hundegestützten Coachs abgeleitet und definiert werden.

4.1   Coaching-Kompetenz für Menschen

Tiergestützte Coachs benötigen eine qualifizierte Ausbildung für das Coaching von Menschen. Leider ist der Begriff Coach rechtlich nicht geschützt, sodass sich demnach jeder Mensch als Coach bezeichnen kann. Coaching-Verbände, wie Deutscher Bundesverband Coaching e.V. (DBVC), Deutsche Coaching Gesellschaft e.V. (DCG), Deutscher Coaching Verband e.V. (DCV), Deutscher NLP Coaching Verband e.V., Deutsche Gesellschaft für Coaching e.V. (DGfC), International Coach Federation Deutschland e.V. (ICF), Deutscher Verband für Coaching und Training e.V. (dvct) etc., setzen sich für entsprechende Qualitätsstandards in Deutschland ein. Der DBVC weist darauf hin, dass der oft gebräuchliche Begriff Coaching-Ausbildung nicht korrekt ist. Coaching ist keine Profession, daher kann auch keine (Berufs-)Ausbildung zum Coach absolviert werden. Der Begriff Coaching-Weiterbildung ist somit der treffendere Begriff.

Eine Coaching-Weiterbildung sollte laut DBVC mindestens 150 Zeitstunden interaktive Aktivitäten umfassen; empfohlen werden 250 Zeitstunden (ohne Selbststudium, Erstellung von Referaten o. Ä.). Die Gesamtdauer der Rollenreifungs- bzw. Qualifizierungszeit sollte mindestens 1 Jahr betragen. Kurze Trainings o. Ä. zählen daher nicht als Coaching-Weiterbildungen. Berater-, Trainer- oder Psychotherapieausbildungen zählen ebenfalls nicht zu Coaching-Weiterbildungen, weil sie i. d. R. auf anderen Kompetenzmodellen aufbauen und andere Themenschwerpunkte behandeln. Der DBVC versteht unter einem erfahrenen und qualifizierten Anbieter diejenigen, die mindestens fünf Jahre erfolgreich am Markt vertreten sind, seit mindestens drei Jahren Coaching-Weiterbildungen anbieten und mindestens einmal jährlich eine Coaching-Weiterbildung durchführen (DBVC 2019). Der dvct stellt die Anforderungen an Coachs und Trainer in einem Kompetenzmodell dar, das jeweils die fachlich-methodische, sozial-kommunikative, Feld-, Handlungs- und persönliche Kompetenz beinhaltet. Eine entsprechende Weiterbildung sollte diese Kompetenzen gleichermaßen fördern (dvct).

   Diese Qualitätsanforderungen können angehenden Coachs dabei helfen, eine passende Coaching-Weiterbildung sowie einen professionellen Coaching-Weiterbildungsanbieter zu finden.

   Die Weiterbildung sollte neben der Methoden-, Sozial- und Fachkompetenz vor allem eine professionelle Coaching-Haltung vermitteln und die Qualifizierung für ein professionelles Coaching inkl. Coaching-Prozess zum Ziel haben.

4.2   Coaching-Kompetenz für hundegestützte Interventionen

Eine Zusatzausbildung speziell für hundegestützte Interventionen ist für den Einsatz von Hunden zudem unabdingbar. Denn Personen, die professionell mit Hunden umgehen und arbeiten, sollten aktuelle Kenntnisse über die Möglichkeiten, Einsatzgebiete, Themen und Grenzen hundegestützter Interventionen besitzen.

   Gerade weil wir heute wissen, dass Hunde in ihrer Neuroanatomie, Neurophysiologie und Neurochemie uns Menschen sehr ähnlich sind, sollte der Coach seine Beziehung und seine Kommunikation mit seinen Hunden sorgfältig gestalten (Handelmann 2010).

   Leider variieren die Qualität, die Dauer und die Inhalte der derzeit angebotenen Weiterbildungen für hundegestütztes Coaching stark. Der Bundesverband Tiergestützte Interventionen e.V. (BTI) hat es sich zur Aufgabe gemacht, entsprechende Qualitätsstandards für eine qualitativ hochwertige Arbeit zu fördern. Für eine Vollmitgliedschaft im Berufsverband ist daher eine durch „International Society for Animal Assisted Therapy" (ISAAT) oder „European Society for Animal Assisted Therapy" (ESAAT) akkreditierte Weiterbildung zur Fachkraft für tiergestützte Interventionen oder eine vergleichbare Qualifikation Voraussetzung. Aktuell finden sich empfohlene Weiterbildungen in den Bereichen: Tiergestützte Therapie (TGT), Tiergestützte Pädagogik (TGP) und Tiergestützte Aktivitäten (TGA) (BTI Bundesverband Tiergestützte Interventionen). Empfehlungen für Tiergestütztes Coaching (TGC) sind leider noch rar. Es ist anzunehmen, dass sich dies in Zukunft ändern wird. Auch eine mögliche Mitgliedschaft beim BTI wird aktuell noch sehr stark von den Anforderungen aus dem therapeutischen Bereich abhängig gemacht. Hier sollten sich die Aufnahmekriterien eher an den notwendigen Kompetenzen der verschiedenen tiergestützten Bereiche orientieren.

   In den letzten Jahren sind Weiterbildungsangebote für Tiergestützte Interventionen (TGI) entstanden. Da die Bereiche TGT, TGP, TGA und TGC jedoch ganz unterschiedliche Kenntnisse erfordern, ist eine Spezifizierung durchaus sinnvoll. Für die ersten drei genannten Bereiche gibt es diese, für TGC jedoch in Deutschland kaum. Es finden sich aktuell Weiterbildungsangebote für z. B. tiergestützte Interventionen sowie pferdegestütztes und hundegestütztes Coaching. Qualität und Quantität variieren hier jedoch aufgrund fehlender Standards sehr stark. So finden sich Angebote von 2 Tagen mit Zertifizierung bis hin zu mehrmonatigen Weiterbildungen, reine Fernlehrgänge oder gemischte Formate. Von einer reinen Online-Weiterbildung ist wegen der fehlenden praktischen Erfahrungswerte abzuraten.

Während es für das pferdegestützte Coaching bereits einen Berufsverband, wie den *Berufsverband pferdegestützter Coaches* (e. V.) gibt, der im Jahr 2020 gegründet wurde, existiert ein solcher für hundegestütztes Coaching noch nicht. Derartige Berufsverbände setzen sich ebenfalls für eine fundierte und spezialisierte Aus- bzw. Weiterbildung ein. Daher wäre auch hier die Gründung eines solchen in den nächsten Jahren wünschenswert.

4.3   Coaching-Kompetenz für Hunde

Zum anderen sollte der Coach auch adäquate Kenntnisse über das Verhalten, die Bedürfnisse, Gesundheit und Indikatoren von Stress sowie Kenntnisse über Ausdrucksverhalten und Beschwichtigungssignale der beteiligten Hunde besitzen. Das Hundewissen des Coachs ist im hundegestützten Coaching elementar, um ein fundiertes und professionelles Coaching durchführen zu können. Denn zum einen muss der Coach den Ausdruck und das Verhalten des Hundes fachlich fundiert analysieren können, und zum anderen ist die Arbeit für die Hunde sehr anstrengend. Der Coach sollte sich seiner Verantwortung gegenüber den Hunden bewusst sein und diese tragen. Das Ausdrucksverhalten des eingesetzten Hundes als Teil des kommunikativen Coaching-Prozesses hat Signalcharakter und liefert dem Coach wichtige Hinweise auf die aktuelle Befindlichkeit des Tieres im sozialen Kontext. Es ist damit ein bedeutender Indikator für den emotionalen Zustand des Hundes. Aussagekräftig sind hierbei weniger die Einzelsignale des Hundes als vielmehr die Kombination verschiedener Signalelemente zu einem Gesamtausdruck, der als Display bezeichnet wird. Diese Bündelung an Signalkomponenten stellen eine Verhaltens- bzw. Bedeutungseinheit dar. Das Display ist im Zusammenhang mit den äußeren Rahmenbedingungen, wie Umgebungsfaktoren und -reize sowie Verhalten der Sozialpartner (insb. Klienten und Teilnehmer), zu deuten und zu berücksichtigen (Krüger 2018).

Die Kommunikation von Hunden ist äußerst differenziert und wechselt oft in Bruchteilen von Sekunden (Wardeck-Mohr 2013). Es kann sein, dass ein Hund innerhalb kürzester Zeit gleichzeitig Signale mit unterschiedlichen Schwerpunkten setzt. Dieses ambivalente Verhalten muss sicher gedeutet werden können. So kann ein Hund bspw. zwischen Annäherung und Meideverhalten hin- und hergerissen sein (Schöning und Röhrs 2013).

Als Coach ist es wichtig, zwischen bewältigbarem und kontrollierbarem bzw. nicht bewältigbarem und unkontrollierbarem Stress für den Hund zu unterscheiden. Empfindet der Hund den Stress (Eustress) als bewältigbar, kann er in diesem Zustand selbst lernen und sich neue Handlungsfähigkeiten aneignen. Ist der Stresslevel jedoch zu hoch (Disstress), ist der Hund nicht mehr aufnahmefähig, geht in die Überforderung und ist sofort aus dem Setting zu nehmen (Engelstädter 2022). Eine Über- oder Unterforderung des Hundes wirkt sich demnach mindernd auf seine Arbeitsmotivation aus (Schneider 2005).

Neben dem Display sollte der Coach auch Kenntnisse zu den unterschiedlichen Verhaltensweisen eines Hundes besitzen und sich mit Ethogrammen auskennen. Als Ethogramm wird eine grundlegende Bestandsaufnahme aller vorkommenden, beobachtbaren Verhaltensweisen einer Tierart in ihrer natürlichen Umgebung bezeichnet (Immelmann 1982). Bei der Erstellung eines Ethogramms ist darauf zu achten, dass dieses vollständig und eindeutig ist sowie jede Interpretation der beobachteten Verhaltensweisen unterbleibt.

Die formalen Beschreibungen aller Verhaltensweisen werden sogenannten Funktionskreisen zugeordnet, die ein hundegestützter Coach kennen sollte. Zu diesen gehören Erkundungsverhalten, Komfortverhalten, Beutefangverhalten, Spielverhalten, Sozialverhalten, submissives Verhalten (aktive und passive Demut), Beschwichtigungsverhalten, Übersprungsverhalten und Konfliktverhalten. Zum Sozialverhalten gehören ferner soziopositives Verhalten, agonistisches Verhalten, aggressives Verhalten, Imponierverhalten, (offensives und defensives) Drohverhalten und Fluchtverhalten (Feddersen-Petersen 2008).

Ist der Hund in einem Konflikt, hat er vier Möglichkeiten, auf eine empfundene Bedrohung zu reagieren (Bernauer-Münz und Quandt 1995).

➤ Fight: Die Bedrohung soll durch Drohverhalten und ggf. Angriff beseitigt werden.
➤ Flight: Die Distanz zur Bedrohung wird durch Flucht vergrößert und die Konfrontation vermieden.
➤ Freeze: In unausweichlich wahrgenommenen Situationen erstarrt das Tier, ohne sich direkt mit der Bedrohung auseinanderzusetzen.
➤ Flirt oder Fiddle about: Mithilfe von sozialen Gesten soll die Bedrohung abgewendet werden.

Hunde, die überwiegend die erste Strategie wählen, sind für den hundegestützten Einsatz nicht geeignet. Als Coach sollte ich die unterschiedlichen Bewältigungsstrategien erkennen und wissen, welche die eingesetzten Hunde in welchen Situationen zeigen. Hunde haben durch das Zusammenleben mit dem Menschen heute ein sehr ausgeprägtes Lautäußerungsverhalten entwickelt. Hunde bellen dabei viel häufiger und wesentlich differenzierter als Wölfe (Feddersen-Petersen 2008). Das Ausdrucksverhalten und die Vokalisation eines Hundes müssen stets zusammen betrachtet werden (Wardeck-Mohr 2013). Das Bellen eines Hundes kann daher sehr unterschiedliche Bedeutungen haben, bspw. Spielbellen, Aufmerksamkeits- bzw. Warnbellen, Verteidigungs- bzw. Bewachungsbellen, Angstbellen, Frustrationsbellen, Freude- bzw. Erregungsbellen, Spurlaut bei der Jagd oder erlerntes Bellen (Yin und McCowan 2004). Coachs sollten bei einem bellfreudigen Hund in der Lage sein, die unterschiedlichen Lautäußerungen sowie deren unterschiedliche Klangbilder zu erkennen.

Zudem ist der Einfluss rassebedingter Körpermerkmale beim Hund auf das optische Ausdrucksverhalten zu berücksichtigen. Der Coach sollte daher über ein grundlegendes Verständnis der Rassen, die er einsetzt, verfügen. Eine fachkundige Deutung setzt demnach eine umfangreiche Ausbildung und praktische Erfahrungswerte zu Ausdrucksverhalten, Display, Verhaltensweisen, Beschwichtigungssignalen und Stressanzeichen voraus. Tab. 4.1 gibt einen Überblick über Beschwichtigungssignale und Stressanzeichen

Tab. 4.1 Überblick über Beschwichtigungssignale und Stressanzeichen von Hunden (Quelle: In Anlehnung an Rugaas 2001 und Lange 2020)

Beschwichtigungssignale	Stressanzeichen
Abwenden des Blicks	Abwenden des Blicks
Abwenden des Kopfes	Angelegte Ohren
Abwenden des Körpers	Anspringen
Anheben der Pfote	Aufreiten
Blinzeln	Dauerhaftes Bellen
Erstarren/Einfrieren	Dinge/Sich selbst zerstören
Gähnen	Durchfall
Geduckte Körperhaltung	Erbrechen
Hinsetzen	Erstarren
Im Bogen laufen	Fellverlust
Hinlegen	Futterverweigerung
Kratzen	Gähnen
Langsame Bewegungen	Große Pupillen
Schmatzen	Hecheln
Schnüffeln am Boden	Kratzen
Schütteln	Markieren
Schwanz gesenkt	Niesen
Splitten	Penis ausschachten
Tiefstellen des Vorderkörpers	Schütteln
Über Fang lecken	Speicheln
Übersprungshandlungen	Starke Muskelanspannung
Urinieren	Stressgesicht
Wedeln der Rute	Urinieren
Züngeln	Zittern

von Hunden. Die Tabelle erhebt keinen Anspruch auf Vollständigkeit, sondern stellt lediglich die Vielfalt der Anzeichen dar. Beschwichtigungssignale dienen (in Anlehnung an Specht 2015) dazu:

➤ dem Gegenüber die eigene friedliche Absicht mitzuteilen,
➤ dem Gegenüber anzuzeigen, dass man Unwohlsein, Unsicherheit oder Angst empfindet,
➤ vermeidliche oder tatsächliche Bedrohung abzuwenden,
➤ Konflikte zu vermeiden bzw. diesen vorzubeugen,
➤ bereits entstandene Konflikte oder Aggressionen zu unterbrechen,
➤ sich selbst oder das Gegenüber zu beruhigen.

Solange durch die Beschwichtigungssignale der gewünschte Erfolg eintritt, sind diese kein Anzeichen von Stress. Hat der Hund jedoch gegenüber anderen Hunden oder Menschen damit keinen Erfolg, wird er die Beschwichtigungsgesten häufiger zeigen, und es werden zudem Stressanzeichen sichtbar (Amo und Theby 2011). Viele der Beschwichtigungssignale werden demnach von Hunden in völlig stressfreien Situationen gezeigt. Es kommt auf die Häufigkeit an, und die Betrachtung ist immer auf den Gesamtkontext der

Situation zu beziehen. Es ist die Aufgabe des Coachs, stets den gesamten Kontext im Kommunikationsgeschehen zu beobachten und sicher zu erkennen. Die losgelöste Beurteilung eines einzelnen Signals wäre falsch.

Das präzise Lesen nonverbaler Signale beim Klienten versetzt den Coach in die Lage, die wirklichen Kernthemen des Klienten zu erfassen und positive Fortschritte im Coaching-Prozess zu bewirken. Der Coach kann durch einen geschulten Blick die unbewusst emotionalen Prozesse des Klienten erfassen und dem Coaching noch mehr Tiefe geben (Eilert 2021). Beim hundegestützten Coaching hängt der Erfolg ebenfalls vom fachkundigen Lesen der nonverbalen Signale des Hundes ab. Beides in Kombination sichert den Coaching-Erfolg.

Die aktuellen Weiterbildungsangebote variieren auch in diesem Bereich sehr stark und reichen von kurzen Online-Seminaren bis hin zu 2-jährigen Programmen. Die Haltung und das Qualitätsbewusstsein des Coachs kommen hier bei der Auswahl zum Tragen. Um die Eignung, die Belastungsgrenzen und das Ausdrucksverhalten der eingesetzten Hunde beurteilen zu können, ist eine umfangreiche Sachkunde vor allem hinsichtlich der Bedürfnisse und Besonderheiten von Hunden erforderlich.

Die Sachkunde beinhaltet in der Regel laut der Tierärztlichen Vereinigung für Tierschutz e.V. folgende Kenntnisse:

➤ Normalverhalten und Biologie der speziellen Tierart
➤ Artgemäße Ernährung und Haltung
➤ Einsatzkriterien in Hinblick auf eine körperliche oder psychische Belastung des Tieres
➤ Gesetzliche Hintergründe zu Haltung/Ausbildung/Transport/Kennzeichnung und Einsatz des Tieres
➤ Typische Krankheiten, insbesondere Zoonosen, sowie deren Erkennung und Vermeidung
➤ Hygienemaßnahmen zur Gesunderhaltung des Tieres und zum Schutz der involvierten Personen

Darüber hinaus umfasst sie folgende praktische Fähigkeiten:

➤ Planung eines tierschutzgerechten Einsatzes des Tieres
➤ Erkennung von Belastungsparametern wie Stressanzeichen sowie adäquates Reagieren hierauf
➤ Sicheres Führen oder Unterbringen der Tierart am Einsatzort
➤ Benötigte Verhaltensweisen in der Ausbildung oder im Training für den Einsatz

Die Sachkunde dient der Gewährleistung des Tierschutzes, der Qualitätssicherung, der Verringerung von Risiken und der Absicherung gegen mögliche Haftungsansprüche (TVT 2021). Ein gewisses Restrisiko bezüglich Verletzungsgefahr und Übertragung von Krankheiten von Mensch zu Hund und andersherum lässt sich trotz Sachkunde nicht völlig ausschließen. Die Risiken sind jedoch bei sachgerechter Anwendung von Fachkenntnissen und Hygienemaßnahmen äußerst gering. Durch ein fundiertes Wissen erkennt der hundegestützte Coach frühzeitig Gefahren, greift ein und schützt alle Beteiligten. Die positiven Effekte überwiegen deutlich in der hundegestützten Arbeit.

> ► Wichtig: Hundegestützte Coachs benötigen eine fundierte Sachkunde, um die Rückmeldungen der Hunde professionell in den Coaching-Prozess integrieren zu können.

Eine entsprechende behördliche Erlaubnis nach § 11 Tierschutzgesetz ist vom Coach stets vor Ausübung seiner tiergestützten Tätigkeit erforderlich und beim zuständigen Veterinäramt zu beantragen. Die erforderliche Sachkunde wird in der Regel vom Veterinäramt in einem Fachgespräch oder auch mittels eines speziellen Online-Testverfahrens beurteilt. Die Auskunft, ob eine Erlaubnispflicht besteht, sollte demnach immer beim örtlich zuständigen Veterinäramt vorab eingeholt werden. Andernfalls können erhebliche Bußgelder drohen.

Auch zur Haltung und zur Beförderung von Tieren sollte der Coach entsprechende Fachkenntnisse besitzen (Wohlfarth und Olbrich 2014). Der Abschluss entsprechender Sachkundenachweise nach § 11 Tierschutzgesetz, wie z. B. das „Halten in einer tierheimähnlichen Einrichtung und gewerbsmäßiges Halten" sowie „Nachweis für Tiertransporte für Hunde" sind empfehlenswert. Bezüglich des Tiertransports gilt seit 2008, dass auch alle Tierhalter, die ihre Nutztiere über 50 km in Verbindung mit einer wirtschaftlichen Tätigkeit transportieren, einen Befähigungsnachweis vorweisen müssen. Eine Erlaubnis nach der VO (EU) 1/2005 ist notwendig (TVT 2021). Es kommt demnach darauf an, wie weit der Coach u. U. mit seinen Hunden zum Kunden fährt. Neben dem nationalen Tierschutzgesetz ist die Tierschutz-Hundeverordnung (TierSchHuV) zu beachten. Diese beschreibt die Mindestanforderungen an die Hundehaltung. Darüber hinaus gilt es weitere Gesetze wie die EU-Heimtierverordnung, Hundeverbringungs- und -einfuhrbeschränkungsgesetz, Bundes- und Landesgesetze (z. B. Bundesjagdgesetz, Bundesnaturschutzgesetz), Landesverordnungen, kommunale und Polizeiverordnungen, Straßenverkehrsordnung, Gesetz über Ordnungswidrigkeiten, Verhalten von Hund und Halter im öffentlichen Raum, Freilauf und Leinenzwang, Haltung, Kennzeichnung, Meldepflichten und Gefahrenabwehr, Tollwutverordnung sowie Haftpflichtversicherung und Hundesteuer zu berücksichtigen (Amo und Theby 2011).

> ► Tipp: Der Abschluss einer Betriebshaftpflichtversicherung, die den beruflichen Einsatz von Hunden abdeckt, wird ausdrücklich empfohlen. Eine reine Hundehaftpflicht reicht nicht aus.

Da sich hundegestützte Interventionen am aktuellen wissenschaftlichen Kenntnisstand zu orientieren haben, ist eine stetige Weiterentwicklung des Coachs in Form von entsprechenden Weiterbildungen unabdingbar. Das zuständige Veterinäramt kann dies als Auflage für die Erlaubnis erteilen. Unabhängig davon sollten Coachs ein Eigeninteresse im Sinne des Tierwohls haben.

Die Wirksamkeit von hundegestütztem Coaching setzt, wie aufgezeigt, das Wissen und die Fähigkeiten von verschiedenen Fachbereichen voraus. Es reicht nicht aus, nur in einem dieser Fachbereiche qualifiziert zu sein. Vielmehr sollte der Coach in der Lage sein, sein Wissen und die spezifischen Fähigkeiten sinnvoll miteinander zu verknüpfen und zu einem eigenständigen Konzept zu vereinen (Darga und Dapper 2022).

Literatur

Amo, C., Theby, V. (2011). Handbuch für Hundetrainer. (S. 77, 351). Stuttgart: Eugen Ulmer.

Bernauer-Münz H., Quandt C. (1995). Problemverhalten beim Hund, Lösungswege für den Tierarzt. Stuttgart: Gustav Fischer Verlag. und Archer J. (2009), The behavioural biology of aggression. Cambridge University Press. Cambridge.

BTI Bundesverband Tiergestützte Interventionen. (o. J.a). Tiergestützte Interventionen. https://www.tiergestuetzte.org/tiergestuetzte-interventionen. Zugegriffen: 18. Februar 2023

Darga, C., Dapper, D. (2022): Tierisch systemisch. Lösungs- und Ressourcenorientierung in der tiergestützten Intervention. (S. 70). München: Ernst Reinhardt.

DBVC. (2019). Leitlinien und Empfehlungen für die Entwicklung von Coaching als Profession, Kompendium mit den Professionsstandards des DBVC, Deutscher Bundesverband Coaching e.V. (Hrsg.), 5., aktualisierte Auflage 2019. (S. 97–98). https://www.dbvc.de/_Resources/Persistent/9/7/c/5/97c54d38f378d6ea9b05bb367b8202e844ec82a8/DBVC%20Coaching%20Kompendium%202019.pdf. Zugegriffen: 11. September 2023

dvct. (o. J.). Kompetenzmodelle & Definition. https://www.dvct.de/verband/kompetenzmodelle. Zugegriffen: 8. Oktober 2023

Eilert, D. W. (2021). Integratives Emotionscoaching mit emTrance. Wie emotionale Veränderung wirklich gelingt (S. 175). Paderborn: Junfermann.

Engelstädter, V. (2022): Resilienz bei Hunden. Für einen gelasseneren Umgang mit Konflikten und Stress (S. 36–37). Stuttgart: Kosmos.

Feddersen-Petersen D. U. (2008). Ausdrucksverhalten beim Hund: Mimik und Körpersprache, Kommunikation und Verständigung. Stuttgart: Kosmos.

Handelmann, B. (2010). Hundeverhalten, Mimik, Körpersprache und Verständigung. (S. 12). Stuttgart: Franckh-Kosmos.

Immelmann K. (1982). Wörterbuch der Verhaltensforschung. Hamburg: Verlag Paul Parey.

Jegatheesan, B. (2018). Definition der IAHAIO für tiergestützte Interventionen und Richtlinien für das Wohlbefinden der beteiligten Tiere. Weissbuch. https://www.tiergestuetzte.org/fileadmin/Redaktion/Dokumente/IAHAIO_white_paper_2018_german_final.pdf. Zugegriffen: 3. September 2023

Krüger, S. (2018). TVT – Tierärztliche Vereinigung für Tierschutz e.V., Merkblatt Nr. 131.4 Hunde. AK 10: Nutzung von Tieren im sozialen Einsatz. Juni 2018.

Lange, A. (2020). Körpersprache. Wie Du Stress bei Hunden erkennst. https://4pfoten-on-tour.de/stressanzeichen-hund Zugegriffen: 19. September 2023

Rugaas, T. (2001). Calming Signals. Die Beschwichtigungssignale der Hunde. Bernau: animal learn.

Schneider, D. (2005). Die Welt in seinem Kopf: Über das Lernverhalten von Hunden. (S. 88). Bernau: animal learn.

Schöning, B., Röhrs, K. (2013). Hundesprache, Mimik und Körpersprache richtig deuten. (S. 61). Franckh-Kosmos Verlag.

Specht, B. (2015). Angsthunde: Definition, Diagnostik, Management, Trainingsansätze. (S. 23). Bernau: animal learn.

TVT – Tierärztliche Vereinigung für Tierschutz e.V. (2021). Merkblatt Nr. 131.4 Hunde. AK 10: Nutzung von Tieren im sozialen Einsatz. (S. 7, 11)

Wardeck-Mohr, B. (2013). Team-Coaching Mensch-Hund Wege zur erfolgreichen Kommunikation. (S. 26). Stuttgart: Müller Rüschlikon.

Wohlfarth, R., Olbrich, E. (2014). Qualitätsentwicklung und Qualitätssicherung in der Praxis tiergestützter Interventionen – ein Leitfaden. isaat – international society for animal-assisted therapy. https://www.tiergestuetzte.org/fileadmin/Redaktion/Dokumente/Broschuere_zur_Qualitaetsicherung.pdf. Zugegriffen: 10. Dezember 2022

Yin S., McCowan B. (2004). Barking in domestic dogs: context specificity and individual identification. Animal Behaviour. (S. 68, 343–355) sowie Rugaas T. (2015). Das Bellverhalten der Hunde. (S. 14). Bernau: animal learn.

Notwendige Qualifikationen und Kompetenzen beim Hund

5

Der Coach trägt große Verantwortung beim Einsatz des Hundes. Der bzw. die eingesetzten Hunde müssen, so wie der menschliche Coach, über eine ganze Reihe von Qualifikationen und Kompetenzen verfügen. Daher ist nicht jeder Hund als Co-Trainer geeignet. In der Fachliteratur werden für die Auswahl und Eignung des Hundes oft die Rassemerkmale herangezogen, die das Wesen und Aussehen durch die Zucht bestimmen. Die individuellen Eigenschaften des Hundes werden dagegen kaum betrachtet. Dies scheint zu kurz zu greifen, da die Wesensmerkmale der einzelnen Hunde innerhalb einer Zuchtlinie und auch innerhalb eines Wurfs sehr vielfältig sein können. So weisen bereits Wurfgeschwister deutliche Unterscheidungsmerkmale auf (Wardeck-Mohr 2013).

➤ Wichtig: Nicht jeder Hund ist als Co-Trainer geeignet.

Die Zucht bietet Vorteile, indem sie einen geschützten Rahmen bietet, in dem gewünschte Charaktereigenschaften und äußere Merkmale eines Hundes über mehrere Generationen gut planbar sind. Die Prägung und Sozialisation sind während der ersten Lebenswochen bei einem seriösen Züchter gesichert. Damit wird eine gute Grundlage für die weitere Wesensentwicklung und das spätere Anforderungsprofil für den Einsatz des Hundes geschaffen. Der Hund kann durch eine behutsam kontrollierte Entwicklung für das spätere Einsatzgebiet optimal vorbereitet werden. Die Vorgeschichte des Hundes ist dem Coach bekannt, wenn er diesen von klein auf selbst ausgebildet hat. Dies ist ein entscheidender Vorteil, wenn man den Welpen aus einer professionellen Zucht adoptiert hat.

Aber auch Tierschutzhunde sind je nach Wesen wunderbar für den Einsatz geeignet. Es bedarf einer längeren Zeit, den Hund, seine Persönlichkeit und sein Wesen kennenzulernen. Die Vorgeschichten von Tierschutzhunden sind oft nicht bekannt, und trotz vor-

M. Lentzsch, *Hundegestütztes Coaching und Training*,
https://doi.org/10.1007/978-3-658-42454-1_5

heriger Prüfung zeigt sich erst mit der Zeit der wirkliche Charakter des Hundes. Demnach besteht ein Restrisiko, dass der Hund der angedachten Aufgabe, zum eigenen Wohl, nicht nachgehen kann. Die Zeit für das Kennenlernen, den Vertrauens- und notwendigen Bindungsaufwand kann dem 1. Jahr der Welpenerziehung in etwa gleichgesetzt werden. Einen zeitlichen Nachteil gibt es demzufolge nicht unbedingt.

Welche Charaktereigenschaften sollte ein Hund nun zeigen? Der Hund sollte neugierig, aufgeschlossen und menschenbezogen sein. Er sollte gut sozialisiert sowie auf unterschiedliche Menschentypen, Geräusche, Orte, Gegenstände etc. geprägt sein. Ein guter Grundgehorsam ist unabdingbar. Der Hund muss selbstständig, auch an fremden Orten, zur Ruhe kommen und abwarten können. Für den Aufenthalt im Tagungsraum ist es hilfreich, wenn der oder die Hunde eine Ruhezone, wie z. B. eine Decke oder Box, kennen.

Die wichtigste Voraussetzung ist eine gute Beziehung zum Coach und ein sicheres Vertrauensverhältnis mit diesem. Der Hund sollte stressresistent sein und daher über eine gute Resilienz verfügen. Selbstwirksamkeit, eine positive Grunderwartungshaltung, Selbstregulation, Ideenreichtum, Regeneration, Anpassungsfähigkeit und das soziale Auffangnetz des Menschen bzw. Coachs sind wichtige Faktoren der Resilienz bei Hunden (Engelstädter 2022). Eine gute resiliente Grundausrüstung hilft, damit der Hund weder geistig noch körperlich überfordert ist. Und das Wichtigste: Er sollte Spaß an der Arbeit haben sowie Nein zum Einsatz sagen dürfen.

> ➤ Wichtig: Hunde, die eingesetzt werden, sollten auch Nein sagen dürfen.

Ein gutes Qualitätsmerkmal für den Coach ist es, wenn der bzw. die Hunde zudem einen Wesenstest von offizieller Stelle durchlaufen und diesen erfolgreich bestanden haben. Ein Wesenstest für Hunde überprüft das Wesen und die Verhaltenseigenschaften eines Hundes in festgelegten Testsituationen zu einem bestimmten Zeitpunkt. Aus dem im Test zu beobachtenden Verhalten wird auf das Wesen eines Hundes geschlossen (Feddersen-Petersen 2008). Der Abschluss eines Wesenstests gibt dem Coach Gewissheit und Sicherheit, dass auch in Settings mit vielen Menschen auf den Hund Verlass ist.

Gerade Hunde, die nicht beim hundegestützten Coach aufgewachsen sind oder die sich für den Einsatz von anderen Hundehaltern ausgeliehen werden, sollten vor Einsatz getestet werden. So trägt der Coach gleichermaßen für seine Klienten und den Hund Verantwortung. Für den Wesenstest sollte der Hund mindestens 1 Jahr alt sein. Bei Welpen sind Wesenstests laut einer Studie von Stefanie Riemer und Friederike Range von der Universität Wien nur bedingt aussagekräftig. Die Vorhersagekraft, was das Verhalten im Erwachsenenalter angeht, sei begrenzt. Die rassetypischen Wesensmerkmale sind bei Welpen stärker oder schwächer ausgeprägt, und im Laufe der Zeit entwickeln sich die Hunde ganz unterschiedlich (Hucklenbroich 2014).

Grundsätzlich können im Coaching eigene Hunde, aber auch Hunde anderer Hundehalter eingesetzt werden. Für fremde Hunde gelten die gleichen Anforderungen an den Hund wie für eigene. Der Beziehung zum Hund kommt bei fremden Hunden noch einmal eine besondere Bedeutung zu. Denn die Bindungs- und Vertrauensarbeit zwischen Coach und Hund ist entscheidend für den Coaching-Erfolg. Daher ist es ratsam, dass die vertraute Bezugsperson zumindest anwesend ist, um dem Tier ein Gefühl von Sicherheit zu geben (Stoppel 2018).

5.1 Die Auswahl und Eignung des Hundes

Die Auswahl des Hundes ist eine individuelle Entscheidung, die jeder Coach und Trainer für sich trifft. Doch nicht jeder Hund ist für den Einsatz im Coaching und Training geeignet. Damit all die Kompetenzen erfüllt werden, ist die Auswahl des Hundes essenziell. Sowohl die Rasse, Elterntiere, Aufzuchtbedingungen, Welpenentwicklung, Prägung, Habituation, Sozialisation als auch Vorerfahrungen und das Training des Hundes spielen eine entscheidende Rolle.

Nach Olbricht und Otterstedt sollte der Hund folgende Anforderungen erfüllen:

➤ Sicheres, ruhiges Verhalten
➤ Freundliches, offenes und neugieriges Wesen
➤ Keine Scheu oder Ängste vor Menschen
➤ Geringe Aggressionsbereitschaft gegenüber Menschen und Hunden
➤ Gute Führigkeit
➤ Soziales Verhalten
➤ Eigeninteresse an Menschen
➤ Wenig territoriales Verhalten
➤ Hohe Sensibilität gegenüber Stimmungen (Empathie)
➤ Hohe Resistenz gegenüber Umweltstress

Ein Hund darf auch distanzforderndes Verhalten bei Unwohlsein oder notwendiger Abwehr zum Ausdruck bringen (Olbricht und Otterstedt 2013). Zudem sollte der Hund Menschen nicht anspringen, im Gesicht anlecken und nicht am Menschen bzw. seinen Sachen knabbern. Klienten bzw. Teilnehmende mögen solches Verhalten i. d. R. nicht. Unter Umständen könnte es zu Beschwerden und Schadensersatzansprüchen kommen. Solange der Hund die genannten Merkmale erfüllt, spielt seine Herkunft keine Rolle.

Wer sich für einen Welpen entscheidet, hat den Vorteil, dass ihm viele wesentliche Aspekte von Anfang an bekannt und damit beeinflussbar sind. Denn die vorgeburtlichen Erlebnisse und die ersten Lebenswochen haben laut Hirnforschung einen großen Einfluss auf die Resilienz des Hundes. Denn sowohl im Mutterleib als auch in den ersten Lebenswochen bildet sich das Stresssystem im limbischen System des Gehirns aus. Dies passiert in starker Abhängigkeit zum Muttertier. Erlebt die Hundemutter bspw. während der Tragezeit viel Stress, kommen die Welpen mit einer dauerhaft erhöhten Stresshormonproduktion zur Welt. Mit diesen Anlagen trifft der Welpe dann später auf viele Umwelteinflüsse. Natürlich kann der Hund noch vieles lernen und neue Synapsen im Gehirn bilden, die

Grundprogrammierung bleibt jedoch unveränderlich. Zeigt die Hundemutter nach der Geburt ein fürsorgliches Pflegeverhalten, hat dies einen wichtigen schützenden Effekt auf die Welpen. Die Dauer der Mutter-Welpen-Interaktion und das Alter der Welpen zum Zeitpunkt der Abgabe spielen eine entscheidende Rolle. Die Stresskompetenz des Welpen kann demnach durch die Elterntiere und den Züchtern positiv beeinflusst werden (Engelstädter 2022). „Es ist unbestreitbar wichtig, die Herkunft eines Welpen und die Merkmale der Zuchtanlage und des Züchters zu kennen, da die Auswirkungen der frühen Erfahrungen den Charakter des Hundes im Erwachsenenalter nachhaltig beeinflussen" (Foltin 2022). Studien belegen, dass die Herkunft von Welpen mit der Häufigkeit von späteren Verhaltensproblemen maßgeblich zusammenhängt (Serpell und Jagoe 1995). Daher sollten die Aufzuchtbedingungen vor, während und nach der Geburt genau betrachtet werden.

Früher wurde häufig empfohlen, den Welpen im Alter von acht Wochen vom Züchter zu holen. Heute weiß man, dass dies ein sehr ungünstiger Zeitpunkt für den Wechsel in sein neues Zuhause ist (Reinhardt 2017). Welpen haben verschiedene sensible Phasen. So können traumatische Ereignisse, die acht bis neun Wochen alte Welpen in Abwesenheit ihrer Mutter erleben, lang anhaltende Angstreaktionen hervorrufen. Nach neuen wissenschaftlichen Erkenntnissen sollte der Welpe bei der Abgabe mindestens zwölf Wochen alt sein (Foltin 2022).

5.2   Der Hund im Einsatz

Auch wenn der Klient klassischerweise im Mittelpunkt des hundegestützten Coachings steht, ist das Wohlergehen der eingesetzten Hunde stets gleichermaßen sicherzustellen.

Hunde unter einem Jahr gehören nicht in den hundegestützten Einsatz. Nach dem ersten halben Jahr ist ein behutsames Heranführen an die spätere Aufgabe sinnvoll. Die Vorbereitung auf den Einsatz mit tierschutzgerechten Methoden und die Entwicklung einer guten Beziehung zum Hund benötigen viel Zeit, die dem Hund gegeben werden muss. Zu früh eingesetzte Tiere leiden oft an Stress und Überlastung, weil sie die Situation nicht einordnen können und/oder in ihrem Halter (noch) keine verlässliche Bezugsperson sehen (Stoppel 2018). Zwischen den Coaching-Sitzungen sind Erholungs- und Ruhephasen wichtig. Hunde benötigen ausreichend Schlaf, damit sie die Eindrücke und das Gelernte verarbeiten können. So wie die Klienten lernen auch die Hunde in jeder Coaching-Sitzung etwas. Als Coachs haben wir dafür Sorge zu tragen, dass es etwas Positives ist. Nach dem eigentlichen hundegestützten Coaching und Training findet beim Hund eine Verarbeitung der Lerninhalte im Gedächtnis statt, die zu einer Festigung bzw. Konsolidierung führt. Während des Schlafs finden also beim Hund wichtige Verarbeitungsschritte des Lernens statt (Schneider 2005). Daher sollte der Hund, je nach Länge, Einsatzform, Kondition und Alter des Hundes, nicht öfter als 2- bis 3-mal pro Woche zum Einsatz kommen (Krüger 2018). Voraussetzung für den Einsatz ist, dass der Hund über die vorab beschriebenen Kompetenzen verfügt und gesund ist. Kranke Hunde, läufige oder tragende Hündinnen gehören nicht verwendet. Regelmäßige tierärztliche Untersuchungen der eingesetzten Hunde sollten selbstverständlich sein. Ältere Hunde sind entsprechend weniger in den Einsatz zu nehmen. Hierbei ist zu beachten, dass große Hunde physisch früher altern als kleine Hunde. Es ist auf Anzeichen für Arthrosen, Spondylosen, Verlust des Hör- und/oder Sehvermögens sowie auf sonstige Beschwerden, die zu Schmerzen führen können, zu achten. Ältere Hunde benötigen mehr Schlaf, und manche lassen sich nicht mehr so gern anfassen (Foltin 2022).

Auch tierschutzrelevante Aspekte sind jederzeit zu berücksichtigen.

> ➤ Tipp: Ein hundegestützter Coach hat Vorteile, wenn er mehrere Hunde im Einsatz hat.

Ein hundegestützter Coach hat Vorteile, wenn er mehrere Hunde im Einsatz hat. Jeder Hund hat eine eigene Persönlichkeit und bringt daher individuelle Eigenschaften, Fähigkeiten, Vorlieben, Eigenarten und Verhaltensweisen mit. Sie reagieren daher unterschiedlich auf ihre Interaktionspartner, was der Coach bewusst nutzen kann. So geben einige Hunde die Verantwortung gern ab und folgen fast jedem Menschen von sich aus. Andere Hunde möchten lieber mitentscheiden, was gleich passiert, und vor allem einen Sinn darin erkennen. Und wieder andere Hunde sind sehr selbstständig und nutzen jede Gelegenheit, ihren eigenen Bedürfnissen nachzugehen. Dies sind alles Verhaltensweisen, wie wir sie auch bei menschlichen Charakteren finden (Landgraf und Neuse 2021).

Der Coach kann zum einen bei mehreren Hunden je nach Persönlichkeit und Thema des Klienten zwischen den verschiedenen Hundepersönlichkeiten und deren Charakteren wählen. Zum anderen kann er, wenn der Klient bspw. Schwierigkeiten bei Entscheidungen hat, den Klienten als erste Übung entscheiden lassen, mit welchem Hund er arbeiten möchte, und anschließend zu dieser Entscheidung in Reflexion gehen. Auch bei Krankheit eines Tieres kann der Coach auf einen anderen Hund ausweichen und muss die Coaching-Sitzung nicht absagen.

Ein hundegestützter Coach und Trainer sollte sich bewusst sein, dass Hunde ungerechtes oder ungleiches Verhalten erkennen. Sie können auf ungleiche Behandlung empfindlich reagieren und möglicherweise weniger kooperieren, wenn sie beobachten, dass ein Artgenosse mehr Leckerlis, Lob und Aufmerksamkeit für eine vergleichbare Leistung erhält (Foltin 2022). Im hundegestützten Coaching und Training wird i. d. R. daher nicht mit Leckerlis gearbeitet, außer zur Belohnung von ruhigem Verhalten oder als bewusste Ablenkungen bzw. Störungen in der Intervention. Im Kapitel 13 ist bspw. beschrieben, wann und warum Ablenkungen in den Interventionen bewusst eingesetzt werden.

Literatur

Engelstädter, V. (2022). Resilienz bei Hunden – Für einen gelassenen Umgang mit Konflikten und Stress. (S. 61). Stuttgart: Kosmos.

Feddersen-Petersen D. U. (2008). Ausdrucksverhalten beim Hund: Mimik und Körpersprache, Kommunikation und Verständigung. Stuttgart: Kosmos.

Foltin, S. (2022). Hundegestützte Interventionen. Wissenschaft trifft Praxis – Ausgewählte Studien erklärt. (S. 41, 56, 73, 74, 163). Nerdlen: Kynos.

Hucklenbroich, C. (2014): Hunde wollen keine Gespräche: Ergebnisse aus Tier-Studien. https:// blogs.faz.net/tierleben/2014/09/03/hunde-wollen-nicht-reden-548. Zugegriffen: 01. Juli 2023

Krüger, S. (2018). TVT – Tierärztliche Vereinigung für Tierschutz e.V., Merkblatt Nr. 131.4 Hunde, AK 10: Nutzung von Tieren im sozialen Einsatz.

Landgraf, D., Neuse, V. (2021). Praxisbuch tiergestütztes Training und Coaching. (S. 34). Weinheim: Beltz Verlag.

Olbricht, E., Otterstedt, C. (2013). Menschen brauchen Tiere. Grundlagen und Praxis der tiergestützten Pädagogik und Therapie. (S. 373). Stuttgart: Franckh Kosmos.

Reinhardt, C. v. (2017). WELPEN Anschaffung, Erziehung und Pflege. (S. 39). Bernau: animal learn.

Schneider, D. (2005). Die Welt in seinem Kopf: Über das Lernverhalten von Hunden. (S. 42). Bernau: animal learn.

Serpell, J., Jagoe, J. A. (1995). Early experience and the development of behaviour. In: Serpell, J., Ed.: The Domestic Dog: Its Evolution Behaviour and Interactions with People. (S. 79–102). Cambridge, UK: Cambridge University Press

Stoppel, K. (2018). Tiergestützte Interventionen unter tierschutzrelevanten Aspekten. Voraussetzungen – Risiken – Chancen. (S. 57). Hamburg: Diplomica.

Wardeck-Mohr, B. (2013). Team-Coaching Mensch-Hund Wege zur erfolgreichen Kommunikation. (S. 25). Stuttgart: Müller Rüschlikon.

Gesetzliche Grundlagen und Qualitätsstandards

6

6.1 Gesetzliche Grundlagen

Im hundegestützten Coaching und Training gilt es, viele gesetzliche Grundlagen zu beachten. Diese sind zwar bundesweit geregelt, unterscheiden sich in ihrer Auslegung und Umsetzung auf Landes- und kommunaler Ebene jedoch stark voneinander. Das führt aktuell zu unterschiedlichen Durchführungsqualitäten. Je nach zuständigem Veterinäramt variieren die Anforderungen an die Zulassung für hundegestütztes Coaching und Training in den verschiedenen Bundesländern. Das Spektrum reicht von „gar nicht benötigt" bis hin zu „umfangreichen Qualifikationen", die vorgewiesen werden müssen.

Grundsätzlich geben die Richtlinien der Tierärztlichen Vereinigung für Tierschutz e.V. (TVT) eine wichtige Orientierung. Sie geben Kriterien für Haltung, Pflege, Betreuung, Beschäftigung, Ernährung, Einsatzzeiten, Hygienemanagement und Gesundheitsvorsorge vor und empfehlen eine fachliche Eignung der Hundehalter. Der TVT weist ausdrücklich darauf hin, dass vor jedem Einsatz zu entscheiden ist, ob der Hund gesund und motiviert sowie am Einsatz interessiert ist (TVT 2021). Zu den Anzeichen dafür, dass ein Hund eine Aktivität oder Umgebung als angenehm empfindet, gehören eine entspannte Körperhaltung, ein offenes Maul und eine Bewegung in Richtung der Interaktion (Aloff 2005).

> ➤ Wichtig: Vor jedem Einsatz ist zu entscheiden, ob der Hund gesund und motiviert sowie am Einsatz interessiert ist.

Gesetzlich verankert sind diese Richtlinien im deutschen Tierschutzgesetz (TierSchG 1972). In diesem Gesetzestext werden alle relevanten Aspekte für das Tierwohl aufgeführt

© Der/die Autor(en), exklusiv lizenziert an Springer Fachmedien Wiesbaden GmbH, ein Teil von Springer Nature 2024
M. Lentzsch, *Hundegestütztes Coaching und Training*,
https://doi.org/10.1007/978-3-658-42454-1_6

und sind einzuhalten. Insbesondere die Paragrafen 1, 2, 3 und 11 sollen mit Blick auf die hundegestützte Arbeit nachstehend kurz erwähnt werden. In § 1 findet sich der Grundsatz der Verantwortung des Menschen für das Tier als Mitgeschöpf, dessen Leben und Wohlbefinden er zu schützen hat. Schmerzen, Leiden oder Schäden dürfen keinem Tier ohne triftigen Grund zugefügt werden. § 2 regelt die Pflichten in Bezug auf artgerechte Ernährung, Pflege, verhaltensgerechte Unterbringung und ermächtigt die zuständigen Behörden zu gesonderten Regelungen bezüglich Erziehung, Training und Transport der Tiere. In § 3 werden klare Verbote im Umgang mit Tieren aufgeführt. Keinem Tier dürfen Leistungen abverlangt werden, denen es wegen seines Zustands nicht gewachsen ist oder die seine Kräfte übersteigen. Die individuellen Belastungsgrenzen, Impuls- und Frustrationstoleranz sowie Stresssignale sind vom Coach und Trainer zuverlässig für jeden eingesetzten Hund einzuschätzen. § 11 bezieht sich auf den gewerbsmäßigen Einsatz von Tieren mit einer Absicht zur Gewinnerzielung. Er regelt die Sicherstellung des Tierwohls bei kommerzieller Nutzung und erteilt den zuständigen Behörden Weisungsbefugnis (TierSchG 1972). Die Durchführung obliegt den Veterinärämtern auf kommunaler Ebene, welche die notwendige Erlaubnis zum gewerbsmäßigen Einsatz eines Tieres erteilen. In einigen Bundesländern benötigt man, wie erwähnt, hierfür eine umfangreiche fachliche Weiterbildung, während diese Erlaubnis in anderen Bundesländern auf Grundlage langjähriger Erfahrung mit dem einzusetzenden Tier erteilt wird. Beim Einsatz von Hunden werden je nach Kreis noch zusätzliche Sachkundenachweise bis hin zu einer gesonderten fachlichen Hundeausbildung/-prüfung verlangt (Mollnau 2022). Bei einigen reicht ein Fachgespräch mit dem Veterinäramtstierarzt oder das Ablegen eines Online-Tests aus. Einige Veterinärämter überprüfen zudem die Haltungsbedingungen vor Ort und prüfen zusätzlich zum Fachnachweis deren Gegebenheiten. Anhand dieser verschiedenen Vorgehensweisen erklären sich die unterschiedlichen Qualitätsstandards im hundegestützten Coaching und Training. Hier besteht Handlungsbedarf, um den weiteren Entwicklungen im tiergestützten Bereich und dem Tierwohl Rechnung zu tragen.

6.2   Qualitätsstandards

Es zeichnet sich ein immer größeres Angebotsspektrum mit sehr unterschiedlichen Qualitätsansprüchen am Markt ab, sowohl an Weiterbildungs- als auch an Coaching- und Trainingsangeboten. Weiterbildungsangebote z. B. mit dem Aufruf: „Du hast einen Hund und möchtest dein Hobby zum Beruf machen? Dann werde hundegestützter Coach!" sind aufgrund der Kürze des Weiterbildungszeitraums, des Inhalts und der fehlenden Qualifizierung beim Anbieter fraglich und als unseriös einzuschätzen. Coaching- und Trainingsangebote ohne die notwendigen Qualifikationen und/oder mit Einsatz von ungeeigneten Hunden schaden dem Berufsbild. Es zeichnet sich ein Spannungsfeld zwischen Tierwohl, kommerziellem Druck, Anforderungs- und Kompetenzprofilen, Selbstverwirklichung und Coaching- bzw. Trainingserfolg ab. Hier stellt sich die Frage, ob die rasante Angebotsvielfalt auch dem Tierwohl dient und ob die bestehenden Kontroll- und Qualitätsstandards ausreichen. Es fehlt an belastbaren Studien zu den Auswirkungen der Einsätze auf das Tierwohl. Was bleibt, sind unterschiedliche subjektive Wahrnehmungen, die Anlass zur Sorge geben und Fragen des Tierschutzes aufwerfen (Mollnau 2022). Daher erhalten tierschutzrechtliche Aspekte in diesem Buch auch gebührenden Raum.

Literatur

Aloff, B. (2005). Canine Body Language: A Photographic Guide. (S. 16). Wenatchee, WA, USA: Dogwise Publishing.

Mollnau, L. (2022). Die tierzentrierte Intervention. Neue Perspektiven tiergestützter Interventionen mit (Tierschutz-)Hunden am Beispiel hyperkinetischer Störungsbilder im Kindes- und Jugendalter. (S. 12, 13, 35, 36). Hamburg: Bachelor + Master Publishing.

TierSchG. (1972). Bundesministerium der Justiz: Tierschutzgesetzt. https://www.gesetze-im-internet.de/tierschg/BJNR012770972.html. Zugegriffen: 01. Juli 2023

TVT – Tierärztliche Vereinigung für Tierschutz. (2021). Merkblatt Nr. 131.4 Hunde. AK 10: Nutzung von Tieren im sozialen Einsatz. (S. 9)

Der Hund im Coachingprozess 7

Der Coaching-Erfolg im hundegestützten Coaching und Training hängt von vielen verschiedenen Faktoren ab. Wie aufgezeigt, ist ein wichtiger Faktor die Kompetenz des Coachs. Hunde reagieren im Coaching intuitiv, d. h., sie reagieren sehr oft anders als geplant, und es passieren unerwartete Dinge. Ein hundegestützter Coach greift diese spontanen Reaktionen auf und bringt sie fundiert in einen sinnvollen Zusammenhang zum Coaching-Ziel. Eine Schlüsselkompetenz ist der Transfer des Erlebten in den Alltag des Klienten.

Da insbesondere auch die Beziehungs- und die Prozessgestaltung eine entscheidende Rolle spielen, werden diese nachfolgend unter verschiedenen Aspekten beleuchtet.

7.1 Das klienten- und tierzentrierte Beziehungsdreieck

Carl Rogers gilt als Begründer des klientenzentrierten Gesprächsansatzes (1950). Er belegte in seinen Forschungen, dass vor allem eine wachstumsfördernde Beziehung für eine erfolgreiche Veränderungs- und Persönlichkeitsentwicklung wichtig ist. Der Coaching-Erfolg hängt nach Rogers stark von der Qualität der Beziehung zwischen Klient und Coach ab und nicht etwa vom Anwenden systematischer Techniken und Methoden.

In einer weltweit durchgeführten Coaching-Studie bestätigte Erik de Haan, Direktor des Centre for Coaching an der britischen Ashridge Business School (2013) die Ergebnisse von Rogers. Er erforschte mit rund 4000 Teilnehmenden die Erfolgsfaktoren für Coaching-Prozesse. Je besser die Beziehung zwischen Klient und Coach, desto besser das Coaching-Ergebnis, so auch sein Fazit. Die Beziehungsgüte ist unabhängig von der eingesetzten Methode entscheidend für den Coaching-Erfolg. Die Beziehung wiederum hängt stark mit dem gegenseitigen Vertrauen und dem Vertrauen des Klienten in seine

M. Lentzsch, *Hundegestütztes Coaching und Training*,
https://doi.org/10.1007/978-3-658-42454-1_7

eigenen Fähigkeiten zusammen (Schwertfeger 2013). Daher sollten sich Coachs der Wichtigkeit der Beziehungsgestaltung bewusst sein. Beim hundegestützten Coaching wird der Hund in das Setting integriert und ist als weiterer Beziehungspartner zu berücksichtigen. Daraus ergibt sich ein Beziehungsdreieck zwischen dem Klienten, dem Hund und dem Coach, das in Abb. 7.1 dargestellt ist.

Der klientenzentrierte Ansatz, in dem die Klient-Coach-Beziehung im Mittelpunkt steht, muss daher konsequenterweise um einen tierzentrierten Ansatz zu einer Klient-Hund-Coach-Beziehung ergänzt werden. Als tierzentrierte Intervention wird eine Intervention bezeichnet, die sich primär an den Bedürfnissen des Tieres orientiert (Mollnau 2022). Im hundegestützten Coaching werden häufig systemische Fragetechniken eingesetzt bzw. die hundegestützten Interventionen und die dazugehörige Reflexion werden in einen systemischen Kontext eingebettet (Schütz 2022). Daher sind vom hundegestützten Coach die einzelnen Systeme des Klienten, des Hundes und sein eigenes zu berücksichtigen. Der tierzentrierte Ansatz geht mit der systemischen Grundhaltung konform. Denn in beiden Ansätzen wird davon ausgegangen, dass jedes Individuum Experte für sich selbst und seinen Lebensraum ist (Darga und Dapper 2022). Durch die zusätzliche Perspektive auf den Hund und dessen Bedürfnisse erhöht sich die Komplexität für den Coach. Gleiches gilt für das Training, bei dem das Beziehungsdreieck zwischen Teilnehmer, Hund und Coach besteht.

Der tiergestützte Ansatz rückt den Hund sowie die Überprüfung des Settings für diesen in den Fokus. Das Wohl und die Sicherheit des Hundes sowie des Klienten sind gleichermaßen zu berücksichtigen. Durch die Gleichstellung des Tierwohls mit dem des Klienten ergibt sich eine ständige Abwägung, die den Nutzen des Einsatzes dem Wohlbefinden bzw.

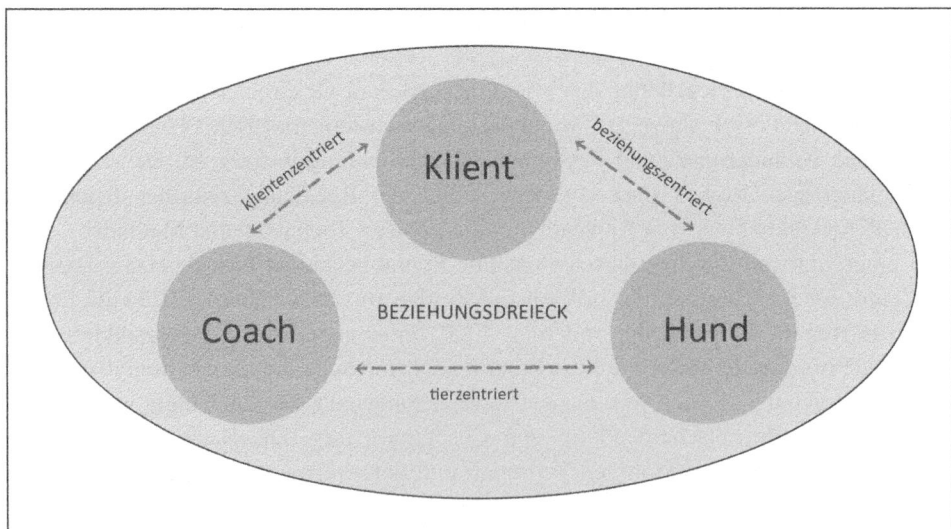

Abb. 7.1 Beziehungsdreieck zwischen Klient, Coach und Hund

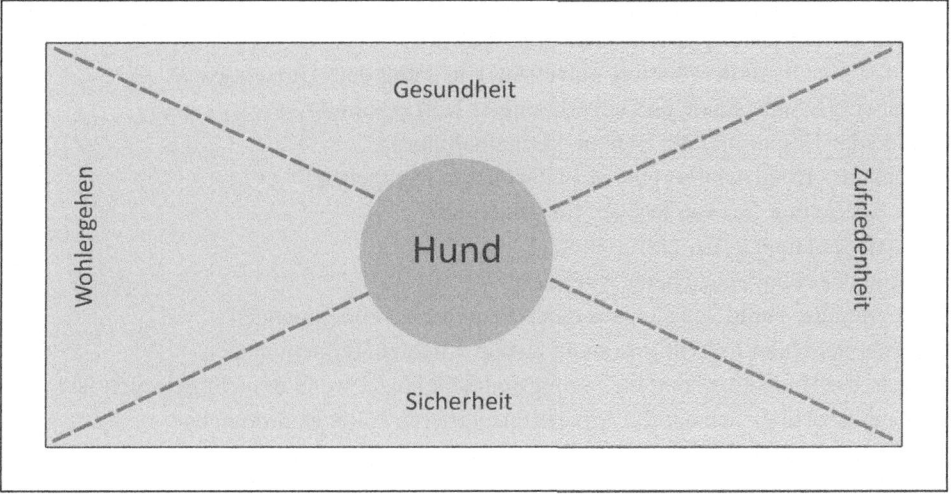

Abb. 7.2 Wohlbefinden des Hundes

Leiden des Hundes gegenübergestellt. Ein Einsatz ist demnach nur gerechtfertigt, wenn beides im Einklang ist (Mollnau 2022). Wohlfahrt und Olbrich gehen in ihrem Leitfaden zur „Qualitätsentwicklung und Qualitätssicherung in der Praxis tiergestützter Interventionen" weiter und fordern: „Die Entwicklung und Sicherung von Qualitätsmaßstäben tiergestützter Interventionen ist nicht nur wichtig, um gute Arbeit für die Klienten zu leisten, sondern aus unserer Sicht besonders wichtig für die Tiere, welche wir bei dieser Arbeit einsetzen. Bei der Diskussion um Qualität müssen daher immer tierethische Überlegungen einfließen und, wenn wir es mit dem Schutz der Tiere ernst meinen, sogar die Grundlage bilden (Wohlfarth und Olbrich 2014).

Coachs sollten sich stets ihrer Fürsorge und Verantwortung bewusst sein, wie sie Tiere behandeln, einsetzen und welche Folgen ihr Handeln hat. Denn Hunde lernen aus jeder Situation, positiv wie negativ. Es ist stets zu prüfen, ob eine bestimmte Handlung notwendig ist und wie sie sich auf den Hund auswirkt.

Ein fürsorglicher Blick, wie in Abb. 7.2 dargestellt, auf die Gesundheit, Zufriedenheit, Sicherheit und das Wohlergehen des Hundes ist ratsam. Folgende Fragestellungen können hierbei hilfreich sein:

➤ Ist der Hund körperlich und seelisch gesund?
➤ Hat der Hund einen gesunden Appetit?
➤ Strahlen seine Augen?
➤ Glänzt sein Fell?
➤ Zeigt er eine lockere und entspannte Körperhaltung?
➤ Bewegt er sich schmerzfrei?
➤ Kann er entspannt liegen und aufstehen?
➤ Zeigt sich der Hund mit den gegebenen Verhältnissen zufrieden?

➤ Zeigt er sich interessiert am Klienten/den Teilnehmenden?

➤ Mag er die Leistung von sich aus erbringen?

➤ Zeigt er sich mit dem Setting einverstanden? Fehlt dem Hund etwas?

➤ Hat er eine entspannte und unverkrampfte Körperhaltung?

➤ Sind der Körper und die Rute in Normalhaltung?

➤ Kann der Hund seinen eigenen Bedürfnissen nachgehen?

➤ Ist das Setting frei von Risiken für den Hund?

➤ Kann der Hund gefahrenfrei wirken?

➤ Zeigt der Hund ein sicheres Auftreten?

➤ Begrüßt der Hund von sich aus den Klienten/die Teilnehmenden?

➤ Sucht der Hund freiwillig Kontakt zu den Klienten/Teilnehmenden?

➤ Ruht der Hund entspannt im Tagungsraum/Gelände, wenn er nicht gefordert ist?

➤ Kann der Hund sich auf die Arbeit konzentrieren? Gibt es Störungen?

➤ Befindet sich der Hund in einem guten körperlichen und seelischen Zustand?

➤ Ist er motiviert und interessiert?

➤ Fühlt sich der Hund wohl und zeigt dies durch entsprechendes Verhalten (z. B. Ruhen, Kontaktaufnahme, Schmusen, Wälzen etc.)?

Um die Wohlfühlzeichen des Hundes fachlich richtig einzuschätzen, ist immer der gesamte Kontext der Coaching-Situation zu betrachten. Der Coach achtet nicht nur auf den Hund, den Klienten und sich selbst, sondern auch stets auf das, was gerade drumherum passiert. Er beobachtet, wie sich der Hund in verschiedenen Coaching-Sitzungen mit unterschiedlichen Klienten und unter unterschiedlichen Umwelteinflüssen verhält. Setzt ein Coach mehrere Hunde ein, sind zudem die individuellen Unterschiede zu berücksichtigen. Denn Hunde haben unterschiedliche Reizschwellen. Jeder Hund ist einzigartig und äußert seine Wohlfühlzeichen auf ganz unterschiedliche Weise und in einem unterschiedlichen Maß. Die spezifischen Signale des jeweiligen Hundes gilt es im Vorfeld zu kennen, im Setting zu erkennen und sicher einzuschätzen. Zeigt der Hund z. B. unruhiges Verhalten, Fiepsen, Winseln, geht er auf Distanz, zeigt Meideverhalten, frisst nicht, hat eine angespannte bzw. verkrampfte Körperhaltung oder zeigt Stressanzeichen, dann ist das hundegestützte Coaching bzw. Training zu beenden und ohne Hund fortzufahren.

In der tierzentrierten Arbeit werden nur Interventionen genutzt, die sich primär an den Bedürfnissen von Hunden orientieren. Folgende Fragen können hierbei zur Sensibilisierung und zur eigenen Reflexion dienen:

➤ Welchen Nutzen hat das Tier von der Begegnung mit dem Klienten?

➤ Bringt der Einsatz eines Hundes im Setting für den Klienten einen Mehrwert?

➤ Ist der eingesetzte Hund gesund, motiviert und interessiert am Einsatz?

➤ Halte ich genügend Pausenzeiten bei zunehmender Auftragslage für meine(n) Hund(e) ein?

➤ Wie hoch ist die aktuelle Stressbelastung bei dem eingesetzten Hund?

➤ Wird das gewählte Setting den Bedürfnissen der individuellen Hundepersönlichkeit gerecht?

➤ Setze ich meinen Hund stärken- und interessenbasiert ein?

➤ Steht der Coaching- bzw. Trainingserfolg des Klienten über dem Wohl des Hundes?

➤ Besteht die Gefahr, dass der Hund im Setting leidet oder überfordert ist?

➤ Was zeichnet die Hundepersönlichkeit aus, und wie kann ich sein Wesen und seine Vorlieben sinnvoll im Coaching bzw. Training einbringen?

➤ Setze ich die Charaktereigenschaften des Hundes optimal im Kontext der Themen des Klienten ein?

> ➤ Wichtig: Grundsätzlich gilt, dass sich jeder hundegestützte Coach und Trainer der Verantwortung für die Hunde, die er einsetzt, bewusst sein sollte.

Die European Society for Animal Assisted Therapy (ESAAT) geht beim Einsatz von Tieren ebenfalls von einer tierbezogenen Ethik statt von einem menschenorientierten Ansatz aus. Die Interessen der Tiere als empfindungsfähige Lebewesen sind zu berücksichtigen, wertzuschätzen und zu schützen. Das Tier soll, soweit es möglich ist, autonom handeln und seine Bedürfnisse verwirklichen können. Grundlegend neben der bedürfnisgerechten Haltung und Arbeit ist, vor allem die individuellen Fähigkeiten, Vorlieben oder Antipathien des Tieres zu beachten. Dies bedeutet, dass nicht nur den Bedürfnissen der Hunde im Allgemeinen, sondern auch den individuellen Bedürfnissen des einzelnen Hundes und seiner Persönlichkeit Rechnung zu tragen ist. Individuelle Vorlieben, Abneigungen und Einschränkungen der einzelnen Hunde sind zu beachten. Der Einsatz unter Zwang ist unethisch und widerspricht dem Konzept der tiergestützten Intervention unter den ESAAT-Prinzipien.

> ➤ Wichtig: Nicht nur die Bedürfnisse der Hunde im Allgemeinen, sondern auch die individuellen Bedürfnisse des einzelnen Hundes und dessen Persönlichkeit sind stets zu berücksichtigen.

Den eingesetzten Hunden sollte jederzeit eine Rückzugsmöglichkeit sowie die Möglichkeit, sich gegen eine Teilnahme zu entscheiden, gegeben werden. Die Anwendung positiver Lern- und Trainingsmethoden durch den Coach bzw. Trainer sind unabdingbar, um ein Lernen ohne Schmerzen, Angst oder Zwang sicherzustellen. Die Praxis, dass Tiere die Interaktion lediglich tolerieren und den Befehlen des Menschen folgen, ist ausdrücklich abzulehnen und im hundegestützten Setting nicht akzeptabel. Aus diesen Anforderungen werden das notwendige hohe Maß an das Geschick und die Qualifikationen von hundegestützten Coaches und Trainern ersichtlich. Sie müssen stets die Aufmerksamkeit zwischen allen Beteiligten angemessen (ver-)teilen können, alles im Blick haben und entsprechend auf alle Teilnehmer und sich selbst sowie den Hund während einer Sitzung bzw. eines Trainings eingehen (ESAAT 2022).

> **Fazit**
> ➤ Das Beziehungsdreieck aus Klient-Coach-Hund ist zu fördern.
> ➤ Jeder Einsatz des Hundes ist individuell und der Nutzen für Klient und Hund gleichermaßen zu prüfen.
> ➤ Das Setting ist am Hund auszurichten.
> ➤ Eine freie Annäherung für autonomes Handeln ist zu bevorzugen.
> ➤ Tierethische Überlegungen sollten die Grundlage hundegestützter Arbeit sein.
> ➤ Die Bedürfnisse des Hundes sind im Allgemeinen und im Speziellen für jede einzelne Hundepersönlichkeit zu berücksichtigen.
> ➤ Hunde sollten die Wahl haben und sich gegen eine Teilnahme entscheiden dürfen.

Mollnau geht in ihrer Abschlussarbeit „Tierzentrierte Intervention" im therapeutischen Bereich so weit zu behaupten, dass jeder Hund für den Einsatz im Coaching bzw. Training geeignet sei. Entscheidend seien nicht die Zucht, das Aussehen, das Wesen oder das Alter des Tieres, sondern die Bedürfnisbefriedigung zugunsten des Hundes und die Gestaltung für das Tier positiver Rahmenbedingungen, die eine freie Wesensentfaltung sicherstellen und so eine Basis für eine authentische Kommunikation zwischen Tier und Patient ermöglichen (Mollnau 2022). Dem Gedanken, dass grundsätzlich wirklich jeder Hund geeignet sei, man müsse nur das Setting anpassen, sollte nicht gefolgt werden. Ein deprivierter oder stark verhaltensauffälliger Hund wäre beim therapeutischen Einsatz oder beim Einsatz im Coaching- und Trainingsbereich überfordert. Selbst für ängstliche oder unsichere Hunde kann der Einsatz unnötigen zusätzlichen Stress bedeuten. Die Aussage „Es gibt keinen falschen Hund, nur das falsche Setting" (Mollnau 2022) sollte aus tierschutzrechtlichen Aspekten nicht für jeden Hund gelten. Der Ansatz, das Setting an die individuellen Bedürfnisse des Hundes anzupassen, ist hingegen lohnend.

Ausgehend vom klientenzentrierten Ansatz nach Rogers lässt sich ein tier- bzw. hundezentrierter Ansatz ableiten. Nach Rogers wird der Mensch als aktives Wesen gesehen, der sein Verhalten bewusst steuern, beeinflussen und auch ändern kann. Der Fokus liegt auf dem Klienten und auf seinem Potenzial zur Selbsthilfe.

Rogers' Menschenbild liegen folgende Annahmen zugrunde:

➤ Jeder Mensch ist einzigartig, und in seinem Kern ist er gut.
➤ Der Mensch ist ein Beziehungswesen.
➤ Der Mensch ist bestrebt, sich positiv zu entwickeln, wenn die Umwelt es zulässt.
➤ Der Mensch trägt alles Notwendige zu seiner Heilung bereits in sich.
➤ Er hat ein Bedürfnis zur konstruktiven Veränderung und Selbstverwirklichung.
➤ Der Mensch kann Bewusstheit über sich selbst erlangen.

➤ Der Mensch ist fähig, seine Situation zu analysieren, Lösungen für seine Probleme zu erarbeiten, zu wählen und zu entscheiden.
➤ Er richtet sein Leben nach Zielen und Werten aus, also sinn- und zielorientiert, und strebt nach Kreativität.

Carl Rogers hat empirisch bewiesen, dass sich eine Person dann aus sich selbst heraus verändert, wenn ihr eine Beziehung angeboten wird, die von Annahme, Wärme, Einfühlungsbereitschaft, Verständnis und Echtheit getragen ist. Unter diesen äußeren Bedingungen beginnt in der Person ein innerer Prozess, der zur Lösung und Ganzheit seines Selbst hinführt.

Die Gesprächspsychotherapie von Rogers basiert ferner auf drei wesentlichen Haltungen: Empathie (einfühlendes Verstehen), Wertschätzung (unbedingte Akzeptanz) und Kongruenz (Echtheit). Diesen drei Haltungen sollte auch im hundegestützten Coaching stets gefolgt werden.

➤ **Empathie:**

Ein hundegestützter Coach hat ein umfassendes Verständnis für das, was der Klient vom eigenen Erleben wahrnimmt. Der Klient erforscht und versteht in den Coaching-Sitzungen mit dem Coach und dem Hund seine eigenen „internen Prozesse". Hunde fordern durch ihre Art Klienten auf, im Hier und Jetzt zu sein, und fördern empathisches Verhalten.

➤ **Wertschätzung:**

Der hundegestützte Coach erlebt seine Klienten als Mitmenschen und lässt sich auf die individuelle Begegnung ein, ohne beratend zu werten. Damit profitieren die Klienten von einem positiven Erfahrungsraum und von persönlicher und wertschätzender Anerkennung. Hunde als Co-Trainer verstärken dies durch ihre spontane, intuitive und wertschätzende Reflexion, die Klienten sehr gut annehmen können.

➤ **Kongruenz:**

Der zentrale Fokus des Coachings liegt neben der Bearbeitung des Kliententhemas, mit dem der Klient den Coach beauftragt hat, auch immer auf der Bearbeitung von Inkongruenz als Störung des Selbst-Konzepts. Durch das Erleben, die Akzeptanz und die Veränderung von Gefühlen, Einstellungen und Haltungen entwickelt sich der Klient weiter. Hunde sind Meister darin, kongruentes Verhalten zu erspüren und zu reflektieren, und zwar oft, bevor der Coach oder der Klient es wahrnimmt. Der Hund beschleunigt daher den Coaching-Prozess und bietet einen entscheidenden Mehrwert für den Klienten.

Überträgt man Rogers' Menschenbild auf einen hundezentrierten Ansatz, könnten diesem folgende Annahmen zugrunde liegen:

➤ Jeder Hund ist einzigartig, und in seinem Kern ist er gut.
➤ Der Hund ist ein Beziehungswesen.

➤ Der Hund ist bestrebt, sich positiv zu entwickeln, wenn die Umwelt es zulässt.

➤ Der Hund trägt alles Notwendige zu seiner Heilung bereits in sich.

➤ Er hat ein Bedürfnis zur konstruktiven Veränderung und Selbstverwirklichung.

➤ Der Hund kennt seine Bedürfnisse und drückt diese aus.

➤ Der Hund ist fähig, seine Situation zu analysieren, Lösungen für seine Probleme zu erarbeiten, zu wählen und zu entscheiden.

➤ Er richtet sein Leben nach Zielen und Werten aus, also sinn- und zielorientiert, und strebt nach Unversehrtheit.

Diese Annahmen erfordern, dass der Coach oder Trainer die Bedürfnisse des eingesetzten Hundes kennt, die Kommunikation und Anzeichen des Hundes erkennt, wenn dieser etwas nicht möchte oder sich im Zwiespalt (ambivalentes Verhalten) befindet. Praktiken, bei denen ein Hund bewusst in einen Zwiespalt gerät, wie z. B. durch Leberwurst an den Fingern des Klienten, sind daher nicht zu nutzen. Die (minimalen) Anzeichen, wie Hunde zeigen, dass sie sich gerade unwohl fühlen und etwas nicht möchten, dürfen nicht übersehen werden. Ihre Bedürfnisse müssen stets wahrgenommen und respektiert werden. Das Tierwohl hat immer Vorrang vor den Wünschen des Klienten, dem Auftrag bzw. angestrebten Umsatz des Coachs.

> ➤ Wichtig: Das Wohl des Hundes hat immer Vorrang vor den Anliegen des Klienten und den Umsatzwünschen des Coachs.

7.2   Die Bedürfnisse des Hundes

Da der Hund im hundegestützten Coaching oder Training in eine Situation versetzt wird, die er sich naturgemäß nicht freiwillig aussuchen würde, muss der Coach oder Trainer die Grundbedürfnisse und die individuellen Bedürfnisse seines Hundes kennen.

Ein Bedürfnis ist das Verlangen, einen tatsächlichen oder empfundenen Mangel beheben zu können. Die Bedürfnisse sind dabei von Lebewesen zu Lebewesen und in Abhängigkeit von den individuellen Lebensumständen ganz unterschiedlich (Oberli 2016). Die Befriedigung dient einem zufriedenen, ausgeglichenen und gesunden Leben des Hundes, das wiederum Voraussetzung für den Einsatz in der hundegestützten Arbeit ist. Liegen Defizite im hundegestützten Coaching vor, kann das die Coaching-Sitzung und den Erfolg maßgeblich beeinflussen. Daher ist es wichtig, stets für ein ausreichendes Maß an Bedürfnisbefriedigung zu sorgen (Mollnau 2022).

In Anlehnung an die Bedürfnispyramide von Maslow beim Menschen bietet sich eine Übertragung auf eine Bedürfnispyramide für den Hund an (Wikipedia o. J.). So können die Bedürfnisse von Hunden auf eine einfache Art und Weise beschrieben und visualisiert werden. Die Bedürfnispyramide des Hundes ist in Abb. 7.3 dargestellt. Die Grundbedürf-

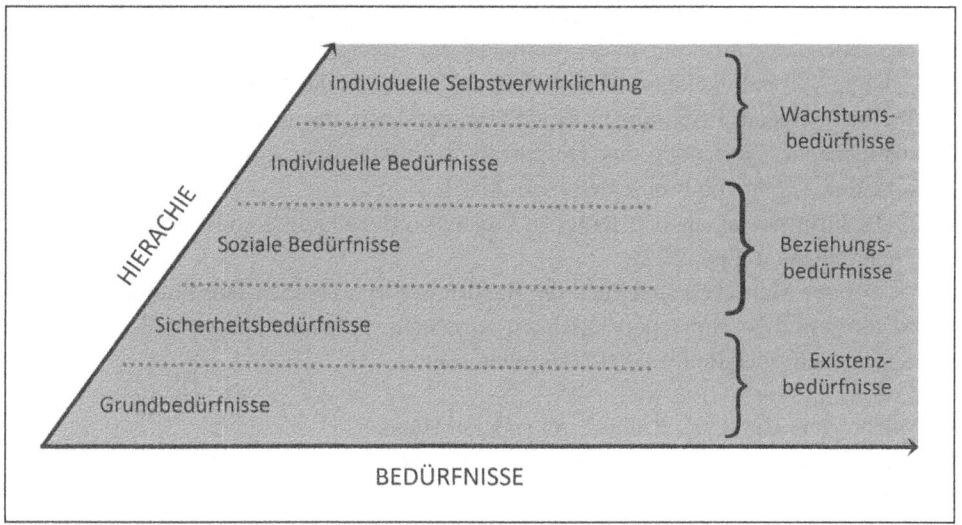

Abb. 7.3 Bedürfnisse des Hundes

nisse haben wie in der Bedürfnispyramide von Maslow immer oberste Priorität, und alle anderen Bedürfnisse bauen darauf auf. Das heißt, die individuellen Bedürfnisse des Hundes können sich erst entwickeln und entfalten, wenn stets die physiologischen Grundbedürfnisse erfüllt sind. Je schlechter die Bedürfnisse erfüllt sind, desto weniger wird der Hund für die hundegestützte Arbeit motiviert sein (Schneider 2005).

Zu den Grundbedürfnissen eines Hundes gehören alle Dinge, die zum Erhalt seines Lebens erforderlich sind. Hierzu zählen die Atmung frischer Luft, artgerechte und vollwertige Ernährung, frisches Wasser, genügend Schlaf und Ruhe, eine sichere und geschützte Unterkunft, die Möglichkeit, Harn und Kot abzusetzen, sowie altersentsprechende Bewegung, geistige und körperliche Auslastung, sanfte und sorgfältige Körperpflege sowie medizinische Versorgung. Bei der Fortpflanzung handelt es sich ebenfalls um ein Grundbedürfnis des Hundes, welche wir Menschen dem Hund aus gesellschaftlichen und aufwandstechnischen Gründen jedoch überwiegend nehmen.

Zu den darauf aufbauenden Sicherheitsbedürfnissen eines Hundes gehören das Recht auf körperliche und geistige Unversehrtheit, der Schutz vor Gefahren, ungestörte Rückzugsmöglichkeit, eine zuverlässige Bezugsperson, Routinen, Rituale und Strukturen, klare Regeln und Grenzen sowie Vertrauen.

Zu den sozialen Bedürfnissen zählen der Anschluss an die Familie, sozialer Kontakt zu Menschen und Artgenossen, Körperkontakt, Unternehmungen mit Menschen und Artgenossen, Spiel, Spaß, Liebe, Zärtlichkeit, Geborgenheit, Rücksicht und Verständnis.

Als individuelle Bedürfnisse (emotionale Bedürfnisse) sind Wertschätzung, Lob und Anerkennung, positives Training, Erfolgserlebnisse, Fairness, Achtsamkeit, freudiges Miteinander, Respekt, Unterstützung sowie das Ausleben genetisch selektierter Verhaltensweisen zu nennen.

Zur individuellen Selbstverwirklichung (kognitive Bedürfnisse) gehören die Förderung von speziellen Aufgaben, die an den Vorlieben des Hundes ausgerichtet sind, die Weiterentwicklung von individuellen Fähigkeiten, das Ausleben der Individualität des Hundes, das Sammeln eigener Erfahrungen, Hund sein zu dürfen, das Kennenlernen von Neuem, selbstbelohnendes Verhalten, das Treffen von selbstständigen Entscheidungen und das eigenständige Lösen von Problemen (Sari 2020).

Die Bedürfnisse lassen sich ferner in Existenz-, Beziehungs- und Wachstumsbedürfnisse unterteilen (Willen 2022).

Wie bei uns Menschen sind auch die Bedürfnisse von Hunden sehr individuell, daher ist auf die jeweilige Hundepersönlichkeit zu achten. Folgende Fragen können (in Anlehnung an Neubauer-Reichel 2017) hilfreich sein:

➤ Möchte dein Hund viel Kontakt mit anderen Hunden?
➤ Mag er andere Hunde am Setting oder eher nicht?
➤ Nimmt dein Hund gern selbstständig Kontakt mit fremden Menschen auf?
➤ Spielt dein Hund gern mit anderen Menschen?
➤ Spielt dein Hund lieber mit sich selbst oder gar nicht?
➤ Braucht dein Hund viel Bewegung am Tag, oder reicht ihm ein kleinerer entspannter Schnüffelspaziergang aus?
➤ Mit welchen Sinnen nimmt dein Hund die Umwelt wahr?
➤ Hat er vielleicht eine Vorliebe für ein bestimmtes Sinnesorgan?
➤ Sucht dein Hund Körperkontakt zu fremden Menschen oder anderen Hunden, oder liegt er lieber für sich?
➤ Ruht er im Tagungsraum lieber im Körbchen, in der offenen Box und/oder auf dem Boden?
➤ Was benötigt er, um gut zur Ruhe zukommen?
➤ Agiert dein Hund sehr selbstständig, benötigt er viel oder wenig Unterstützung?
➤ Was würde dein Hund gerne tun, wenn du ihn einfach ließest und/oder lassen könntest?
➤ Welche Kompetenzen und Fähigkeiten zeichnen ihn besonders aus?
➤ Welche Vorlieben hat dein Hund?
➤ Welche Prioritäten setzt er in welchen Situationen?
➤ Welche Beschwichtigungssignale zeigt er?
➤ Welche Bewältigungsstrategien nutzt er? Welche Bewältigungsstrategie nutzt er wann?
➤ Auf welche Stressoren reagiert dein Hund?
➤ In welchen Situationen benötigt er Unterstützung?

Studien belegen, dass sich die Persönlichkeitsmerkmale eines Hundes im Laufe der Zeit verändern. Die individuellen Bedürfnisse entwickeln bzw. verändern sich demnach. Jüngere Hunde zeigen oft mehr Kühnheit und Mut, sind geselliger, haben mehr Energie, sind leichter erregbar, sind verspielter, aktiver und aufmerksamer. Ältere Hunde hingegen sind oft ruhiger, schlafen mehr und können Berührungs- und Geräuschängste zeigen (Foltin 2022). Ein Hund, der bspw. früher sehr gern Kontakt zu Kindern gesucht hat, kann mit zunehmendem Alter lieber den Kontakt zu erwachsenen Menschen bevorzugen. Veränderte Vorlieben sind vom Coach bzw. Trainer entsprechend im Setting, bei den Interventionen und bei den Klienten/Teilnehmenden der hundegestützten Leistungen zu berücksichtigen.

> ➤ Wichtig: Im Laufe der Zeit können sich die individuellen Bedürfnisse und Vorlieben von Hunden verändern und sind stets zu berücksichtigen.

7.3 Der Coaching-Prozess mit Hund

Je nach Verfasser und Literatur finden sich unterschiedliche Definitionen und Darstellungen eines Coaching-Prozesses. So unterschiedlich wie die Beschreibungen sind auch die Detaillierungsgrade der einzelnen Stufen bzw. Phasen. Die einen beginnen bei der Wahrnehmung eines Coaching-Bedarfs, erstes Kennenlernen und Vertragsabschluss (Rauen o. J.), die anderen setzen danach an. Da der Fokus beim hundegestützten Coaching auf dem Einsatz bzw. der Anwesenheit des Hundes beim Coaching selbst liegt, stützt sich der in Abb. 7.4 skizzierte Coaching-Prozess auf die Phasen nach der Beauftragung.

Der Hund ist i. d. R. während des ganzen Coaching-Prozesses anwesend. Den aktivsten Part hat der Hund bei der tiergestützten Intervention/Übung mit dem Klienten. Inwieweit der Hund auch beim Start, bei der Auftragsklärung, Transferplanung und beim Abschluss aktiv wird, entscheidet dieser selbstständig. Außerhalb der Interventionsphase kann der Hund wichtige Rollen und Funktionen einnehmen, was für eine Anwesenheit des Hundes beim gesamten Prozess spricht. So begrüßt der Hund bereits beim Start den Klienten und

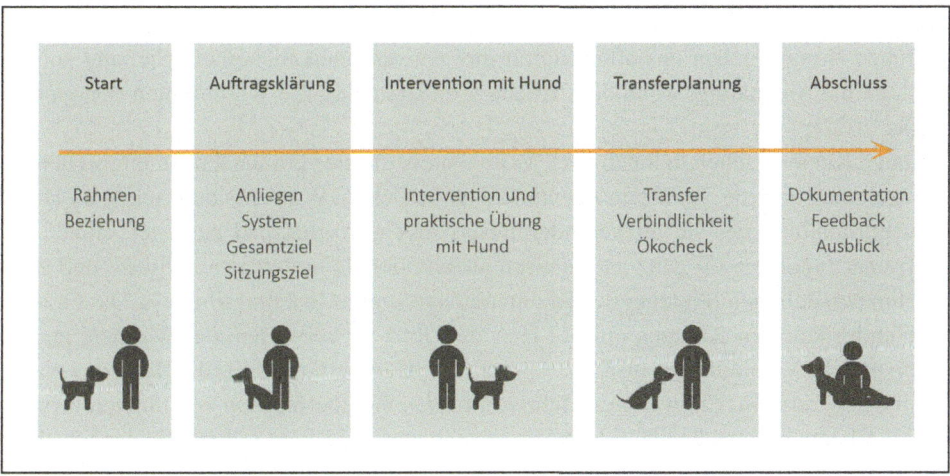

Abb. 7.4 Coaching-Prozess mit Hund

schafft eine offene und wohltuende Atmosphäre. Durch den Hund kommen Klient und Coach zügig ins Gespräch. Eine Beschreibung der wichtigsten Rollen und Funktionen findet sich im nächsten Abschnitt.

Insbesondere die positive Wirkung durch den Hund ergibt sich nur dann, wenn eine dauerhafte, intensive, positive und partnerschaftliche Beziehung zwischen Hund und Coach als vertrauenswürdige Bezugsperson vorliegt und für den Klienten erfahrbar wird (Wohlfarth und Olbrich 2014).

7.4 Rollen und Funktionen des Hundes im Coaching

Der Hund als Co-Trainer nimmt verschiedene Rollen und Funktionen im Coaching-Prozess ein. Oft wird er als zusätzlicher Reflexionspartner oder als Reflexionsfläche bezeichnet. Umgangssprachlich findet zudem der Begriff „Spiegel" Anwendung. Eine der wichtigsten Funktionen ist sicherlich das sofortige Feedback auf das Verhalten des Klienten, das diesen zur Selbstreflexion anregt. Die Reaktionen der Hunde auf den Klienten lädt diesen ein, über sich selbst und sein Verhalten nachzudenken. Durch die Selbstreflexion betrachtet der Klient seine inneren Themen. Eigene Schwächen werden leichter annehmbar, denn die Gedanken und Erkenntnisse kommen vom Klienten selbst.

Doch der Hund ist nicht nur Feedbackgeber, er kann dem Klienten auch als Sicherheitsanker und Unterstützer dienen. Ein Hund bricht oft das Eis und erleichtert den Einstieg in das Coaching-Setting. Insbesondere für Menschen, für die der Aufbau und die Gestaltung von Beziehungen eine Herausforderung darstellen, profitieren von der Anwesenheit des Hundes. Sie sind meist eher bereit, sich auf ein solches Setting einzulassen (Ladner und Brandenberger 2020). Die Vertrauensbeziehung zwischen Klient und Coach entsteht mit einem Hund als Co-Trainer oft viel schneller. Ein derartiger Vertrauensvorschuss konnte bereits anhand von Studien nachgewiesen werden (Julius et al. 2014). Hunde haben eine beruhigende Wirkung auf uns Menschen. In schwierigen und/oder stressigen Situationen beruhigen sie und geben uns allein durch ihre Anwesenheit Sicherheit. Sie sind zudem eine legitime Ablenkung, wenn dem Klienten im Coaching die Worte fehlen (Darga und Dapper 2022).

Einige Klienten sehen in ihnen auch Motivatoren, die sie veranlassen, an ihren Themen dranzubleiben und die Sitzungen regelmäßig zu besuchen. Wieder andere sehen im Hund einen Lernpartner, der sie im Veränderungsprozess wertschätzend begleitet. Hunde als Co-Trainer fungieren oft ganz automatisch als emotionale und wertfreie Stütze und werden zum persönlichen Begleiter des Klienten im gesamten Coaching-Prozess. Die Energie des Hundes lädt den Klienten ein, im Hier und Jetzt zu verweilen, den Moment zu genießen und die Verbindung achtsam zu spüren. Der Hund nimmt dabei die Rolle des Wahrnehmungslehrers ein. Ein weiterer Mehrwert ist das Sichtbarmachen von inneren Prozessen des Klienten. So stoßen Hunde Prozesse an, bevor der Klient selbst oder der Coach es wissen. Das Aufdecken unbewusster Verhaltensmuster sorgt zudem für eine Verkleinerung der eigenen blinden Flecken beim Klienten.

Der Hund kann durch sein natürliches Verhalten auch je nach Thema des Klienten als Vorbildfunktion dienen. Er bietet mit seinen Eigenschaften, Fähigkeiten und Besonderheiten dem Klienten eine Vielzahl an Vergleichs- und Identifizierungsmöglichkeiten, welche in der Ressourcenarbeit genutzt werden kann. Durch die Bedeutungsübertragung, z. B. von Führungsaufgaben im Team vs. im Hunderudel, wird er zum Impulsgeber für Führungsverhalten. Diese Metapherfunktion bietet sich bei vielen Lern- und Entwicklungsthemen wie Führung, Haltung, Kommunikation und Zusammenarbeit an. Im nächsten Kapitel finden sich einige Beispiele für Bedeutungsübertragungen. In der Aufstellungsarbeit leistet der Hund darüber hinaus durch seine mitfühlende Stellvertretersituation einen weiteren entscheidenden Mehrwert.

Menschen lernen am besten, wenn alle Sinne gleichzeitig angesprochen werden, und genau dies leistet hundegestütztes Coaching und Training. Denn neben dem Mind- und Skillset spricht dieses vor allem auch das Heart- und Feelset an. Die emotionalen Erlebnisse bei den hundegestützten Interventionen verankern sich im Langzeitgedächtnis und können in späteren Situationen vom Klienten wieder abgerufen werden. Damit nimmt der Hund die Funktion eines Gedächtnisankers ein. Die Aufzählung der Rollen und Funktionen lässt sich fortführen. Sie soll an dieser Stelle mit den ausgewählten Beispielen dazu dienen, den Mehrwert des Hundes im Coaching aufzuzeigen.

7.5 Hundische Metaphern, Bedeutungsübertragungen, Zitate und Geschichten

Das Verhalten von Hunden bietet dem Coach bzw. Trainer die Nutzung von hundischen Metaphern und Bedeutungsübertragungen an. Auch hundische Zitate und persönliche Erlebnisse bzw. Geschichten von und mit Hunden lassen sich je nach Thema des Klienten wunderbar integrieren.

Metaphern sind im Coaching wirkungsvoll, weil sie sich nicht direkt auf das Anliegen des Klienten beziehen. Durch den verfremdeten Zusammenhang hat der Klient die Freiheit, diese für sich selbst anzunehmen und zu interpretieren. Metaphern erzeugen Bilder in den Köpfen der Klienten, sie transportieren Gefühle und machen Sachverhalte einprägsamer. Sie regen Klienten dazu an, sich die Bedeutung der Metapher selbst zu erschließen und mit den eigenen Erfahrungen abzugleichen, und ermöglichen damit einen Perspektivwechsel. So können die Klienten neue Erkenntnisse und/oder Lösungsoptionen erhalten (Schlösser 2021).

Gerade im Trainingsbereich bietet sich die Nutzung von Metaphern und Bedeutungsübertragungen an. Hunde haben so viele wertvolle Eigenschaften und Fähigkeiten, die als Sinnbilder genutzt werden können. Nachstehend finden sich ein paar ausgewählte Beispiele zu den Themen: Führung, Kommunikation, Motivation, Veränderungsbereitschaft, Achtsamkeit, Selbstfürsorge, Freude, Mut, Ausdauer und Genuss mit entsprechenden Reflexionsfragen.

Führung

Um Hunde zu führen, bedarf es keiner groben Gewaltanwendung, wie das Herunter-
drücken, Drauflegen oder die Anwendung des Schnauzengriffs. Die Begriffe Rang-
ordnung, Alphatier, Rudelführer, Dominanzgehabe, Machtanspruch etc. gehören im
Hundetraining längst der Vergangenheit an (Riepe 2013). Wolf und Hund gehören einer
Art an. Die Wissenschaft hat durch Freilandbeobachtungen bei Wölfen längst viele alte
Führungs- und Hundeerziehungstheorien widerlegt. Die Grundeinheit eines Rudels bilden
das Elternpaar und der Nachwuchs. Innerhalb des Leitpaars wechselt die Führung je nach
Situation. Es gibt kein hierarchisches Denken und Handeln im Rudel. Hunde folgen den
souveränen Elterntieren, weil sie sich auf diese verlassen können und weil sie wertschätzend behandelt werden. Es existiert auch keine Futterrangordnung bei Freiland-
wölfen. Vater und Mutter bringen ihre Stärken und Fähigkeiten gleichermaßen als Leittiere ein. Sie sind sehr stark am sozialen Geschehen und an der Harmonie in der Gruppe
interessiert. Es findet keine permanente Kontrolle der Jungtiere statt. Sie lassen die jungen
Hunde ihre Fehler selbst machen und greifen nur ein, wenn es lebensbedrohlich wird.
Jeder im Rudel übernimmt nach seinen individuellen Stärken und Vorlieben bestimmte
Rollen. Alle wirken für die Sicherheit und das Gemeinwohl im Rudel mit. Der Grundtenor
des Zusammenlebens ist durch Kooperation, Gemeinschaftssinn und der Bereitschaft zu
vielen freundlichen soziopositiven Gesten geprägt. Die Leittiere beiderlei Geschlechts ini-
tiieren bis zu 10 Begrüßungszeremonien am Tag. Alle Tiere suchen regelmäßig den
Rendezvousplatz, den Hauptaufenthaltsort der Familie im Kerngebiet des Territoriums,
auf. Sie begrüßen sich freundlich und zeigen soziopositives Verhalten, wie gegenseitiges
Lecken, soziale Fellpflege und Kontaktliegen (Hagmann et al. 2020).

Auch freilaufende Hunderudel werden von souveränen Tieren angeführt, die gelassen
und ruhig agieren. Sie kontrollieren ihre Rudelmitglieder nicht. Vielmehr beobachten
diese das Leittier und folgen ihm. Führen im Rudel heißt nicht zu kontrollieren, sondern
verantwortungsvoll und souverän zu agieren. Die meisten Hunde schließen sich einer souveränen Führung gern an, denn sie fühlen sich durch diese sicher und wohl. Das Leittier
entwickelt einen Handlungsrahmen, in dem Grenzen bekannt sind und gleichzeitig viel
Raum für das Handeln jedes Einzelnen besteht. Da jeder dort eingesetzt wird, wo er seine
Talente und Stärken einbringen kann, profitieren alle. Der Einzelne gewinnt, weil er aus-
reichende Erfolgserlebnisse hat, und die Rudelgemeinschaft gewinnt, weil sie von einer
hohen Sicherheit profitiert. Gemeinsam ist das Rudel stark und kann sich gegen Störungen
von außen gut abgrenzen und Ziele erreichen (Knabe 2020). Hunde zeigen unfassbar viele
wertvolle Führungskompetenzen, die zur Reflexion mit dem Klienten genutzt werden können.

➤ Was ist für dich Führung?
➤ Was ist für dich gute Führung?
➤ Was ist für dich souveräne Führung?
➤ Wer hat dich in deinem Leben geführt?

➤ Wie hast du die Führung von anderen empfunden?
➤ Was hat dir gefallen? Was nicht?
➤ Wie führst du dich selbst?
➤ Wie führst du andere?
➤ Was für eine Führungskraft bist du?
➤ Was für eine Führungskraft wärst du gerne? Wie möchtest du gern führen?
➤ Was für eine Führungskraft möchtest du auf gar keinem Fall sein? Wie möchtest du nicht führen?
➤ Wie beschreibst du deinen Führungsstil?
➤ Wie würden deine Kollegen/Mitarbeiter/Kinder deinen Führungsstil beschreiben?
➤ Welche Führungskompetenzen hast du?
➤ Welche Führungskompetenzen möchtest du gern entwickeln?
➤ Wie stark kontrollierst du deine Mitarbeitenden?
➤ Wie viel Freiraum lässt du ihnen zur Selbstverwirklichung?
➤ Gestehst du deinen Mitarbeitenden Fehler zu?
➤ Setzt du deine Mitarbeitenden stärkenbasiert ein?
➤ Wie wertschätzend kommunizierst du mit deinen Mitarbeitenden?
➤ Hast du regelmäßig Kontakt mit allen Mitarbeitenden?
➤ Pflegst du den Kontakt regelmäßig?
➤ Kennst du die individuellen Vorlieben deiner Mitarbeitenden?

Kommunikation
Hunde haben eine beeindruckend klare, ehrliche und direkte Kommunikation. Sie zeigen sich gegenseitig mit einer sehr klaren nonverbalen und verbalen Körpersprache, wie es ihnen gerade geht und welche Absichten sie hegen. So beugen sie Missverständnissen und Konflikten wohlwollend vor und verhindern hohe Energieverluste. Das Zusammenleben und der Zusammenhalt im Rudel werden gestärkt, und es wird eine verlässliche Vertrauensbasis geschaffen (Knabe 2020).

Wenn Hunde einen Menschen oder Artgenossen mögen oder etwas von ihm wollen, zeigen sie es ihm auf vielfältige Art und Weise, sodass die Nachricht auf jeden Fall bei ihm ankommt. Wenn Hunde bei anderen Verstimmungen, Ängste oder schlechte Laune spüren, dann beschwichtigen sie
z. B. dadurch, dass sie blinzeln, im Bogen oder langsam laufen, gähnen, schnuppern oder sich über die Schnauze lecken. Hunde zeigen damit deutlich, was sie gerade empfinden.
Findet ein Hund jemanden suspekt, dann hebt er z. B. die Lefzen, kräuselt den Nasenrücken, fixiert oder knurrt den Betroffenen an und bittet damit um Abstand. Reagiert das Gegenüber nicht auf diese freundliche Ansage, dann wird der Hund als Nächstes abschnappen und dann leicht oder kräftiger zubeißen. Bei Hundebegegnungen geben souveräne Hunde den ungestümen und aufdringlichen Hunden eine kurze, klare Ansage. Diese ist verständlich und deutlich und wird in den meisten Fällen sofort verstanden. Wenn nicht,

gibt es eine etwas kräftigere Mitteilung. Sie nutzen dann die nächste Stufe der Eskalationsleiter, die jeder Hund kennt und versteht. Wo ein kurzes Anstarren oder Steifwerden reicht, muss nicht geknurrt und schon gar nicht gebissen werden. Hätten wir Menschen eine so ehrliche, klare und direkte Kommunikation, wären viele Konflikte vermeidbar.

Hunde geben stets unmittelbares Feedback und zeigen ein der Situation angepasstes Verhalten. Hunde geben auf kleinste verbale und nonverbale Signale Rückmeldung und verstärken ihre Form der Kommunikation entsprechend der Situation. Verändert der Klient sein Verhalten, spiegelt dies der Hund sofort. Ganz anders sind wir Menschen: Wir betrügen, lügen, nutzen kleine Notlügen, haben versteckte Gefühle, zeigen zurückhaltendes Verhalten, lassen Dinge unausgesprochen, spielen Spielchen, reden hinter dem Rücken anderer und vieles mehr – alles menschliche Erscheinungsformen, die uns begegnen können. Auch hier können hundische Metaphern als Vorbildfunktion dienen.

➤ Was ist für dich Kommunikation?
➤ Was ist für dich gute Kommunikation?
➤ Was zeichnet für dich souveräne Kommunikation aus?
➤ Was zeichnet für dich authentische Kommunikation aus?
➤ Wie beschreibst du deinen persönlichen Kommunikationsstil?
➤ Wie klar kommunizierst du mit anderen?
➤ Wie ehrlich kommunizierst du mit anderen?
➤ Wie direkt kommunizierst du mit anderen?
➤ Wie oft teilst du anderen Menschen etwas Wertschätzendes mit?
➤ Wie oft kommunizierst du mit dir selbst?
➤ Was würdest du gern an deinem Kommunikationsstil verbessern?
➤ Wie könnte deine Eskalationsleiter aussehen?

Motivation

Hunde beschäftigen sich stets mit dem, was in der Gegenwart passiert, und sind dabei von Natur aus zuversichtlich. „Geht nicht" gibt es bei ihnen nicht. Ein Hund glaubt fast immer an den Erfolg und ist ausgesprochen flexibel im Einsatz von zielführenden Bewältigungsstrategien. Hunde gehen neugierig durch die Welt, verfügen über eine erstaunlich hohe Selbstmotivation und Lernbereitschaft (Knabe 2020).

Die meisten Hunde sind sehr gut über Futter motivierbar. Doch ist Futter nicht gleich Futter.

Manche Hunde bevorzugen statt Futter lieber Spielzeuge oder Streicheleinheiten. Wieder andere bevorzugen andere Belohnungsformen, wie ins Wasser zu dürfen oder nach Mäuselöchern zu buddeln oder ein Wettrennen mit ihrer Bezugsperson. Hunde haben ihre individuellen Vorlieben und entscheiden klar nach ihrer Prioritätenliste. Neben der richtigen individuellen Belohnung spielen auch der richtige Belohnungszeitpunkt (innerhalb von 0,5–1 s nach Zeigen des gewünschten Verhaltens) sowie der richtige Belohnungspunkt je Übung eine wichtige Rolle (Knobloch 2020). Auch ein Überraschungseffekt mit z. B. verschiedenen Leckerlis im Futterbeutel hilft bei der Motivationssteigerung von Hunden. Eine schwere oder neue Übung wird mit der Gabe eines Super-Leckerlis, eine leichte Übung hingegen nur ab und zu durch ein einfaches Leckerli belohnt. Selbst durch die Häufigkeit der Belohnung (z. B. die Gabe von drei Leckerlis nacheinander statt nur einem) kann eine weitere Höherwertigkeit der Belohnung im Training von Hunden erreicht werden. Zur Motivation sind also viele kleine Dinge zu beachten, und es ist zwischen Eigen- und Fremdmotivation zu unterscheiden (Schneider 2005). Die höchste Form von Motivation lässt sich mit innerer Belohnung, also einem selbstbelohnenden Verhalten (Eigenmotivation), erzeugen, da diese Form mit äußerer Belohnung nicht konkurrieren kann. Eine externe Belohnung kann nicht mit einer gehirneigenen Belohnung konkurrieren. Rassekenntnisse sind hierbei hilfreich. Beispielsweise wäre es sinnlos, einem Hütehund beim Hüten oder einem Jagdhund beim Jagen ein Leckerli als Belohnung anbieten zu wollen (Theby 2018). Zielführender ist es, dieses selbstbelohnende Verhalten geschickt als Belohnung einzusetzen. So kann bspw. einem Jagd-orientierten Hund als Belohnung für das gewünschte Verhalten das Buddeln in Mauselöchern erlaubt werden.

Hunde sind, entgegen einer weitverbreiteten Meinung, nicht mit Futter bestechlich. Das Experiment von Gregory S. Berns an der Emory University in Atlanta, Georgia, 2016 belegt Gegenteiliges: Das Lob des Besitzers war wichtiger als das dargebotene Futter (ORF o. J.). Die Beziehungsqualität von Hund und Halter war entscheidend. Hunde zeigen, wie vielschichtig Motivation und wie entscheidend sie für Hundehalter bei der Führung von Hunden sein kann.

➤ Was ist für dich Motivation?
➤ Was motiviert dich selbst am meisten?
➤ Was, glaubst du, motiviert deine Mitarbeitenden?
➤ Wie, glaubst du, sieht ein gutes Motivationssystem für Mitarbeitende aus?
➤ Wie sehr fördert dein bestehendes Belohnungssystem die individuelle Motivation deiner Mitarbeitenden?
➤ Welche individuellen Vorlieben haben deine Mitarbeitenden?
➤ Welche Motivationsarten nutzt du bereits?
➤ Welche Motivationsmöglichkeiten könntest/möchtest du zukünftig noch nutzen?

Veränderungsbereitschaft
Hunde haben ihre Veränderungsbereitschaft bereits über Tausende von Jahren hinweg bewiesen. Die Rolle des Hundes für uns Menschen hat sich vom Nutz- und Arbeitstier zum Sozialpartner und Familienmitglied verändert. Es gibt kein anderes Lebewesen, das sich so sehr an das Leben der Menschen angepasst hat. Selbst die eigenen Kommunikationsformen und ihre Mimik haben Hunde zur besseren Verständigung für uns verändert. Sie beweisen auch im Hundetraining, wie lern- und veränderungsbereit sie sind. Zu oft werden Hunde von ihren Menschen verlassen, weil sie zu alt, zu teuer oder unbequem geworden sind. Und auch wenn sie anfänglich trauern, passen sie sich den neuen Umständen früher oder später an. Hunde reagieren auf Veränderungen unmittelbar und flexibel.

Sicherheit, Selbsterhaltung und eine gut funktionierende Gemeinschaft haben bei Hunden ganz klar Priorität. Sie wissen um ihre Möglichkeiten und respektieren ihre Grenzen (Knabe 2020). Trotz ihrer Werte sind sie stets veränderungsbereit.

➤ Was ist für dich Veränderung?
➤ Wie veränderungsbereit bist du?
➤ Was kostet dich Veränderung?
➤ Was war deine größte Veränderung in deinem Privatleben?
➤ Wofür hast du diese getätigt? Was hat sie dir gebracht?
➤ Welche Stärken hast du für diese Veränderung eingesetzt?
➤ Was war deine größte Veränderung im beruflichen Kontext?
➤ Wofür hast du diese getätigt? Was hat sie dir gebracht?
➤ Wer oder was hat dir bei der Veränderung am meisten geholfen?
➤ Wie sehr siehst du in Veränderungen Chancen?
➤ Wie oft machen dir Veränderungen Angst?

Achtsamkeit
Bereits im Buddhismus spielte die Achtsamkeit eine zentrale Rolle. Sie kann als ein Lebensprinzip bzw. eine geistige Ausrichtung verstanden werden. Sie ist eine besondere Kraftquelle, die das Bewusstsein weckt, erweitert, vertieft und stärkt. Sie hilft Menschen, ganz bewusst im Hier und Jetzt zu verweilen und den eigenen Empfindungen, Bedürfnissen und Befindlichkeiten nachzuspüren (k. A. 2017). Hunde wirken mit ihrer Energie und holen Klienten oft allein schon durch ihre bloße Anwesenheit in die Gegenwart zurück.

Als Bedeutungsübertragung bietet sich daher an, dass Hunde stets im Hier und Jetzt leben. Sie sind achtsam und fokussieren sich immer auf eine Sache. Multitasking ist für sie ein Fremdwort. Sie scheinen zu wissen, dass man in seiner eigenen Mitte bleibt, wenn man dem, was man gerade tut, Achtsamkeit schenkt. Man ist fähig, das wertzuschätzen, was unser Tun und das Tun anderer Menschen uns dabei geben (Knaup 2017).

Hunde genießen stets den Augenblick und wenden sich vorzugsweise den schönen Dingen im Leben zu. Sie nehmen dabei alles mit ihren Sinnen wahr. Hunde sind so wunderbar ausgelassen und geben sich stets ganz ihrer Freude hin. Spontanität, Freude und Lebendigkeit sind bezeichnend für sie. Hunde toben, spielen, suchen und springen, wenn ihnen gerade danach ist – vorausgesetzt, man lässt sie. Wenn Hunde sich im Gras wälzen, haben sie oft ein zufriedenes Lächeln im Gesicht. Wenn ein See auftaucht, rennen wasserfreudige Hunde vor Begierde sofort hinein. Sie schwimmen, waten darin oder legen sich einfach hin, je nach individueller Vorliebe. Die Begeisterungsfähigkeit und die Ausgelassenheit von Hunden sind oft ansteckend und übertragen sich auf andere Hunde. Sie toben voller Freude gemeinsam und lassen sich dabei den Wind um die Nase wehen. Sie nehmen achtsam das Hier und Jetzt wahr.

➤ Was nimmst du gerade wahr?
➤ Wie oft bist du im Hier und Jetzt?

➤ Wie achtsam bist du dir selbst gegenüber?

➤ Wie achtsam bist du anderen gegenüber?

➤ Wann hast du das letzte Mal alles losgelassen und warst so richtig ausgelassen?

➤ Wann hast du dir das letzte Mal bewusst den Wind um die Nase wehen lassen?

➤ Wann hast du dich das letzte Mal so richtig ungezwungen und frei bewegt?

➤ Wann hast du das letzte Mal etwas Verrücktes getan? Was war es?

➤ Wie hast du dich dabei gefühlt?

➤ Was würdest du gern einmal tun?

➤ Was tut dir gut? Was machst du gern?

Selbstfürsorge

Wenn man Hunde lässt, werden sie immer das tun, was ihnen guttut. Sie kümmern sich stets um ihr eigenes Wohlergehen und konzentrieren sich dabei genau auf das, was sie gerade tun (Consoir und Kluge 2016). Sie sind wahre Kosten-Nutzen-Abwäger und überlegen genau, ob sich eine Handlung für sie gerade lohnt. Steht ihr Hundehalter ohne Leckerli auf der einen Seite und ein Reh auf der anderen Seite, werden viele Hunde sich für die Seite des Rehs entscheiden. Einen Großteil des Tages dösen und schlafen sie. Hunde tanken so ihre Energie wieder auf. Es scheint fast so, als ob sie wüssten, dass sich im Schlaf das Immunsystem regeneriert (Knaup 2017). Sie gönnen sich Pausen nach ihren Unternehmungen und verarbeiten das Gelernte in dieser Zeit. Hunde ruhen und schlafen sehr viel am Tag, um für ihre nächste Aktivität wieder fit zu sein. Während Menschen im Durchschnitt 8 h Schlaf benötigen, liegt der Durchschnittswert bei erwachsenen Hunden für Schlafen und Dösen bei 16–18 h am Tag (Specht 2015). Welpen benötigen ca. 20 h und Senioren sogar bis zu 22 h am Tag. Hunde schätzen regelmäßige Abläufe. Im Rudel wird der Tag durch Regeln, Routinen und Rituale strukturiert. Hunde fühlen sich damit sicherer und entspannter. Sie schätzen es zu wissen, was als Nächstes passiert. Selbst wenn Hunde in schwierigen Situationen um Nahrung oder Unversehrtheit kämpfen müssen, nutzen sie jede Möglichkeit, Energie zu sparen und sich zu erholen (Knabe 2020).

➤ Wie oft ruhst du dich am Tag aus?

➤ Wie oft kümmerst du dich um das Wohlergehen von anderen?

➤ Wie oft kümmerst du dich um dein eigenes Wohlergehen?

➤ Wie oft tätigst du verschiedene Dinge gleichzeitig?

➤ Wie sehr passt du auf deine eigenen Energiereserven auf?

➤ Wie oft wägst du ab, ob sich etwas für dich lohnt oder nicht?

➤ Wie oft feierst du Erfolge und gönnst dir danach eine Pause zur Verarbeitung?

➤ Was sind deine Kraftquellen?

➤ Was gibt dir Kraft?

➤ Was entzieht dir aktuell Kraft?

➤ Welche Rituale hast du als Kind geschätzt?

➤ Welche Routinen tun dir heute als Erwachsenem gut?

➤ Welche Routinen könntest/möchtest du in dein Leben integrieren?

Freude

Hunde freuen sich über viele kleine Dinge im Leben. Sie freuen sich über einen Schmetter-
ling oder ein Blatt, das vorbeisegelt, ein Stöckchen am Wegesrand, eine liebevolle Geste
oder Aufmerksamkeit durch ihren Menschen. Sie machen stets, was ihnen Spaß macht.
Die Freude im Gesicht eines Hundes, der sich gerade genüsslich in etwas Stinkendem
wälzt, strahlt pure Freude aus. Selbst alte Hunde rennen noch den Hügel hinab oder springen herum, weil es ihnen Freude bereitet. Es ist fast, als wüssten sie, wie heilsam Be-
wegungsfreude ist.

➤ Wie oft nimmst du dir Zeit für Dinge, die dir Freude bereiten?
➤ Wie oft machst du dir Gedanken, was andere denken könnten?
➤ Was macht dir im Leben Spaß?
➤ Was bereitet dir Freude?
➤ Was möchtest du öfter tun, weil es dir Freude schenkt?
➤ Wie oft bist du getrieben von Aufgaben, die noch erledigt werden müssen?
➤ Wie groß ist der Anteil bei dir zwischen selbst- und fremdbestimmten Aufgaben?
➤ Bei welchen Tätigkeiten bist du im Flow?
➤ Wie oft bist du im Flow und vergisst Raum und Zeit?
➤ Wie oft nimmst du dir Zeit für Menschen, die dich bereichern und dir Freude schenken?

Mut und Ausdauer

Hunde sind neugierig und mutig. Sie testen neue Dinge aus, auch wenn sie sich nach dem
ersten Versuch dann eventuell ihrer Angst hingeben oder ähnliche Situationen zukünftig
meiden. Sie versuchen es zumindest und sammeln Erfahrungen. Hat sich eine Strategie
bewährt, werden sie diese zukünftig öfter nutzen. Denn Hunde wählen immer die Strategie
aus, die sich durch Versuch und Irrtum als die wirkungsvollste erwiesen hat (Knabe 2020).
Es gibt kleinste Hunderassen, die großen Mut beweisen. Unsichere Hunde können lernen,
mutig und gelassener zu werden, wenn sie von ihren Haltern gefördert werden. Wenn
Hunde mit einer Bewältigungsstrategie bisher Erfolg hatten, nutzen sie diese in ähnlichen
Situationen wieder. Klappt es einmal nicht, lassen sie sich nicht entmutigen. Im Gegenteil:
Sie versuchen es wieder und wieder und strengen sich sogar noch mehr an. Erst wenn sich
die bisherige Bewältigungsstrategie auf Dauer als nicht mehr gewinnbringend erweist,
versuchen sie eine neue Lösungsstrategie und gehen erneut mutig voran.

➤ Wann warst du das letzte Mal mutig?
➤ Was, glaubst du, hat dir dabei geholfen?
➤ In welcher Situation möchtest du deine Sorgen überwinden?
➤ Bei welcher Gelegenheit möchtest du zukünftig mutiger sein?
➤ Was hast du dir bisher nicht getraut und möchtest du gern einmal ausprobieren?
➤ Was hält dich bisher davon ab?
➤ Welche Fähigkeiten könntest du nutzen?
➤ In welchen Situationen möchtest du gern eine neue Lösungsstrategie finden?

➤ In welcher Situation warst du das letzte Mal so richtig mutig?
➤ Warum warst du da mutig?
➤ Wer oder was hat dir dabei geholfen, mutig zu sein?

Genuss

Hunde lieben Essen und sind wahre Genussexperten. Was am besten schmeckt, wird immer zuerst gegessen. Wenn sie zwei verschiedene Leckerli vor der Nase haben, werden sie sich immer zuerst für das für sie Höherwertige entscheiden. Sie setzen klare Prioritäten, selbst wenn sie das andere natürlich auch noch nehmen würden. Hunde bekommen genau mit, wenn ihre Hundehalter Essen zubereiten. Egal, wie tief sie gerade geschlafen haben, auf einmal sind sie hellwach, wenn sich die Kühlschranktür öffnet. Beim Essen selbst beobachten sie ihre Hundehalter besonders intensiv und setzen ihren „Du wirst das jetzt doch nicht alleine essen wollen" Blick auf, der beim Halter u. U. für ein schlechtes Gewissen sorgt. Hunde lernen dank klassischer Konditionierung wie von selbst, das Rascheln einer Tüte, das Geräusch des sich öffnenden Kühlschranks oder das Schälen einer Bananenschale mit Essen zu verbinden. Hunde stehen schwanzwedelnd in der Küche, wenn man ihr Futter zubereitet. Dem einen oder anderen fällt sogar ein Sabberfaden beim Warten vom Maul auf den Boden. Was für eine Vorfreude sie damit zeigen! Fressen steht demnach ganz oben auf der Prioritätenliste unserer Hunde, obwohl sie mit 1700 Geschmacksknospen deutlich weniger als wir Menschen mit über 10.000 Geschmacksknospen haben (Welt 2008). Neben dem Fressen haben Hunde weitere individuelle Vorlieben und Genüsse. Ein genüssliches Schuppern mit dem eigenen Hinterteil am Bein des Menschens, ein genüssliches Wälzen auf der Wiese oder ein genüssliches Dösen in der Sonne können bspw. dazugehören.

➤ Was bedeutet für dich Genuss?
➤ Was war dein letzter Moment, in dem du ganz bewusst genossen hast?
➤ Was genießt du gern?
➤ Was magst du gar nicht?
➤ Wann hast du das letzte Mal dein Essen mit allen Sinnen genossen? Was hast du dabei bewusst wahrgenommen?
➤ Was hast du im Mund und auf deiner Zunge gespürt?
➤ Was hast du gerochen? Was hast du geschmeckt?
➤ Was genießen andere Menschen?
➤ Was davon könnte auch dir Genuss bereiten?

Neben den aufgeführten Bedeutungsübertragungen und Metaphern lassen sich Hundezitate und Hundesprüche für das Coaching oder Training nutzen. Im Internet finden sich unglaublich viele Hundezitate und -sprüche. Aber auch Postkarten mit Hundesprüchen können erworben und z. B. als Affirmation dem Klienten am Ende der Coaching-Sitzung mitgegeben werden.

Sollten sie mit ihren eigenen Hunden arbeiten, können sie als Hundehalter sicher auf einen reichhaltigen Schatz an Geschichten aus ihrem Alltag zugreifen. Geschichten mit und über Hunde lassen sich vor allem im Training wirkungsvoll nutzen.

Zum Abschluss des Kapitels möchte ich Ihnen, liebe Leser, noch 20 Dinge, die ich durch meine Hunde lernen durfte, verraten. Zu jedem Punkt habe ich eine persönliche Geschichte bzw. ein Bild von einem meiner Hunde im Kopf, die für mich Schlüsselsituationen waren.

1. Lebe im Hier und Jetzt.
2. Vertrau deinem Instinkt.
3. Schenke bedingungslose Liebe und sei treu.
4. Schätze, was du hast.
5. Kommuniziere ehrlich und direkt.
6. Zeig deine Bedürfnisse.
7. Beiß nicht, wenn ein Knurren reicht.
8. Entspann in der Natur und ruh dich aus.
9. Ein gutes Essen ist immer willkommen.
10. Bleib neugierig.
11. Beurteile Menschen nie nach Status und Aussehen.
12. Setz dich und hör zu.
13. Sei vorurteilsfrei und verzeih.
14. Schlaf genug und mach einfach mal ein Nickerchen zwischendurch.
15. Es ist immer Zeit für etwas Spaß.
16. Setz deine Energie effizient ein.
17. Wenn dir etwas nicht geheuer ist, nimm Abstand.
18. Schüttel den Stress von dir ab.
19. Erst ausgiebig beschnuppern, dann entscheiden.
20. Freu dich des Lebens, so oft du kannst.

Literatur

Consoir, M.; Kluge, E. (2016). Mein Hund – Mein Coach. (S. 11). CreateSpace.

Darga, C., Dapper, D. (2022): Tierisch systemisch. Lösungs- und Ressourcenorientierung in der tiergestützten Intervention. (S. 9, 96). München: Ernst Reinhardt.

ESAAT. (2022). Definitionen. https://www.esaat.org/definitionen. Zugegriffen: 10. August 2023

Foltin, Dr. S. (2022). Hundegestützte Interventionen. Wissenschaft trifft Praxis – Ausgewählte Studien erklärt. (S. 167). Nerdlen: Kynos.

Hagmann, K.; Röhrs, K., Schöning, B. (2020). Wolfsverhalten. Ethologie des Wolfes – Wissenschaftliche Forschungsergebnisse. Weiterbildungsskript zum IHK-Zertifikat. Hundeerzieher/-in und Verhaltensberater/-in IHK

Julius, H., Beetz, A., Kotrschal, K., Turner, D. C., Uvnäs-Moberg, K. (2014). Bindung zu Tieren. Psychologische und neurobiologische Grundlagen tiergestützter Interventionen. Göttingen: Hogrefe.

k. A. (2017). Achtsamkeit. Die besten Übungen und Meditationen für mehr Gelassenheit und Lebensfreude (S. 10). München: Gräfe und Unzer.

Knabe, M. (2020). Der Wau-Effekt. Mit tierischer Unterstützung zu mehr innerer Stärke und Gelassenheit (S. 18, 25, 51, 52, 68, 84). Weinheim: Wiley.

Knaup, R. (2017). Now! Entschleunigung. Selbstfürsorge. Lebensfreude (S. 32, 66). München: Scorpio.

Knobloch, A. (2020). Lernverhalten I und II. Formen des Lernens. Klassische und instrumentelle Konditionierung in der Praxis. Weiterbildungsskript zum IHK-Zertifikat. Hundeerzieher/-in und Verhaltensberater/-in IHK

Ladner, D., Brandenberger, G. (2020). Tiergestützte Psychotherapie mit Kindern und Jugendlichen: Hund und Pferd therapeutisch einbeziehen. 2. Aufl. München: Ernst Reinhardt.

Mollnau, L. (2022). Die tierzentrierte Intervention. Neue Perspektiven tiergestützter Interventionen mit (Tierschutz-)Hunden am Beispiel hyperkinetischer Störungsbilder im Kindes- und Jugendalter. (S. 39, 49, 53, 54). Hamburg: Bachelor + Master Publishing.

Neubauer-Reichel, S. (2017). Ist dein Hund glücklich? https://vitacanis.net/ist-dein-hund-gluecklich. Zugegriffen: 5. Juli 2023

Oberli, M. (2016). Die Bedürfnisse deines Hundes. https://teamschule.blog/2016/09/11/was-wuenscht-sich-der-hund-von-seinem-menschen. Zugegriffen: 3. Juli 2023

ORF. (o.J.). Lob oft besser als Leckerli. https://science.orf.at/v2/stories/2791523. Zugegriffen: 23. Oktober 2023

Rauen, C. (o.J.). Der Ablauf eines Coachings. Die Phasen eines Coaching-Prozesses im Überblick. https://www.coachdb.com/de/ratgeber/kosten-ablauf/ablauf-coaching-prozess.html. Zugegriffen: 6. Juli 2023

Riepe, T. (2013). HERZ HIRN HUND. Expertenmeinungen zur modernen Hundeerziehung. Bernau: animal learn.

Sari, N. (2020). Bedürfnisse von Hunden. https://tobalie.com/de/magazin/artgerechte-haltung/beduerfnisse-von-hunden. Zugegriffen: 5. Juli 2023

Schlösser, A. (2021). Wie du mit Metaphern im Coaching arbeiten kannst. https://www.andrea-schloesser.de/metaphern-im-coaching. Zugegriffen: 5. August 2023

Schneider, D. (2005). Die Welt in seinem Kopf: Über das Lernverhalten von Hunden. (S. 87, 89). Bernau: animal learn.

Schütz, K. (2022). Pferdegestütztes Coaching – psychologisch basiert und wissenschaftlich fundiert. (S. 18). Berlin: Springer.

Schwertfeger, B. (2013). Interview in wirtschaft + weiterbildung. http://www.erikdehaan.com/wp-content/uploads/2013/09/2013_MEDIA_Coaching-Studie-auf-die-beziehung-kommt-es-an.pdf. Zugegriffen: 30. Juni 2023

Specht, B. (2015). Angsthunde: Definition, Diagnostik, Management, Trainingsansätze. (S. 56). Bernau: animal learn.

Theby, V. (2018). Verstärker verstehen. Über den Einsatz von Belohnung im Hundetraining. (S. 148). Nerdlen/Daun: KYNOS.

Welt. (2008). Beim Schmecken ist der Mensch unschlagbar. https://www.welt.de/wissenschaft/article1567467/Beim-Schmecken-ist-der-Mensch-unschlagbar.html. Zugegriffen: 23. Oktober 2023

Wikipedia. (o.J.). Maslowsche Bedürfnishierarchie. https://de.wikipedia.org/wiki/Maslowsche_Bed%C3%BCrfnishierarchie. Zugegriffen: 19. September 2023

Willen, B. O. (2022). Die Bedürfnisse des Hundes. https://www.willenskraft.co.at/blog/die-beduerfnisse-des-hundes. Zugegriffen: 10. Juli 2023

Wohlfarth, R., Olbrich, E. (2014). Qualitätsentwicklung und Qualitätssicherung in der Praxis tiergestützter Interventionen – ein Leitfaden. isaat – international society for animal-assisted therapy. https://www.tiergestuetzte.org/fileadmin/Redaktion/Dokumente/Broschuere_zur_Qualitaetsicherung.pdf. Zugegriffen: 10. Dezember 2022

Einsatzgebiete, Zielgruppen, Themen, Besonderheiten und Grenzen

8

In diesem Kapitel soll folgenden Fragestellungen nachgegangen werden: Welche Einsatzgebiete gibt es für hundegestütztes Coaching? Welche Anliegen bzw. Themen können beim Klienten hundegestützt begleitet werden? Welche Besonderheiten und Grenzen sollten im Einsatz beachtet werden?

8.1 Einsatzgebiete und Zielgruppen

Beim hundegestützten Coaching lässt sich zunächst zwischen hundegestütztem Personal und Business Coaching unterscheiden. Während beim Personal Coaching persönliche und berufliche Anliegen im Vordergrund stehen, handelt es sich beim Business Coaching rein um unternehmerische Anlässe aus dem beruflichen Umfeld (Coaching Akademie Berlin o. J.). In der Praxis lässt sich diese Grenze zwischen Personal und Business nicht immer so klar ziehen. Ein Beispiel hierfür sind Glaubenssätze, die hinter einem persönlichen und/oder beruflichen Thema des Klienten auftauchen und sich sowohl im privaten als auch im beruflichen Umfeld zeigen können.

Eine weitere sinnvolle Differenzierung ist die Unterscheidung zwischen Persönlichkeits-, Führungskräfte- und Teamentwicklung. In diesem Buch wird die Persönlichkeitsentwicklung dem Personal Coaching und die Führungskräfte- und Teamentwicklung dem Business Coaching zugeordnet. Natürlich findet sich die Persönlichkeitsentwicklung auch im Businessbereich, z. B. bei der Mitarbeiterentwicklung, wieder. Erörterungen, was Persönlichkeits-, Führungskräfte- und Teamentwicklung sind, finden sich in den entsprechenden Kapiteln. Einen Gesamtüberblick über die vorgenommene Unterteilung sowie sich daraus ergebende mögliche Zielgruppen gibt Abb. 8.1.

M. Lentzsch, *Hundegestütztes Coaching und Training*,
https://doi.org/10.1007/978-3-658-42454-1_8

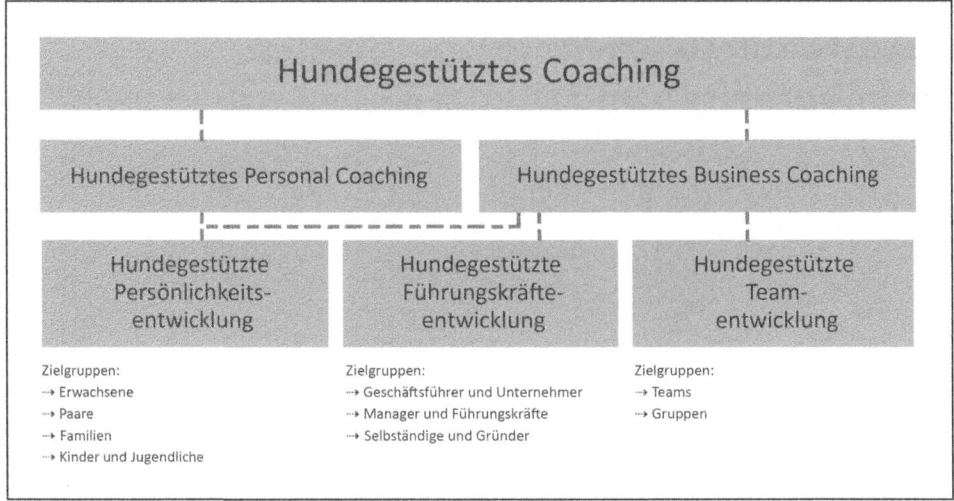

Abb. 8.1 Unterteilung des hundegestützten Coachings

Bei den Klienten im Personal-Bereich kann es sich um Erwachsene (z. B. Einzelpersonen, Paare und Familien) handeln. Aber auch Kinder und Jugendliche können Zielgruppe für hundegestütztes Coaching sein. Denn immer mehr Kinder und Jugendliche leiden an Stress oder hadern mit ihrem Selbstwertgefühl. Das durch ein Coaching früh erlebte Gefühl von Selbstwirksamkeit kann sie einen gesamten Lebensweg positiv beeinflussen (Landgraf und Neuse 2021). Für ein hundegestütztes Coaching mit zugehöriger Selbstreflexion sollten die Kinder mindestens 8–10 Jahre alt sein. Jedes Kind ist hierbei individuell mit seiner persönlichen Entwicklung zu betrachten. Die Angabe 8–10 Jahre dient lediglich als grober Richtwert. Zudem ist zu beachten, dass Hunde Kinder unter 10–12 Jahren i. d. R. eher als Spielgefährten bzw. als noch zu erziehende Menschen wahrnehmen. Dies spricht ebenfalls für einen Richtwert von ca. 10 Jahren.

Im Business-Bereich zählen Geschäftsführer, Unternehmer, Manager, Führungskräfte, Selbstständige, Gründer, Mitarbeitende sowie Teams und Gruppen zu den möglichen Zielgruppen. Bei den Gruppen kann es sich bspw. um Führungskräfte aus verschiedenen Abteilungen eines Unternehmens handeln.

Des Weiteren kann, wie in Abb. 8.2 dargestellt, zwischen Einzel-, Paar-, Gruppen- und Team-Coaching unterschieden werden. Beim Einzel-Coaching handelt es sich um das Coaching einer einzelnen Person in einem vertrauensvollen und geschützten Rahmen. Es können Themen aus dem privaten und/oder beruflichen Kontext besprochen werden. Die Zusammenarbeit zwischen Klient und Coach ist dabei exklusiv und intensiv, da der Fokus auf dem Anliegen eines einzelnen Klienten liegt und keine andere Person anwesend ist (Schütz 2022). Im hundegestützten Einzel-Coaching entsteht, wie beschrieben, ein Beziehungsdreieck zwischen Klient, Hund und Coach.

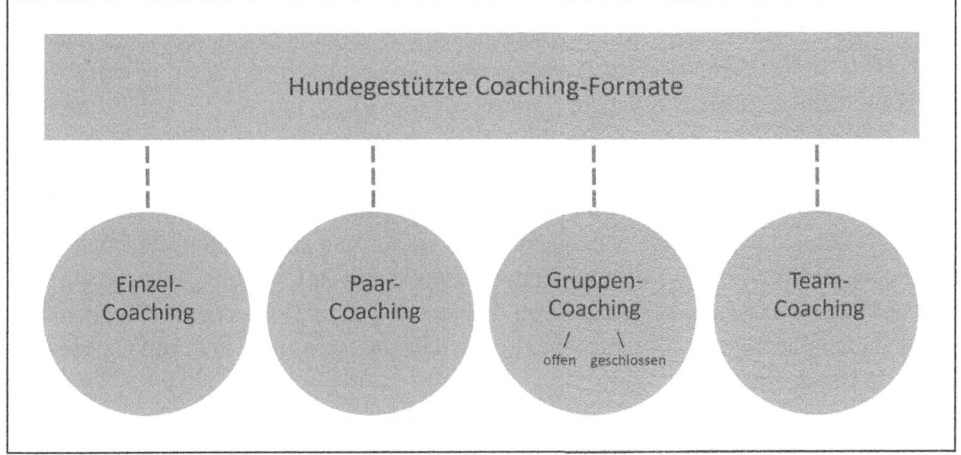

Abb. 8.2 Hundegestützte Coaching-Formate

An einem Paar-Coaching nehmen Paare bzw. zwei Klienten teil. Es kann sich hierbei z. B. um zwei Geschäftsführer, zwei Praxisinhaber, aber auch um private Paare handeln. Daher findet sich das Paar-Coaching sowohl im Personal- als auch im Business-Bereich wieder. Die Anliegen der Klienten beziehen sich meist auf die Interaktion und die Bedürfnisse untereinander. Beispielsweise werden Kommunikations- und Verhaltensmuster mithilfe der Hunde näher beleuchtet und auf den Berufs- bzw. Lebensalltag übertragen. Das Paar lernt sich durch die hundegestützten Interventionen meist tiefgründiger kennen, gewinnt neue Erkenntnisse über sich selbst und den anderen (Schütz 2022).

Ein Gruppen-Coaching fördert hingegen eine kooperative Zusammenarbeit von mindestens zwei Personen (und mehr) auf Augenhöhe. Klienten, die an einem Gruppen-Coaching teilnehmen, haben gemeinsame Interessen und verfolgen individuelle Ziele. Sie müssen kein gemeinsames Ziel verfolgen, sondern beschäftigen sich lediglich mit der gleichen Thematik (CoachingTrip o. J.). Zudem kann eine Unterscheidung zwischen geschlossenen und offenen Gruppen vorgenommen werden. Bei geschlossenen Gruppen handelt es sich bspw. um Mitarbeitende aus einem Unternehmen, die an einem gemeinsamen Gruppen-Coaching, zu einem bestimmten Thema, wie z. B. Kommunikation, teilnehmen. Der Auftraggeber ist in diesem Fall das Unternehmen, das für seine Mitarbeitenden aus verschiedenen Abteilungen das Coaching bezahlt. Bei offenen Gruppen hingegen kann es sich z. B. um Teilnehmer handeln, die sich zu einem bestimmten Thema, welches der Coach zu einem festen Termin angeboten hat, angemeldet haben. Diese Personen müssen sich nicht kennen und können in ganz unterschiedlichen Unternehmen arbeiten. Sie sind i. d. R. Selbstzahler. Im Vergleich zum Einzel-Coaching lässt das Gruppen-Coaching seltener die Arbeit an vertraulich-persönlichen Themen zu, da hier mit wesentlich größeren Hemmschwellen gerechnet werden muss. Auch die Intensität der Beziehung sowie die Interventionsmöglichkeiten mit den einzelnen Gruppenmitgliedern sind meist geringer (RauenGroup o. J.). Dass sich die Teilnehmer i. d. R. gerade bei offenen

Gruppen nicht kennen, erleichtert es ihnen, sich zu öffnen und in der Gruppe Feedback zu geben. Anders als im Einzel-Coaching kann der Einzelne durch das zusätzliche Feedback der anderen Teilnehmenden profitieren. Ein weiterer Austausch ist zudem in den Pausen und nach dem Coaching möglich. Das Feedback sollte immer wertschätzend und ressourcenorientiert gegeben werden. Eine Einigung auf entsprechende Feedbackregeln vorab ist daher empfehlenswert. So können die Teilnehmenden sich gut öffnen, und es wird eine Vertrauensbasis geschaffen. Durch das gegenseitige Beobachten untereinander lernen die Teilnehmenden auch voneinander, reflektieren und können Dinge auf sich selbst übertragen (Schütz 2022). Beim hundegestützten Gruppen-Coaching entsteht ein Beziehungsdreieck zwischen Teilnehmenden, Hund und Coach. Bei größeren Gruppen sind eine Aufteilung in kleinere Untergruppen sowie der Einsatz von zusätzlichen Coachs und mehreren Hunden ratsam.

Beim Team-Coaching kennen sich die Teammitglieder aus dem beruflichen Umfeld und verfolgen ein gemeinsames Ziel. Das Team wird als System betrachtet und die Teamentwicklung auf das gesamte Team angewendet. Der Fokus liegt auf der Verbesserung der Teamleistung und dem Erreichen eines gemeinsamen Teamziels (oder Teilziels). Team-Coaching wird i. d. R. über eine Reihe von Sitzungen und nicht als einmalige Intervention angeboten (Napiersky et al. 2019). Die Themen des Teams werden mit den Hunden ressourcenorientiert bearbeitet und auf den Berufsalltag übertragen. Beim hundegestützten Team-Coaching entsteht ein Beziehungsdreieck zwischen Team, Hund und Coach. Bei größeren Teams ist eine Aufteilung in kleinere Unterteams sowie der Einsatz von zusätzlichen Coachs und mehreren Hunden ratsam. Die Teammitglieder reflektieren sich selbst und gegenseitig.

> ➤ Wichtig: Beim Gruppen- und Team-Coaching ist die Vorbereitung aufwendiger als im Einzel-Coaching. Der Mehraufwand sollte im Angebot entsprechend Berücksichtigung finden.

8.2   Themen

Die Anliegen bzw. Themen der Klienten sind so vielfältig, wie es verschiedene Menschen gibt. Der nachstehende Themenauszug hat daher keinen Anspruch auf Vollständigkeit. Dieser soll lediglich die thematische Bandbreite aufzeigen, in dem sich hundegestütztes Coaching bewegen kann. Die Themen werden in hundegestützte Persönlichkeits-, Führungskräfte- und Teamentwicklung, wie bereits in Abb. 8.1 aufgeführt, unterteilt. Selbstverständlich kann es Überschneidungen in den einzelnen Bereichen sowie Spezialthemen je nach Zielgruppe des Coachs geben.

Themen für hundegestützte Persönlichkeitsentwicklung
Bei Erwachsenen:

➤ Ressourcen und Kompetenzen aufspüren
➤ Persönliche Stärken finden und fördern
➤ Selbsterkenntnis, Selbstakzeptanz und Selbstwirksamkeit erhöhen
➤ Achtsamkeit integrieren
➤ Entschleunigung
➤ Kommunikation verbessern
➤ Perspektivwechsel ermöglichen
➤ Empathie stärken
➤ Gedanken und Aufgaben strukturieren
➤ Entscheidungen treffen
➤ Widerstandskraft fördern
➤ Sich abgrenzen und Nein sagen lernen
➤ Ängste, Sorgen und Zweifel
➤ Selbstführung
➤ Glaubenssätze und Werte fühlen und ändern
➤ Persönliche Reaktionsmuster unterbrechen
➤ Konflikte souverän bewältigen
➤ Vorbereitung auf schwierige Situationen
➤ Veränderung bewirken und erleben

Bei Paaren:

➤ Paarfindung und Paarentwicklung
➤ Gegenseitige Bedürfnisse, Vorstellungen, Wünsche erkennen und hinterfragen
➤ Kommunikationsverhalten analysieren und verbessern
➤ Gemeinsame (Unternehmens-)Visionen und Ziele entwickeln
➤ Gegenseitige Achtsamkeit, Empathie und Verständnis fördern
➤ Probleme, Enttäuschungen, Sorgen und Konflikte in der Partnerschaft
➤ Ungleiche Wertvorstellungen und Interessen
➤ Wir-Gefühl stärken
➤ Positives gemeinsam erleben
➤ Veränderungsphasen begleiten

Bei Familien:

➤ Familienentwicklung
➤ Erziehungsstile und -methoden analysieren und hinterfragen
➤ Gegenseitige Bedürfnisse, Vorstellungen, Wünsche erkennen und hinterfragen
➤ Kommunikationsverhalten analysieren und verbessern

➤ Gegenseitige Achtsamkeit, Empathie und Verständnis fördern
➤ Probleme, Enttäuschungen, Sorgen und Konflikte in der Familie
➤ Ungleiche Wertvorstellungen und Interessen
➤ Familiengefühl stärken
➤ Positives gemeinsam erleben
➤ Umgang mit Schicksalsschlägen
➤ Veränderungsphasen begleiten

Bei Kindern und Jugendlichen (in Anlehnung an Landgraf und Neuse 2021):

➤ Unsicherheiten, Sorgen und Stress
➤ Fehlendes Selbstbewusstsein, Selbstwertgefühl und Zweifel
➤ Probleme in der Schule, in der Familie oder mit Freunden
➤ Entscheidungen zur Schul- oder Berufsorientierung
➤ Leistungsdruck, Überforderung oder Unterforderung
➤ Fehlende Lernbereitschaft, Konzentrationsfähigkeit und Eigenmotivation.

Durch hundegestütztes Coaching lassen sich bei Kindern und Jugendlichen vor allem Wahrnehmung, Achtsamkeit, Empathie, Verantwortungsbewusstsein, Eigenständigkeit, Rücksichtnahme und respektvoller Umgang mit sich selbst und anderen, Kommunikationsfähigkeit, Kontakt und Beziehungsfähigkeit, Motivation, Konzentration, Umgang mit Herausforderungen, Druck und Stress, Frustrationstoleranz, Mut und Selbstvertrauen, Akzeptanz von Regeln und Grenzen sowie Kreativität und Ideenreichtum stärken (Landgraf und Neuse 2021).

Themen für hundegestützte Führungskräfteentwicklung
➤ Führungsstil erkennen und hinterfragen
➤ Führungsstile ausprobieren
➤ Authentischen Führungsstil finden
➤ Agile Führung
➤ Selbstführung und Selbstwirksamkeit stärken
➤ Lernpotenziale und Kompetenzen erkennen
➤ Aufgaben nachhaltig delegieren
➤ Ziele fokussieren und erreichen
➤ Klare Haltung finden
➤ Kommunikation fördern
➤ Körpersprache verbessern
➤ Aktives Zuhören
➤ Empathie steigern
➤ Vertrauen aufbauen und leben
➤ Lösungsfindung aktiv unterstützen
➤ Selbstzweifel bei Führungsthemen auflösen

➤ Durchsetzungsvermögen stärken
➤ Resilienz erhöhen und Stress besser bewältigen
➤ Veränderungsphasen begleiten

Themen für hundegestützte Teamentwicklung
➤ Teamfindung und Teambildung unterstützen
➤ Selbstverantwortung im Team stärken
➤ Kommunikationsverhalten analysieren und verbessern
➤ Wertschätzung leben
➤ Gewaltfrei kommunizieren
➤ Konflikte vermeiden, erkennen und lösen
➤ Achtsamkeit und Empathie fördern
➤ Fehlerkultur schaffen
➤ Agiles Arbeiten
➤ Teamressourcen erkennen und stärken
➤ Teamschatzkiste mit Kompetenzen und Stärken füllen
➤ Teamprozesse optimieren
➤ Selbstwirksamkeit von Teams fördern
➤ Gegenseitige Motivation und Unterstützung fördern
➤ Wir-Gefühl stärken
➤ Veränderungen gemeinsam bewirken und begleiten
➤ Kreativität und Ideenreichtum fördern
➤ Prozesse optimieren

Themen für offene Gruppen finden sich je nach Interessenlage der Teilnehmenden in den oben aufgeführten Themen. Für Hundehalter kann zudem die Verbesserung der eigenen Mensch-Hund-Beziehung als Anliegen im Vordergrund stehen. Im Abschn. 12.1.10 finden sich einige Anregungen für Reflexionsfragen speziell für Hundehalter.

8.3   Besonderheiten und Grenzen

Trotz der zahlreichen Einsatzgebiete von hundegestütztem Coaching sowohl im privaten als auch im beruflichen Kontext gibt es Besonderheiten und Grenzen, die zu berücksichtigen sind.

Hundegestütztes Coaching und Training bietet viele klientenzentrierte Mehrwerte, denen jedoch höhere Komplexität, Verantwortung und Kosten für den Coach sowie Unwissenheit bei potenziellen Auftraggebern und fehlende Offenheit bei Klienten gegenüberstehen.

Die Komplexität steigt für den Coach durch die Integration des Hundes als Co-Trainer an. Der Coach muss den Klienten und den Hund während des Coachings stets gleichzeitig im Blick behalten. Neben der Verantwortung für den Klienten und sich selbst als Coach kommt die Verantwortung für den Hund als fühlendes und denkendes Lebewesen hinzu. Neben dem klientenzentrierten Ansatz ist ein tierzentrierter Ansatz zu berücksichtigen. Die Notwendigkeit der Fürsorge und Verantwortung des Coachs bzw. Trainers gegenüber dem Hund wurde bereits ausführlich erläutert.

Die damit verbundenen Mehrkosten entstehen für Haltung, Pflege und Erziehung der Hunde sowie das notwendige Equipment für die hundegestützten Interventionen. Eine eigene Mehrhundehaltung erhöht die Kosten und den Aufwand des Coachs bzw. Trainers. Im Internet finden sich viele Berechnungsmodelle, was ein Hund im ganzen Leben kostet. Die Zeitschrift GEO Finanzen kommt zu dem Schluss, dass die Gesamtkosten für einen Hund, gerechnet auf die Lebenszeit von Hunden, die im Durchschnitt rund 12 Jahre beträgt, mindestens 20.190 € betragen (Hoffmann 2023). Hunde können krank werden, was zu wirtschaftlichem Ausfall und hohen Krankheitskosten führen kann.

Gerade eine solide Ausbildung, Erziehung und Auslastung der Hunde kosten zudem viel Zeit. Hunde unterschiedlichen Alters und unterschiedlicher Rassen haben unterschiedliche Bedürfnisse, denen es, gerecht zu werden gilt. Gruppendynamiken und Stimmungsübertragungen können dafür sorgen, dass Situationen, die mit einem Hund völlig unproblematisch wären, mit mehreren Hunden schnell eskalieren (Reinhardt 2015). Der zeitliche Mehraufwand ist nicht zu unterschätzen. Des Weiteren ist mit jährlichen Kosten für die kontinuierliche Weiterbildung des Coachs bzw. Trainers zu rechnen. Dieser erhöhte Kosten- und Zeitaufwand sollte sich im Kostensatz des Coachs bzw. Trainers widerspiegeln. Dies kann bei preissensiblen Auftraggebern dazu führen, dass sie vom angefragten Angebot wieder Abstand nehmen.

Viele potenzielle Auftraggeber kennen hundegestütztes Coaching und Training noch nicht. Einige belächeln es sogar und meinen trotz der bewiesenen Wirksamkeit, es handele sich um Spaßveranstaltungen. Die Unwissenheit erschwert dem Coach bzw. Trainer die Akquise. Die Offenheit des Klienten stellt eine weitere wichtige Voraussetzung und gleichzeitig eine Grenze dar. Zum einen benötigt der Klient eine Offenheit gegenüber der Arbeit mit Hunden und zum anderen eine Offenheit, wirklich an seinen Themen arbeiten zu wollen. Ist beides nicht gegeben, wird das hundegestützte Coaching nicht erfolgreich sein.

> ➤ Wichtig: Hundegestütztes Coaching und Training ist für Menschen, die durch einen Hund traumatisiert wurden, nicht geeignet.

Menschen, die von Hunden gebissen wurden und/oder ein anderweitiges Trauma durch Hunde erlebt haben, werden die notwendige Offenheit nicht mitbringen. Hundegestütztes Coaching ist nicht für die Überwindung von Angst bei Hunden geeignet. Derartige Anfragen sollten hundegestützte Coachs in andere fachlich versierte Hände abgeben. Zeigen Klienten hingegen Respekt, kann man sie gerade in Gruppen- und Teamsettings zunächst in die aktive Beobachtungs- und Feedbackrolle integrieren. Im Einzel-Coaching bietet sich zu Beginn ein gemeinsamer Spaziergang zum Kennenlernen an, bei dem der Klient die Distanz zum Hund aktiv gestalten kann. Von der Arbeit mit Menschen, deren Immunsystem auf bestimmte Stoffe beim Hund überempfindlich reagiert (z.B. Hundeallergie), ist ebenfalls abzuraten. Es gibt Klienten, die trotz Hundeallergie ein hundegestütztes Coaching beauftragen möchten. Für diese Klienten ist die vorherige Rücksprache mit einem Facharzt ratsam. Zur Absicherung des Coachs sollte dieser Hinweis ausdrücklich erfolgen.

Im hundegestützten Coaching können Themen mit dem Klienten sehr wirkungsvoll und tiefgründig bearbeitet werden. Die Praxis zeigt, dass durch die unmittelbare Rückmeldung des Hundes unbewusste Themen aufgedeckt und schneller analysiert werden können. Wichtig ist hier jedoch eine klare Haltung des Coachs, falls sich Themen aus anderen Fachgebieten wie der Psychotherapie zeigen. Hier ist ebenfalls an einen entsprechenden Fachkollegen überzuleiten. Ein professioneller und kompetenter Coach erkennt und wahrt diese Grenzen (Schütz 2022).

Wie bei allen Interventionen gibt es auch im hundegestützten Coaching Themen, die nicht mit hundegestützten Interventionen bearbeitet werden können.

Literatur

Coaching Akademie Berlin. (o.J.). Was ist Coaching und was ist damit möglich?. https://coachingakademie-berlin.de/was-ist-coaching/#businessvspersopnal. Zugegriffen: 6. Juli 2023

CoachingTrip. (o.J.). Coaching Varianten. Einzel – Gruppen – Team. https://coachingtrip.de/coaching-varianten/#:~:text=Im%20Rahmen%20eines%20Gruppencoachings%20kommen,die%20sie%20alle%20entwickeln%20wollen. Zugegriffen: 6. Juli 2023

Hoffmann, S. (2023). Hund, Katze & Co: So viel kosten Haustiere ihr Leben lang. https://www.geo.de/natur/tierwelt/hund%2D%2Dkatze%2D%2Dco%2D%2Dkosten-von-haustieren-lebenslang-32700138.html#:~:text=Gesamtkosten%20f%C3%BCr%20einen%20Hund,Frauchen%20mindestens%2020.190%E2%82%AC%20kostet. Zugegriffen: 12. September 2023

Landgraf, D., Neuse, V. (2021). Praxisbuch tiergestütztes Training und Coaching. (S. 206, 262). Weinheim: Beltz Verlag.

Napiersky, U., Jones, R. J., Lyubovnikova, J. (2019). https://www.coaching-magazin.de/konzepte/was-macht-team-coaching-aus. Zugegriffen: 7. Juli 2023

RauenGroup. (o.J.). Gruppen Coaching. https://www.rauen.de/coaching-report/definition-coaching/varianten/gruppen-coaching.html. Zugegriffen: 7. Juli 2023

Reinhardt, C. v. (2015). Mehrhundehaltung. (S. 85). Bernau: animal learn.

Schütz, K. (2022). Pferdegestütztes Coaching – psychologisch basiert und wissenschaftlich fundiert. (S. 31, 79, 80, 99, 103, 135). Berlin: Springer.

Praxisbeispiele für hundegestütztes Coaching

9

Aber wie sieht nun so ein hundegestütztes Coaching konkret aus? Wie lässt sich das Gelernte in den Alltag integrieren? Nachstehende Praxisbeispiele sollen dies veranschaulichen.

9.1 Praxisbeispiel: Führung

Frau M., Vertriebsleiterin in einem kleinen Unternehmen, erhält die Aufgabe, mit den beiden Co-Trainern Bailey und Simba eine Strecke von A nach B zu laufen. Ziel ist es, gemeinsam am Ziel bei Punkt B anzukommen. Punkt B (z. B. ein Baum) kann hierbei das Projektziel darstellen. Die Führungskraft läuft mit beiden Hunden los und merkt sehr schnell, dass Simba motiviert mitläuft. Bailey hingegen scheint von Anfang an stark abgelenkt zu sein. Frau M. konzentriert ihre Bemühungen daraufhin auf Bailey, um diese weiter zum Mitgehen zu motivieren. Frau M. richtet ihren Fokus während der Übung so stark auf den einen Hund, dass sie nicht bemerkt, wie Simba ihre Aufmerksamkeit sucht. Simba läuft um Frau M. herum, schiebt sich zwischen sie und Bailey und schaut dann nach oben direkt in das Gesicht von Frau M. Simba erhält aber keine Reaktion von Frau M.

Bailey fängt in der Zwischenzeit ein Spiel mit einem herumliegenden Stock an, und Frau M. nutzt diesen, um den Hund weiter Richtung Ziel zu führen. Als Simba daraufhin versucht, an den Stock zu gelangen, sagt Frau M.: „Aus". Simba lässt den Stock sofort fallen, bellt die Führungskraft kurz an und geht seines Weges. Frau M. bleibt auf Bailey fokussiert und kommt am Ziel, durch das Ziehen am Stock, an. Der zu Beginn motivierte Co-Trainer Simba ist in der Zwischenzeit allerdings ganz woanders und schnüffelt dort herum.

Auf die Frage, wie es Frau M. bei der Übung ergangen sei, antwortet sie: „Das war gar nicht so einfach, aber ich habe es geschafft!" Erst durch die Reflexion wird ihr bewusst, dass sie das Ziel, mit beiden Hunden gemeinsam bei Punkt B (Projektziel) anzukommen,

M. Lentzsch, *Hundegestütztes Coaching und Training*, https://doi.org/10.1007/978-3-658-42454-1_9

nicht erreicht hat. Im Gegenteil: Sie hat den motivierten Co-Trainer Simba aus den Augen verloren und ihre ganze Konzentration auf die unmotivierte Co-Trainerin Bailey gesetzt. Im Reflexionsgespräch stellt sich heraus, dass Frau M. ihre erfahrenen Mitarbeiter in ihrem Team oft „einfach laufen lässt" und sich auf die neu zu entwickelnden Mitarbeiter konzentriert. Sie nimmt sich vor, auch die erfahrenen und motivierten Mitarbeiter zukünftig mehr wertzuschätzen und das Gesamtziel fokussierter im Auge zu behalten.

9.2   Praxisbeispiel: Grenzen setzen

Frau R., eine junge Führungskraft aus einem mittelständischen Unternehmen, erhält die Aufgabe, mit der Co-Trainerin Bailey einen Slalom ohne Leine zu absolvieren. Frau R. spricht Bailey freundlich an, und beide laufen motiviert los. Auf der Mitte des Weges ist Bailey auf einmal durch eine Geruchsspur abgelenkt und folgt dieser ein Stück; sie bleibt stehen und schnuppert ausgiebig an einer Stelle am Boden.

Frau R. spricht Bailey an, doch diese lässt sich nicht stören und schnüffelt weiter. Frau R. wartet, bis Bailey zu Ende geschnüffelt hat, und lockt sie dann wieder zum Slalom. Bailey läuft ein Stück mit, doch kurz vor Ende bleibt sie erneut stehen, weil sie etwas am Boden erschnüffelt. Frau R. redet erneut auf Bailey ein, doch diese lässt sich Zeit, und Frau R. wartet weiter ab. Frau R. wirkt zunehmend gestresster, letztendlich kommt sie mit Bailey jedoch am Ziel an.

Auf die Frage, wie sie sich fühle, sagte sie: „Wenn ich ehrlich bin, ich bin etwas genervt. Bailey war nicht sehr kooperativ. Ich hätte einen anderen Hund auswählen sollen." Beim Reflexionsgespräch wird Frau R. bewusst, dass eben das Gleiche passiert ist wie bei ihren Mitarbeitern im zuständigen Vertriebsbereich. Veränderungen von außen sorgen dafür, dass diese oft abgelenkt seien. Sie erkennt, dass sie bei ihnen ebenfalls oft kommuniziert, bittet, abwartet, nachfasst und auf das Beste hofft. Grenzen setze sie leider keine, weil es ihr schwerfiele. In der nächsten Übung wendet Frau R. die besprochene Strategie an und, siehe da, Bailey freut sich über den veränderten Führungsstil und meistert den Slalom ohne Unterbrechung.

Frau R. fällt es im Anschluss in ihrem beruflichen Alltag leichter, Grenzen zu setzen. Jedes Mal, wenn sie in derartige Situationen gerät, denkt sie an das Bild, wie sie bei der Slalomübung freundlich, aber bestimmt, Grenzen gesetzt hat und mit Bailey am Ziel angekommen ist.

9.3   Praxisbeispiel: Projektmanagement

Herr L., Bereichsleiter in einem Konzern, erhält die Aufgabe, mit einer Co-Trainerin Nala einen Hindernisparcours mit Leine zu absolvieren. Herr L. läuft los, doch Nala bleibt liegen. Erst durch Ziehen an der Leine geht Nala unmotiviert mit und absolviert die Übung.

Im Feedbackgespräch zeigt sich Herr L. zufrieden mit seiner Leistung. Durch die anschließende Videoanalyse verändert sich seine Einstellung. Herr L. wird durch die Aufzeichnung bewusst, dass er nach der Aufgabenstellung folgenden Satz gesagt hat: „Na, das funktioniert doch sowieso nicht!" Nala hat diese negative innere Haltung von Herrn L. sofort gespürt und war entsprechend unmotiviert. Herrn L. war auch nicht bewusst, dass er seine Co-Trainerin Nala zu Beginn nicht angesprochen hatte, um erst einmal ihre Aufmerksamkeit zu erhalten. Kein Wunder, dass sie liegen blieb. Er erklärte ihr auch innerhalb des Parcours nicht eine Aufgabe. Er lief einfach für sich durch den Parcours, schließlich hatte er Nala ja an der Leine, und sie würde schon kommen, so seine Reflexion im Nachgang. Entsprechend langsam und unmotiviert sah die Leistung von Nala aus. Einen Kegel hatte sie unachtsam umgeworfen.

Im Reflexionsgespräch stellt sich zudem heraus, dass Herr L. auch im beruflichen Kontext oftmals denkt: „Na, das Ziel erreichen wir doch sowieso wieder nicht" – eine Haltung, die sich schon das ein oder andere Mal auf seine Mitarbeiter übertragen hat, wie Herr L. für sich analysiert. Auch startet er bei neuen strategischen Projekten oft einfach so und vergisst, sein Team inhaltlich mitzunehmen bzw. den Sinn zu erklären, der sei doch klar. Im Anschluss wird durch Fragestellungen eine optimalere Vorgehensweise erarbeitet. Beim zweiten Versuch ist Nala sofort arbeitswillig. Sie absolviert den Hindernisparcours zügig und fehlerfrei.

Durch die nachhaltige Verhaltensänderung bezüglich Kontaktaufnahme, Beziehungsaufbau, Aufgabenerläuterung und motivierenden Umgang mit den Mitarbeitern kann Herr L. die Effizienz in seinem Team steigern sowie die Fehleranzahl deutlich reduzieren.

9.4   Praxisbeispiel: Teamarbeit

Gerade bei Team-Coachings ist der Beginn einer Übung sehr interessant, und der Coach erhält bereits vor der eigentlichen hundegestützten Intervention wertvolle Erkenntnisse über die Zusammensetzung des Teams sowie über einzelne Teammitglieder.

Das Team aus z. B. 10 Personen wird hierzu in zwei Gruppen mit je 5 Personen eingeteilt. Beide Teams erhalten die Aufgabe: Baut einen Parcours mit den vorhandenen Gegenständen und Geräten auf. Bereits beim gemeinsamen Aufbau des Parcours zeigen sich verschiedene Themen:

➤ Welches Team macht es sich einfach?
➤ Welches Team ist kreativ?
➤ Wie wirkt die Teamdynamik?
➤ Wie wirkt die Teamzusammenarbeit?
➤ Welches Teammitglied ist beim gemeinsamen Aufbau lauter und tritt in den Vordergrund?
➤ Welches Teammitglied ist leiser oder hält sich zurück oder sogar ganz raus?
➤ Werden alle Teammitglieder integriert?
➤ Werden alle Ideen aus dem Team berücksichtigt?
➤ Welches Team fragt nach eventuellen weiteren zu beachtenden Rahmenbedingungen für das Projekt?

Eine gemeinsame Reflexion bereits vor der eigentlichen hundegestützten Übung bringt für die Teilnehmenden erste Erkenntnisse. Hierbei kann der Coach erst jedes einzelne Team und im Anschluss beide Teams befragen, um weitere Dinge ergänzen zu lassen.

9.5   Praxisbeispiel: Prozessoptimierung

Mit hundegestütztem Coaching können auch Unternehmensprozesse, wie Kundenservice-, Vertriebs- oder Bewerberprozesse, innovativ hinterfragt und optimiert werden.

Hier ein Beispiel: Die Teilnehmenden bauen zunächst mit verschiedenen Gegenständen den eigenen Unternehmensprozess, z. B. den Vertriebsprozess und seine einzelnen Prozessschritte in Stationen auf. Im Anschluss durchlaufen zwei bis drei Teilnehmende mit einem Hund den Prozess. Der Hund ist in diesem Fall z. B. der Kunde. Die Teilnehmenden an den einzelnen Stationen erklären den Prozessteilschritt, wenn diese ankommen. Die Teilnehmenden mit Hund spiegeln ihre Eindrücke und Emotionen, wie sich der Hund als Kunde wohl an dieser Station und auf dem Weg dorthin gefühlt hat, wider. In der Reflexion werden die Handlungsempfehlungen und Schritte für die Optimierung des Prozesses von allen Teilnehmenden gemeinsam erarbeitet und dokumentiert.

Wenn man verschiedene Hunde hat, können auch mehre Hunde den Prozess z. B. mit jeweils zwei Teilnehmenden durchlaufen. Dabei ist ein Hund z. B. der preissensible Kunde, ein anderer Hund der serviceorientierte Kunde und ein dritter der abschlusswillige Kunde.

Eine derartige hundegestützte Intervention wird aus meiner Erfahrung sehr gut von Teams angenommen. Statt drinnen im herkömmlichen Besprechungsraum mit Whiteboard wird draußen gemeinsam auf einer flexibel großen Fläche gearbeitet. Während drinnen meist nur zwei bis drei engagierte Mitarbeiter aktiv mitarbeiten und sich laut äußern, werden draußen alle Teammitglieder (an den Stationen und als Begleiter der Hunde) integriert und tatkräftig eingebunden. Dadurch wird der Prozess durch das gemeinsame Bauen und Erleben realer und einprägsamer wahrgenommen. Da die Mitarbeiter zudem persönliche Verantwortung für den Hund übernehmen, zeigen sie erhöhtes Einfühlungsvermögen für die Zielgruppen und für die Optimierung des Prozesses.

9.6   Praxisbeispiel: Bereichsübergreifende Zusammenarbeit

Frau S. und Herr E., zwei Teamleitende aus verschiedenen Abteilungen eines Konzerns, bekommen von mir die Aufgabe, dass sie von ihrem tierischen Co-Trainer jeweils drei Spielzeuge nacheinander von der einen auf die andere Seite eines am Boden liegenden Seils bringen lassen sollen. Herr E. geht mit seinem Hund zielgerichtet auf das erste Spielzeug zu und zeigt mit der Hand darauf. Bailey, seine Co-Trainerin, schaut ihn irritiert an. Es zeigt sich schnell, dass Herr E. mit der von mir gestellten Aufgabe überfordert ist. Bailey legt sich nach einer Weile hin, dreht Herrn E. sogar den Rücken zu und schaut in die andere Richtung zum anderen Team, das sie beobachtet, statt zu arbeiten.

Frau S. hingegen lässt ihre tierische Co-Trainerin Nala selbst entscheiden, mit welchem Spielzeug sie beginnen möchte. Nala geht daher zügig auf das erste Spielzeug zu und hebt einen Ball an. Sie trägt diesen souverän über das Seil. Nur beim Fallenlassen verharren beide auf einmal an Ort und Stelle.

In der Zwischenzeit macht sich Bailey trotz Leine, gefolgt von Herrn E., auf den Weg zum anderen Team und nimmt sich vom anderen Setting ein Spielzeug. Herr E. versucht daraufhin, Bailey wieder zurück zu seinem Projekt zu führen. Doch diese bleibt lieber bei dem anderen Team. Herr E. schafft es leider nicht, Bailey zur Rückkehr zu motivieren. Frau S. merkt dies, wechselt daher mit Nala das Setting und arbeitet am Projekt von Herrn E. weiter, ohne aber nach ihrem eigenen zu schauen, das daraufhin leider unerledigt bleibt.

In der Reflexionsphase mit dem Teamleiter stellt sich heraus, dass Herr E. keine Idee hatte, wie er die Aufgabe angehen und wie er mit Bailey kommunizieren könnte. Er reflektiert für sich, dass er im Business oft Probleme damit hätte, Aufgaben an andere Menschen zu delegieren, und diese daher lieber selbst erledige – eine innere Einstellung, die Bailey in der Übung deutlich reflektierte, indem sie sich abwendete und dann zum anderen Team ging.

Frau S. stellt für sich fest, dass der Start gut verlief, aber sie dann beim Fallenlassen nicht weitergekommen sei, weil sie das Kommando für das Ausgeben von Gegenständen für die Hündin nicht gewusst habe. Sie habe kurz darüber nachgedacht, mich nach dem Signalwort zu fragen, sich aber dann doch dagegen entschieden. Auf die Frage wieso, antwortet sie, sie habe sich nicht getraut – ein Verhalten, das ihr im Business ab und zu auch passiere, wie sie für sich selbst reflektiert. Auf die Frage, warum sie zum anderen Projekt gegangen sei und dort weitergearbeitet habe, nachdem Herr E. zu ihr gekommen sei, antwortet sie: „Ich wollte helfen." Auf die Folgefrage, was mit ihrem eigenen Projektziel sei, sagt sie: „Ich dachte, er macht bei mir weiter."

Ein erfahrener Coach hat hier sicher viele Ansatzpunkte für weitere Reflexionen und den Transfer in den Berufsalltag der beiden Teilnehmenden.

Ablauf des hundegestützten Coachings

10

Bei den nachfolgenden Ausführungen liegt das Augenmerk vor allem auf den Besonderheiten bei der hundegestützten Arbeit und geht daher nicht auf die Grundlagen des Ablaufs beim Coaching und Training ein; diese werden vorausgesetzt. Auch wird nachstehend der Einfachheit halber von Hunden, statt jeweils von dem eingesetzten Hund und den eingesetzten Hunden, gesprochen. Die Hunde implizieren demnach immer die Möglichkeit der Arbeit sowohl mit einem einzelnen als auch mit mehreren Hunden. Für die bessere Lesbarkeit wird zudem der Begriff hundegestützte Veranstaltungen genutzt. Eine hundegestützte Veranstaltung kann demnach ein hundegestütztes Coaching oder auch ein hundegestütztes Training sein. Da eine hundegestützte Veranstaltung mit Gruppen bzw. Teams oft komplexer ist, wird nachfolgend fast ausschließlich in diesem Kontext gedacht und geschrieben.

10.1 Auftragsklärung

Es ist ratsam, im Vorfeld mit dem Auftraggeber bzw. Klienten neben den Themen und Zielen zu klären, dass das Coaching bzw. Training unabhängig von der Wetterlage auf jeden Fall durchgeführt wird. Andernfalls ist mit finanziellen Einbußen und zudem mit erheblichem Mehraufwand durch die Abstimmung neuer Termine zu rechnen. Dies ist in den meisten Fällen nicht wirtschaftlich. Die Abstimmungen sind gerade im Gruppen- und Teamkontext oft enorm aufwendig bis nahezu unmöglich, da nicht alle Teilnehmenden wieder zusammengebracht werden können. Aufträge stauen sich dann auf und sind kaum mehr abbaubar, gerade bei anhaltendem schlechtem Wetter (Landgraf und Neuse 2021). Bei Extremwetterlagen, wie Sturmwarnungen oder starker Hagel, ist das Coaching bzw. Training selbstverständlich zu verlegen. Der Schutz und die Sicherheit der Klienten bzw.

Teilnehmenden sowie der Hunde gehen immer vor. Die Arbeit mit Hunden bietet hier gegenüber anderen Tieren eine größere Planungssicherheit, da die hundegestützten Interventionen zur Not im Tagungsraum oder anderen Räumlichkeiten, wie in einem Vorraum oder einem Extrazimmer, durchgeführt werden können (Landgraf und Neuse 2021).

Auch ist es empfehlenswert, Allergien, Unverträglichkeiten und Ängste gegenüber Hunden beim Klienten bzw. bei den geplanten Teilnehmenden im Gruppen- und Teamkontext abzuklären. Personen, die Respekt haben bzw. sich vorsichtig gegenüber Hunden verhalten, kann das Angebot unterbreitet werden, als Beobachter und Feedbackgeber in den Übungen zu interagieren. Sie müssen so keine eigenen Übungen machen und sind dennoch die ganze Zeit mit eingebunden. Die Erfahrung zeigt, dass solche Personen am Ende doch gern eine Übung mit Hund versuchen. Eine Absprache im Vorfeld kann Sorgen bei den Teilnehmenden verringern oder sie ihnen sogar ersparen.

Bucht der Auftraggeber die Location, empfiehlt sich der Hinweis, dass bitte darauf zu achten ist, dass Hunde auch in den Tagungsraum dürfen. Nicht jeder Auftraggeber denkt automatisch daran. Der Schrecken vor Ort ist dementsprechend groß, sollte dies nicht der Fall sein. Auch ist zu klären, ob eine Wiese bzw. ein eingezäuntes Gelände für die tiergestützten Übungen zur Verfügung steht, die genutzt werden darf.

> ► Tipp: Bei der Buchung von externen Tagungsräumen ist darauf zu achten, dass Hunde mit in diese hineindürfen und zudem ein eingezäuntes Gelände für die Übungen zur Verfügung steht.

Ferner ist es empfehlenswert, die geplante Teilnehmerzahl vor Auftragserteilung zu klären, da diese ausschlaggebend für den Einsatz von weiteren menschlichen und hundischen Co-Trainern ist. Dies spiegelt sich in den Kosten wider. Auch die Erwartungshaltung bezüglich der Interaktionen mit dem Hund je Teilnehmer sollte besprochen werden, gerade wenn es sich um größere Gruppen bzw. Teams handelt. Nicht jeder Teilnehmende kann eventuell bei geringer Zahlungsbereitschaft des Auftraggebers oder knappem Zeitrahmen mit einem Hund arbeiten. Hier ist jeder Coach und Trainer mit seiner persönlichen Haltung gefragt, unter welchen Rahmenbedingungen er einen Auftrag zugunsten der Teilnehmenden und Hunde ablehnt.

Ein Gespräch zu Vorerfahrungen der Teilnehmenden mit tiergestütztem Coaching und Training kann zudem nützliche Hinweise geben, auf die entsprechend eingegangen werden kann.

10.2   Vorbereitung und Materialien

Die Vorbereitung läuft je nach Erfahrungswert, Haltung, Anspruch und Persönlichkeit des Coachs bzw. Trainers ab. Der Zeitaufwand dafür ist nicht zu unterschätzen und sollte sich in den Kostensätzen bzw. Angeboten entsprechend wiederfinden. Laut der Rauen Coaching Marktanalyse gaben ca. 25 % der Coachs an, dass sie für die Vor- und Nachbereitung eines Coachingtermins 16–30 min benötigen; ca. 37 % benötigen 31–60 min und ca. 23 % benötigen ca. 61–120 min (Rauen et al. 2023). Routinen, Checklisten und Vorlagen dienen hier einer effizienten Vorbereitung. Bei hundegestützten Veranstaltungen kann für die Vor- und Nachbereitung von einem höheren Aufwand ausgegangen werden. Es ist bspw. unerlässlich, dass die Hunde den Tagungsraum und das Gelände vorab einmal gründlich „erschnüffeln" und sich mit den Gegebenheiten in Ruhe vertraut machen dürfen, gerade wenn sie in fremden Umgebungen beim Kunden arbeiten.

> ➤ Tipp: Es empfiehlt sich, ausreichende Vor- und Nachbereitungszeiten in den Kostensatz einzukalkulieren.

Für das hundegestützte Setting werden verschiedene Materialien und Gegenstände benötigt, die es vorab zu transportieren und aufzubauen sowie nach der Veranstaltung wieder zu sortieren und wegzuräumen gilt. Bei sonnigem oder schlechtem Wetter ist ggf. die zusätzliche Zeit für den Auf- und Abbau eines Pavillons zu berücksichtigen.

Das Thema, der vorhandene Zeitrahmen sowie die Gruppen- bzw. Teamgröße sind bei der konzeptionellen Vorbereitung und Erarbeitung von Materialien und/oder Flipcharts zu beachten. Nachstehende Fragen können für die Vorbereitung im Gruppen- und Teamkontext hilfreich sein:

➤ Was möchten Sie den Teilnehmenden im Vorfeld kommunizieren (z. B. Zeiten, Location, Parkplatzmöglichkeiten, wetterfeste Kleidung, Schuhwerk, Sonnencreme etc.)?
➤ Wie weit sind Tagungsraum und Übungsgelände voneinander entfernt?
➤ Welches Leitsystem (z. B. Beschilderung des Tagungsraums oder Geländes) möchten Sie als Orientierung anbringen?
➤ Welche Besonderheiten bzw. mit welchen Ablenkungen ist im/beim Gelände zu rechnen?
➤ Ist das Gelände eingezäunt?
➤ Gibt es einen festen Unterstand gegen Regen und Sonne für die Teilnehmer?
➤ Welche Vorkehrungen möchten Sie treffen (z. B. Absprache Aufbauzeiten, Aufbau eines Pavillons, Regenschirme für die Teilnehmer, transportables Flipchart etc.)?
➤ Benötigen Sie eine Assistenz (z. B. je Anzahl der Teilnehmenden und Hunde, beim Auf- und Abbau)?
➤ Wie wird die Assistenz auf ihre Aufgaben vorbereitet? Wie sind die Rollen während des Coachings bzw. Trainings verteilt?
➤ Wie gestalten Sie ihren Zeitplan und Ihren Ablauf aus? Möchten Sie erst ins Erleben für die Teilnehmer kommen und dann Wissensinput vermitteln? Oder möchten Sie umgekehrt vorgehen?
➤ Welche organisatorischen Hinweise (z. B. zum Ablauf, Pausen, Essen, Getränke, Toiletten etc.) möchten Sie zu Beginn vermitteln?

➤ Welche Materialien (z. B. Stift, Block, Knabbereien etc.) möchten Sie den Teilnehmern an den Platz legen?
➤ Welche Getränke und/oder Knabbereien möchten Sie bereitstellen?
➤ Wie gestalten Sie die Aufwärmphase bzw. den Einstieg?
➤ Welchen theoretischen Input oder Modelle möchten Sie passend zum Thema vermitteln?
➤ Welche praktischen Interventionen passen zum Thema? Wie können Sie diese variieren?
➤ Wie gestalten Sie den Praxistransfer für die konkrete Teilnehmergruppe bzw. das Team?
➤ Wie soll die Auswertung in der Gruppe bzw. im Team konkret ablaufen?
➤ Wie lassen Sie die Erkenntnisse aus Untergruppen bzw. -teams zusammenführen?
➤ Wann und wie sammeln Sie Erkenntnisse und Feedback von den Teilnehmenden ein?
➤ Wie gestalten Sie den Abschluss?

Es empfiehlt sich im Vorfeld zu überlegen, ob Sie einen genauen Zeitplan kommunizieren möchten oder ob die Angaben zur Start- und Abschlusszeit sowie ungefähre Pausenzeiten ausreichend sind. Bei der Arbeit mit Hunden ist nicht immer alles bis in das kleinste Detail planbar, und es können jederzeit Überraschungen passieren. Der Einbau von entsprechenden Pufferzeiten kann daher sehr sinnvoll sein.

> ➤ Tipp: Es empfiehlt sich, ausreichend Pufferzeiten bei der zeitlichen Planung zu berücksichtigen.

Zur Vorbereitung des Coachings oder Trainings gehört die Bereitstellung verschiedener Materialien und Gegenstände, die für den Ablauf erforderlich sind. Nachstehend einige Anregungen:

➤ Leichtes Flipchart zum Transport für die Nutzung in Tagungsräumen und auch draußen auf dem Gelände
➤ Stabile Transportrolle für den Flipchartblock und verschiedenfarbige Flipchartmarker
➤ Moderationskoffer, Moderationswolken, Moderationskarten
➤ Reißnägel für Stellwände, Magneten für Boards
➤ Verschiedene Stifte, Textmarker, Wachsmalblöcke, Kugelschreiber
➤ Smiley-Aufkleber und -Sticker
➤ Block oder Papier für Mitschriften der Teilnehmer
➤ Tierfiguren und/oder Tiermotivkarten
➤ Motiv-, Werte-, Stärkenkarten etc.
➤ Klemmbretter (sie bieten den Teilnehmenden besseren Halt draußen beim Schreiben)
➤ Holzscheiben (z. B. Hundepfoten) oder Postkarten zum Aufschreiben individueller Erkenntnisse am Ende der Veranstaltung
➤ Rückstandslos entfernbares Malerband oder selbstklebendes Papier
➤ Schere, Leimstift
➤ Verlängerungskabel und Adapter für Laptop oder Beamer

Für die hundegestützten Interventionen bedarf es zusätzlichen Equipments. Hierzu können zum Beispiel folgende Dinge gehören:

➤ Hundedecke, Körbchen oder Box
➤ Wasserschale
➤ Geschirr und verschiedene Leinen mit unterschiedlichen Längen
➤ Leckerlis zur Belohnung von ruhigem Verhalten zwischendurch und als bewusste Ablenkung in den Übungen
➤ Frisbeescheiben aus Kunststoff lassen sich für Aufstellungsarbeiten wunderbar beschreiben und wieder abwischen.
➤ Reifen in verschiedenen Größen sind ebenfalls sinnvoll; sie lassen sich mit einer entsprechenden Tragetasche gut transportieren.
➤ Augenmaske nlassen sich insbesondere für Vertrauensübungen gut einsetzen.
➤ Pylonen dienen dem Abstecken des Übungsgebiets oder zeigen den Teilnehmern Laufwege im Parcours an und bieten Orientierung.
➤ Stangen und Muldenhauben können für Aufgaben im Parcours genutzt werden.
➤ Lange Seile sind für Biografie-Arbeiten oder Abtrennungen des Platzes bei Gruppen-/Teamarbeiten dienlich.
➤ Bälle, Spielsachen und Dummys können als Ablenkungen bzw. zum Stören verwendet werden.
➤ Aufbewahrungs- bzw. Transportboxen lassen sich gleichzeitig als Hindernis oder Hocker nutzen.
➤ Auch Tritthocker und Eimer sind zum Draufsteigen und Umrunden geeignet.

10.3 Einstieg

Der Einstieg selbst kann in die drei Phasen Orientierung, Ankommen und Einstieg unterteilt werden. Je nachdem, ob es sich um Einzel-, Paar-, Gruppen- oder Team-Coaching handelt, benötigen die Phasen unterschiedlich viel Zeit.

Orientierung

Besonders wichtig im hundegestützten Setting ist, dass auch die Hunde genügend Zeit vorab für die Einstimmung und Orientierung benötigen. Nutzen Sie gern ein bestimmtes Geschirr oder Halstuch, das der Hund nur umgelegt bekommt, wenn hundegestütztes Coaching oder Training stattfindet. Sie können die anstehende Arbeit zudem mit einem eigenständigen Signalwort wie „Start" belegen. Sie sollten ausreichend Zeit zum Beschnüffeln des Raumes, der Flure, der Wege und des Übungsgeländes einplanen. Die Hunde brauchen sprichwörtlich „Zeit zum Zeitunglesen". Wenn alle Gerüche und Eindrücke aufgenommen sind, können die Hunde sich vor Ankunft der Teilnehmer besser entspannen. Auch sollte den Hunden gezeigt werden, wo sich ihr Rückzugsort (z. B. Decken, Körbchen oder offene Boxen) sowie die Näpfe mit Wasser befinden. Neue Untersuchungen deuten auf einen geringeren Erregungslevel hin, wenn die Hunde regelmäßig in der gleichen Umgebung arbeiten können. Demnach ist es sehr wichtig, dass die Hunde die jeweiligen Settings im Vorfeld ausreichend erkunden können (Foltin 2022). Etablieren Sie ein Ritual für Ihre Hunde, das ihnen zeigt, was gleich passieren wird. Rituale geben Hunden Sicherheit und Orientierung. Ihre Hunde sind Ihre Co-Trainer, sorgen Sie dafür, dass es ihnen gut geht. Es empfiehlt sich daher, eine Stunde vor dem Startzeitpunkt der hundegestützten Veranstaltung vor Ort zu sein.

> ➤ Tipp: Die Hunde sollten das Setting vorab ohne Teilnehmer in Ruhe „beschnüffeln" dürfen.

Die Hunde dürfen sich im Raum zu jeder Zeit frei bewegen. Achten Sie daher auf verschlossene Türen und bringen Sie im besten Fall entsprechende Türschilder mit der Bitte um Türschließung von außen an. Lustige Türschilder lassen sich entsprechend über das Internet beziehen.

Die Teilnehmenden treffen nach und nach ein und orientieren sich ebenfalls. Wer ist schon da? Wo kann man sich hinsetzen? Wo stehen die Getränke? Wo geht es zu den Toiletten? Wo sind die Hunde? Wie sind die Hunde drauf? Gerade im Gruppenkontext treffen viele verschiedene Menschen in einem ggf. fremden Umfeld aufeinander. Zu Beginn sollte daher Raum und Zeit sein, damit alle Teilnehmer sich orientieren und kennenlernen können. Das Kennenlernen geschieht in dieser Phase je nach Persönlichkeitstypen der Teilnehmer unterschiedlich. Einige fangen direkt Gespräche mit anderen Teilnehmenden an, einige gehen auf die Hunde zu, wieder andere wirken sehr still und zurückgezogen, und andere kommen erst eine Minute vor Start oder sogar zu spät im Raum an. Es ist wunderbar, wenn Sie sich auf Ihre Hunde verlassen können und diese entspannt liegen bleiben, wenn ein paar Teilnehmer noch nachkommen. Nutzen Sie Nachzügler stets für Ihr persönliches Training mit Ihren Hunden und belohnen Sie ruhiges Verhalten im Raum oder auf der Decke.

> ➤ Tipp: Hundegestützte Coachs geben im Umgang mit ihren Hunden stets etwas über sich selbst preis.

Ankommen

In der zweiten Phase nach der offiziellen Begrüßung geht es um das „wirkliche" Ankommen, die Schaffung einer guten Atmosphäre, das Kennenlernen der Teilnehmenden inkl. Coach/Trainer sowie um den Aufbau von Beziehung und Vertrauen. Das Vorstellen der Agenda gibt Orientierung. Zudem bieten sich hier Übungen für gegenseitiges Kennenlernen und Aufwärmen an. Die Teilnehmenden sind gedanklich oft noch mit unterschiedlichen Dingen beschäftigt, mit dem, was vorher war, was in Zukunft sein wird oder was eigentlich gerade noch alles zu erledigen ist. Bei Team-Coachings kann es sein, dass der eine oder andere Teilnehmer sogar überlegt, ob er gerade überhaupt hier sein möchte. Die Teilnehmenden sollten also zunächst einmal „abgeholt" und für die hundegestützte Veranstaltung vorbereitet werden. Für viele Teilnehmende ist es ungewohnt, sich Zeit für eine Sache zu nehmen und im Hier und Jetzt zu verweilen. Kein Zeitplan und keine festen Pausenzeiten sind für manche Teilnehmer zusätzlicher Stress. Daher geht es in dieser Phase des Ankommens erst einmal darum zu entschleunigen, durchzuatmen und wirklich anzukommen (Landgraf und Neuse 2021).

Als erste Übung bieten sich Vorstellungsrunden drinnen mit tierbezogenen Symbolen bzw. Metaphern oder draußen mit Symbolen aus der Natur an. Klären Sie zunächst, ob die Teilnehmenden geduzt oder gesiezt werden möchten. Die folgenden Übungen und Interventionen sind jeweils in der Du-Form geschrieben.

Vorstellungsrunden mit tierbezogenen Symbolen bzw. Metaphern (drinnen)
Benötigtes Material:
   Es werden ausreichend Tierfiguren oder Tierkarten benötigt.

Übung
Die Teilnehmenden haben 10 min Zeit, um sich jeder eine Figur auszusuchen, mit der er sich im Anschluss vorstellen möchte. Bitten Sie die Teilnehmenden, sich in dieser Zeit zu überlegen, was das Symbol mit ihnen selbst zu tun hat. Hierzu können drei Fragen als Anregung für die eigene Vorstellung am Flipchart hilfreich sein.

Unterstützende Fragen
Warum hast du dir das Symbol ausgesucht?
Was symbolisiert das Tier für dich?
Welche Analogie von dir gibt es zu dem Tier?

Fragen Sie zudem, was die Teilnehmenden am Ende der hundegestützten Veranstaltung erreicht haben wollen. So erhalten Sie einen Eindruck über Erwartungshaltungen, Motivationen und Einstellungen der Teilnehmenden (Landgraf und Neuse 2021). Notieren Sie ggf. die Dinge auf einem Flipchart und besprechen Sie im Anschluss, nachdem alle Teilnehmenden an der Reihe waren, was machbar und was nicht möglich sein wird. Erläutern Sie auch die Gründe dafür. Dies beugt eventuellen Enttäuschungen frühzeitig vor.

Mögliche Variationen
Bei Mehrtagesveranstaltungen können Sie die Übung variieren, indem Sie ein Symbol für eine Stärke, einen Wunsch oder einen Erfolg des Teilnehmers heraussuchen und erläutern lassen. Statt Tierfiguren und -karten können Sie auch die vorhandenen Dinge im Raum sowie das Zubehör der Hunde nutzen. Beim Hundezubehör bietet es sich an, weitere Dinge wie Bürsten, Haarschere, Maulkorb, Hundemantel, Handtuch, Notfallkasten, Ohrenreiniger etc. mitzubringen. Sie werden erstaunt sein, welche Symbolik dazu dem ein

oder anderen Teilnehmer einfällt. So kann ein Griff zum Maulkorb bedeuten: „Ich darf nicht alles sagen", zum Ohrenreiniger: „Ich sollte besser zuhören" und zur Schere: „Ich möchte mich verändern".

Vorstellungsrunden mit Symbolen aus der Natur (draußen)
Benötigtes Material:
Im Gelände selbst finden sich oft zahlreiche Dinge, wie ein Blatt, Stein, Grashalm, Sand, Erde, Rindenmulch, Blüten, Früchte, Stock oder Tannenzapfen. Aber auch auf vorhandene Bänke, Stühle, ein kleiner oder großer Baum, ein Mülleimer etc. darf verwiesen werden.

Übung
Teilen Sie die Gruppe in Untergruppen von 2–4 Personen auf und geben Sie den Teilnehmern die Aufgabe, sich besser kennenzulernen. Es obliegt Ihnen, ob Sie den Untergruppen unterstützende Fragen in Form eines Fragebogens mit an die Hand geben wollen. Als Besonderheit können Sie der Gruppe die Aufgabe stellen, sich ein gemeinsames Symbol aus der Natur zu suchen – ein Symbol, das alle Teilnehmer der Gruppe miteinander verbindet (Landgraf und Neuse 2021).

Überlegen Sie sich, ob Sie die hundischen Co-Trainer zum Ankommen vorstellen oder ob Sie lieber eine Aufmerksamkeitsübung als Einstieg nutzen wollen. Geeignete Fragen hierfür könnten sein:

➤ Was ist dir an den Hunden bisher aufgefallen?
➤ Wie hast du die Hunde einzeln und zusammen wahrgenommen?
➤ Welcher Hund war dir von Anfang an sympathisch? Warum?
➤ Wie würdest du die Hunde beschreiben?
➤ Welche Besonderheiten sind dir an den einzelnen Hunden aufgefallen?
➤ Wie beschreibst du ihre Charaktere?
➤ Welchen Namen würdest du ihnen geben? Warum würdest du ihnen diesen Namen geben?
➤ Wer, glaubst du, ist eine Hündin und wer ein Rüde? Woran machst du das fest?
➤ Was, schätzt du, wie alt sie sind? Warum glaubst du das?
➤ Wie wirken die Hunde auf dich?
➤ Welche Gemeinsamkeiten und Unterschiede siehst du zwischen den Hunden?
➤ Was fällt dir sonst noch auf?

Je nach Teilnehmer kann es sinnvoll sein, sich zu Beginn auf ein paar Regeln insbesondere für den Umgang mit Hunden zu einigen. Nachstehend finden sich (in Anlehnung an Landgraf und Neuse 2021) ein paar Anregungen:

➤ Jede Übung ist freiwillig. Alles kann, nichts muss.
➤ Jeder darf sein eigenes Tempo haben.
➤ Jeder darf tun, womit er oder sie sich wohl fühlt.

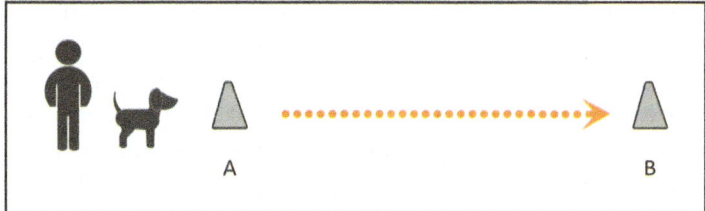

Abb. 10.1 Hundegestützte Intervention für den Einstieg

➤ Es gibt kein Richtig oder Falsch.
➤ Die Hundeleine darf jederzeit losgelassen werden, wenn sich jemand in einer Übung oder Situation unwohl fühlt.
➤ Die Hundeleine bitte nicht um die Hand und/oder Gelenke wickeln. Bitte nur die Schlaufe festhalten.
➤ Die Hundeleine bei den Übungen bitte durchhängen lassen.
➤ Die Hundedecken sind stets Ruhezonen für die Hunde. Die Hunde in diesem Bereich bitte nicht ansprechen oder streicheln.
➤ Alles, was im Coaching oder Training passiert, bleibt auf dem Gelände.

Einstieg
In der dritten Phase gehen die Teilnehmer zum ersten Mal in eine hundegestützte Übung bzw. Intervention. Je nach Vorerfahrung ist dies für die Teilnehmenden mit einem niedrigen oder leicht erhöhten Stressanstieg verbunden. Daher sollte zu Beginn stets eine einfache Übung wie z. B. „Führe einen Hund an der Leine von A nach B" genutzt werden. In Abb. 10.1 ist diese Übung visuell dargestellt. Mit dieser Übung erhält der Klient bzw. der Teilnehmer die Möglichkeit, sich an die ungewohnte Situation und Aufgabenstellung zu gewöhnen. Alle Aufgabenstellungen sollten stets klar, prägnant und so kurz wie möglich formuliert werden.

10.4 Interventionen

Nach der Einstiegsübung erfolgen je nach Ablauf und Thema des Klienten bzw. Teilnehmenden weitere Interventionen. Die Interventionen sind in diesem Buch in folgende eigene Abschnitte untergliedert:

➤ Persönlichkeitsentwicklung (Abschn. 12.1)
➤ Führungskräfteentwicklung (Abschn. 13.1) und
➤ Teamentwicklung (Abschn. 13.2).

Die Einteilung der Interventionen ist nicht als starres Konzept zu verstehen, sondern dient vielmehr der Übersichtlichkeit. Auch erhebt die Darstellung keinen Anspruch auf Vollständigkeit. Es handelt sich um ausgewählte Interventionen, die aufgrund ihrer häufigen praktischen Anwendung in dieses Buch Eingang gefunden haben. Interventionen für die Persönlichkeitsentwicklung können ebenso für die Führungskräfteentwicklung und umgekehrt angewendet werden, je nach Thema des Klienten bzw. Teilnehmenden. Sie können aufeinander aufbauen und einander sinnvoll ergänzen. Interventionen für Führungskräfte können ebenso für Teams eingesetzt und Interventionen für Teams können z. T. abgewandelt und dann auch bei Führungskräften genutzt werden.

Die Interventionen folgen zudem für die praktische Anwendung einer einheitlichen Struktur. Zu Beginn wird die Zielsetzung bzw. der Anwendungsbereich kurz skizziert. Danach werden die benötigten Materialien zur Vorbereitung aufgelistet. Im Anschluss wird die Intervention mit der konkreten Aufgabenstellung beschrieben. Jede Intervention wird zudem mit einem Bild visualisiert. Zur Reflexion und zum Transfer werden jeweils Fragenbeispiele angeboten. Den Abschluss bilden weiterführende Ideen und Variationen für die jeweilige Intervention. Fühlen Sie sich frei, die Interventionen nach Belieben auszuprobieren, abzuwandeln und neu aufzubauen.

Gerade beim Einzel-Coaching bietet sich der Mitschnitt durch eine Videoaufzeichnung an. Ein Handy und Stativ reichen hierfür oft neben dem Laptop zum Abspielen aus. Die anschließende Videoanalyse stellt eine zusätzliche Feedbackquelle und einen starken Auslöser für die individuelle Selbstreflexion dar (Schütz 2022). Sie bietet dem Coach die Möglichkeit, noch einmal auf das Geschehene beim Klienten und Hund schauen zu können und weitere Details zu entdecken. Dem Klienten bietet die Aufzeichnung die Chance, sein eigenes Verhalten aus der Außenperspektive wahrzunehmen. Der Klient wird zum Beobachter seiner selbst und erhält dadurch die Möglichkeit zu weiteren Reflexionen und Erkenntnissen, manchmal sogar ohne weitere Fragen durch den Coach. Der Einsatz einer Videoanalyse dient dem Abgleich zwischen Selbst- und Fremdwahrnehmung. Der hundegestützte Coach bespricht dabei mit dem Klienten die mit dem Hund erlebte Situation. Der Klient erzählt, durch entsprechende Fragen angeregt, was er innerlich gedacht und gefühlt hat. Durch die Videoaufnahme kann er zusätzlich vergleichen, wie sein Verhalten von außen gewirkt hat. Ein Einverständnis sollte, falls nicht vorab vertraglich geregelt, stets beim Klienten eingeholt werden. Nicht jeder Klient möchte und billigt trotz des Mehrwerts eine Aufzeichnung.

10.5   Abschluss

Der Abschluss einer hundegestützten Veranstaltung kann vielfältig gestaltet werden. Je nach Vorliebe kann gleich in der Gruppe bzw. im Team, aber auch erst einzeln, jeder für sich, und dann mit allen Teilnehmenden gemeinsam reflektiert werden. Der Vorteil einer Einzelreflexion liegt darin, dass sich jeder einzelne Teilnehmer noch einmal für sich die Zeit nimmt und das Geschehene Revue passieren lässt. Ein vorbereiteter Handzettel, wie

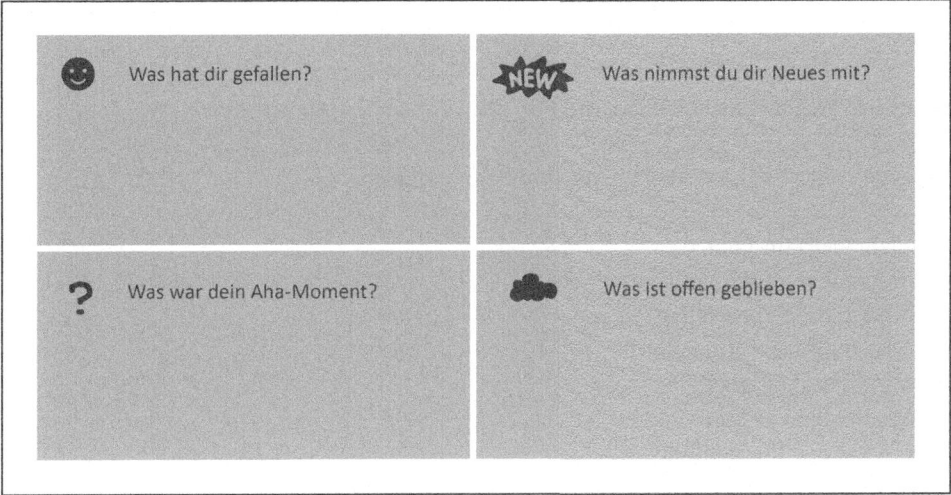

Abb. 10.2 Handzettel für das Feedback der Teilnehmenden

in Abb. 10.2 dargestellt, kann hierbei helfen, die Gedanken anzuregen und zu sortieren. Ein A4-Blatt kann in 4 gleiche Teile aufgeteilt werden. In die sich ergebenden Vierecke können die Teilnehmenden ihre Gedanken notieren (Bathen 2018).

Durch den anschließenden Austausch in der Gruppe bzw. im Team können sich weitere Impulse oder Ergänzungen durch andere Teilnehmende ergeben.

Statt mit einem Handzettel kann auch mit einem Flipchart gearbeitet werden, das gut sichtbar im Raum aufgestellt wird. Darauf lassen sich ebenfalls ein bis drei Abschlussfrage(n) für die Teilnehmenden schreiben. Eine weitere Möglichkeit stellt die 5-Finger-Methode dar, wobei jeder Finger mit einer Frage, wie im nachstehenden Beispiel, belegt werden kann (CHANGE 4 SUCCESS 2020).

Daumen: Was hat dir gut gefallen?
Zeigefinger: Auf was möchtest du hinweisen?
Mittelfinger: Was hat dir nicht gefallen?
Rindfinger: Was nimmst du dir von heute mit?
Kleiner Finger: Was ist deiner Meinung nach zu kurzgekommen?

Oder Sie arbeiten mit einem Würfel, auf dem verschiedene Fragen stehen. Der Würfel bietet sich vor allem für Klienten bzw. Teilnehmer an, die Übung in der Selbstreflexion haben und nicht überfordert sind, spontan auf eine gewürfelte Frage antworten zu dürfen. Für erfahrene Klienten und Teilnehmer bietet der Würfel Abwechslung und Spaß. Auf dem Würfel könnten z. B. folgende Fragen stehen:

1. Seite 1: Welche Erkenntnis nimmst du heute mit?
2. Seite 2: Was hast du Neues erfahren?

3. Seite 3: Was hat dir gefallen?
4. Seite 4: Was hat dich inspiriert?
5. Seite 5: Was hat dich überrascht?
6. Seite 6: Was möchtest du ändern?

Folgende weitere Fragen können zur Reflexion einladen:

➤ Wie geht es dir gerade?
➤ Was ist deine Erkenntnis des Tages?
➤ Was ist dir leichtgefallen?
➤ Was ist dir schwergefallen?
➤ Was fandest du gut?
➤ Was hat dich gestört?
➤ Was hat der Tag in dir bewirkt?
➤ Was ist dir besonders in Erinnerung geblieben?
➤ Worüber denkst du jetzt anders als noch heute Morgen?
➤ Auf was möchtest du ab sofort achten?
➤ Was möchtest du in Angriff nehmen?
➤ Was wirst du ab morgen anders machen? Welchen konkreten Plan hast du?
➤ Mit welchem Gefühl fährst du gleich nach Hause?
➤ Was möchtest du noch mit der Gruppe/in der Runde teilen?

Eine positive „Feedback-Dusche" als Abschlussübung bleibt vielen Teilnehmenden als positives Erlebnis in Erinnerung. Geben Sie z. B. einen durchsichtigen Ball mit einer Tierfigur in der Mitte in die Runde, und jeder Teilnehmer darf etwas zu einem anderen Teilnehmer sagen, was ihm an diesem Tag Positives an dem Betreffenden aufgefallen ist. Sie können die Teilnehmenden frei sprechen lassen oder ebenfalls ein paar Satzanfänge als Einstiegshilfen in den Raum geben.

➤ Ich war beindruckt, wie du heute …
➤ Ich fand es inspirierend zu sehen, dass du …
➤ Wovon ich mir gern eine Scheibe bei dir abschneiden würde, ist …
➤ Ich habe dich heute als besonders … wahrgenommen.

Im Anschluss erhält der Teilnehmende, der das positive Feedback bekommen hat, den Ball und sagt zu einem anderen Teilnehmer etwas. So wird der Ball nach und nach in der Runde herumgegeben. Keiner muss etwas sagen, daher darf der Ball auch jederzeit an jemanden weitergereicht werden, dem ein positives Feedback eingefallen ist und der es weitergeben möchte.

In Teilnehmerrunden, in denen ein gutes Vertrauensverhältnis herrscht, kann die Abschlussrunde auch darin bestehen, sich gegenseitig ein Feedforward zu geben. Die Teilnehmenden geben sich hierbei gegenseitig einen konkreten Veränderungstipp für die

Zukunft mit auf den Weg. Das Feedforward sollte dabei als wertfreie „Ich"-Botschaft sowie wertschätzend, konstruktiv und positiv formuliert sein. Es sollte ein realistisches und spezifisches Beispiel statt allgemeiner Formulierungen enthalten. Ein einleitender Satz wie „Ich wünsche mir, dass du …" kann hierbei unterstützen und einen guten annehmbaren Rahmen bieten. Die Teilnehmer haben wie beim normalen Feedback die Wahlmöglichkeit, ob sie dieses annehmen möchten oder nicht (Egle 2021).

Darüber hinaus können Sie die Teilnehmenden einladen, eine persönliche Erkenntnis, einen Vorsatz oder Wunsch an sich selbst auf eine Postkarte zu schreiben. Halten Sie hierfür ein paar Postkarten bereit. Passend zur hundegestützten Veranstaltung bieten sich Postkarten mit schönen Hundemotiven, mit Hundesprüchen oder auch lustigen Tiermotiven an. Senden Sie den Teilnehmenden die beschriebenen Postkarten nach 4–6 Wochen als kleine Erinnerung an sich selbst zu. Als kleines Andenken bieten sich zudem Holzfiguren, wie eine Hundepfote, zum Mitnehmen an. Auch diese können Sie beschreiben lassen. Klienten und Teilnehmende hängen sich diese gern nach der Veranstaltung an ihren Schreibtisch oder an einen anderen Platz zu Hause auf, damit sie sich selbst an ihr Vorhaben erinnern.

Der Abschluss mit dem Klienten bzw. die Abschlussrunde mit der Gruppe/dem Team kann auch wunderbar für das eigene Feedback des Coachs oder Trainers genutzt werden, um seine Moderation, Methoden, Konzepte und Angebote zu verbessern:

➤ Welche Anregung hast du für mich persönlich?
➤ Welchen Wunsch möchtest du für die nächste Sitzung äußern?
➤ Welchen Tipp möchtest du mir noch mit auf den Weg geben?

Manche Klienten oder Teilnehmende möchten sich von den eingesetzten Hunden noch gern persönlich verabschieden. Auch hierfür sollte Zeit eingeplant werden. Nach dem endgültigen Abschied von den Klienten bzw. Teilnehmenden ist es wichtig, auch dem Ausklang für die Hunde genügend Raum und Zeit zu geben. Die Arbeit war für die Hunde anstrengend und mit vielen verschiedenen Reizen für sie behaftet. Zudem nehmen die Hunde die Emotionen der Klienten und Teilnehmenden auf und tragen sie im schlimmsten Fall anschließend noch in sich (Landgraf und Neuse 2021).

Nach der Verabschiedung des Klienten bzw. vom letzten Teilnehmer ziehe ich meinen Hunden das Arbeitsgeschirr ab und gebe ihnen ein Abschlusssignal wie „Schluss", das besagt: „Nun ist Feierabend." Dann lasse ich meine Hunde sehr gern auf dem Gelände noch einmal ausgiebig schnüffeln und sich austoben. Gönnen Sie Ihren Hunden diese Zeit, denn sie haben ebenfalls hart gearbeitet und sich eine Belohnung verdient, statt gleich ins Auto für die Heimfahrt gebracht zu werden. Meine Hunde wälzen sich z. B. gern noch einmal ausgiebig auf der Wiese, schütteln sich und rennen gemeinsam ein Stück über das eingezäunte Gelände. Danach werfe ich noch ein paar Leckerlis ins Gras und lasse sie ausgiebig suchen. So fährt die Erregungslage optimal runter. Später genießen sie einen Spaziergang, bevor es mit dem Auto nach Hause geht und sie sich auf eine Mahlzeit und dann auf ihr Körbchen freuen können. Andere Hunde benötigen vielleicht erst einmal

Ruhe für sich und möchten später aktiv sein. Passen Sie den Abschluss an die individuellen Bedürfnisse Ihrer Hunde an und etablieren Sie ein Ritual, das den Hunden Sicherheit und Orientierung gibt.

> ➤ Tipp: Etablieren Sie ein Ritual für Ihre Hunde, das ihnen zuverlässig anzeigt, wann die Arbeit startet und wann sie endet.

10.6   Dokumentation und Nachbereitung

Die Dokumentation und Nachbereitung von Sitzungen und Veranstaltungen sind wichtige Aspekte der Qualitätssicherung. Dabei sind vom Coach das erarbeitete Gesamtziel, die einzelnen Sitzungsziele, genutzten Interventionen, Erkenntnisse und erreichten Veränderungen zu erfassen und zu dokumentieren. Einige Veterinärämter fordern zudem eine Dokumentation der hundegestützten Einsätze; daher ist diese ebenfalls ratsam.

Die Nacharbeit kann vielfältig sein und von einem Fotoprotokoll über das Einscannen von Aufzeichnungen bis hin zur Pflege eines digitalen Coaching-Boards reichen, auf dem die Sitzungen dokumentiert werden. Zusätzliche Aufgaben, die der Coach dem Klienten zwischen den Sitzungen aufgibt, können ebenfalls in die Dokumentation einfließen. Der Klient findet so alle wichtigen Informationen an einem Dokumentationspunkt.

Sollten Videoaufzeichnungen während der Sitzungen für den Abgleich von Selbst- und Fremdwahrnehmung angefertigt worden sein, können diese im Nachgang dem Klienten ebenfalls für die Nachhaltigkeit zur Verfügung gestellt werden. Zu Hause, mit Abstand zur emotionalen Erfahrung, kann sich der Klient die Aufzeichnung noch einmal in Ruhe anschauen und weiter reflektieren.

> ➤ Tipp: Die Nacharbeit kann für die Einholung von Referenzen genutzt werden, die der Coach mit entsprechender Erlaubnis des Klienten bzw. Teilnehmenden für seine Marketingaktivitäten nutzen kann.

Idealerweise haben sie ein Folgecoaching oder -training mit Hund vereinbart, um auf den ersten Erkenntnissen und Entwicklungen weiter aufbauen zu können.

Literatur

Bathen, D. (2018). Feedback einholen: Tipps und Tools für einen guten Workshop-Abschluss. https://komfortzonen.de/feedback-tipps-tools-workshop-abschluss. Zugegriffen: 12. September 2023
CHANGE 4 SUCCESS. (2020). Feedback - Toolbox: 5-Finger-Feedback. https://www.change4success.de/newsreader-c4s/feedback-toolbox-5-finger-feedback.html. Zugegriffen: 12. September 2023

Egle, T. (2021). Ausbildungsskript Business Coaching. Modul 1: Einstieg und Grundlagen. (S. 36–37). Berlin: Quadriga Hochschule.

Foltin, Dr. S. (2022). Hundegestützte Interventionen. Wissenschaft trifft Praxis – Ausgewählte Studien erklärt. (S. 117). Nerdlen: Kynos.

Landgraf, D., Neuse, V. (2021). Praxisbuch tiergestütztes Training und Coaching. (S. 30, 31, 75, 77, 79, 83, 169). Weinheim: Beltz.

Rauen, C., Barczynski, D., Ebermann, D., Plath, A., Tanzil, I. (2023). RAUEN Coaching-Marktanalyse 2023. (S. 25)

Schütz, K. (2022). Pferdegestütztes Coaching – psychologisch basiert und wissenschaftlich fundiert. (S. 27). Berlin: Springer.

Hundegestütztes Design und Interventionen

Genau wie beim Coaching bzw. Training ohne Hund benötigt der Coach bzw. Trainer Erfahrungen und Kenntnisse zum konzeptionellen Design. Diese Kenntnisse werden vorausgesetzt, daher beziehen sich nachstehende Ausführungen vor allem auf das hundegestützte Setting.

Unter dem Design wird der Prozess verstanden, nachhaltige hundegestützte Lern- und Entwicklungserfahrungen zu gestalten, die den Klienten bzw. die Teilnehmenden befähigen, das gewünschte Ziel zu erreichen. Es handelt sich demnach um ein strukturiertes Planungsinstrument des Coachs bzw. Trainers. Der Designprozess beinhaltet dabei eine vorausschauende Planung, systematische Entwicklung und Transferplanung sowie eine kontinuierliche Evaluierung von hundegestützten Lern- und Entwicklungsumgebungen und -materialien. Die persönlichen Werte und individuellen Arbeitsweisen des Coachs bzw. Trainers fließen dabei ein. Der Prozess dient der optimalen Vorbereitung und dem Qualitätsmanagement. Dabei ist der Blick stets auf den Klienten, den Hund und den Coach/Trainer zu richten, und es sind Optimierungen im Sinne des Beziehungsdreiecks vorzunehmen.

Bei den nachstehenden Interventionen wird auf Angaben, wie Gruppen- bzw. Teamgröße oder Zeitrahmen, bewusst verzichtet, da diese stark variieren können und von der Arbeitsweise des Coachs bzw. Trainers sowie vom Zeit- und Budgetrahmen des Auftraggebers abhängig sind. Eine Teilnehmerzahl von 6 Personen finde ich persönlich sehr angenehm. Eine Teilnehmerzahl bis 10 Personen ist für einen einzelnen Coach bzw. Trainer aus meiner Erfahrung noch umsetzbar. Allerdings ist je nach Zeitrahmen dann nicht immer gewährleistet, dass auch wirklich alle Teilnehmer eine eigene, auf ihre individuellen Themen abgestimmte Intervention erhalten, diese reflektieren und üben können. Dies sollte im Vorfeld mit dem Auftraggeber besprochen werden. Alle Formate mit über 10 Teilnehmenden hingegen bedürfen, um die Zufriedenheit der Teilnehmenden zu gewähr-

M. Lentzsch, *Hundegestütztes Coaching und Training*, https://doi.org/10.1007/978-3-658-42454-1_11

leisten, i. d. R. mindestens eines weiteren menschlichen Coachs. Die Anzahl der Hunde steigt ebenfalls mit der zunehmenden Teilnehmeranzahl, um einen einzelnen Hund nicht zu überfordern.

Zudem ist die Anzahl der Hunde auch vom Alter der Hunde abhängig. Hunde über 10 Jahre sollten weniger im Einsatz sein als jüngere Hunde. Hunde unter einem Jahr sind gar nicht einzusetzen bzw. sollten nur punktuell zum Zuschauen als Eingewöhnung dabei sein. Hierfür werden sie durch eine Begleitperson zwischendurch gebracht, betreut und zurückgebracht.

Nachstehend wird bei den Interventionsbeispielen jeweils auf Zielsetzung und Anwendungsbereich, Vorbereitung und Material, Intervention, Reflexion, Transfer und weiterführende Ideen bzw. Variationen eingegangen. Die Hunde als Co-Trainer werden nicht gesondert aufgeführt. Sie tragen stets gutsitzende Geschirre am Körper, die ebenfalls nicht immer gesondert abgebildet sind. Die Arbeit mit Halsband wird aufgrund von Verletzungsgefahren im sensiblen Halsbereich des Hundes ausdrücklich nicht empfohlen.

Die beschriebenen Interventionen stellen eine kleine Auswahl dar. Natürlich können die Interventionen aus dem Personal-Bereich ebenso im Business-Bereich, wie umgekehrt, genutzt werden. Entscheidend sind hierfür das Thema des Klienten bzw. der Teilnehmenden und der damit verbundene Nutzen durch die zielgerichtete Auswahl und den lösungsorientierten Einsatz der Intervention für diese(n).

Hundegestütztes Personal Coaching

Beim Personal Coaching handelt es sich meist um die Arbeit mit einer privaten Einzelperson und um Themen aus deren persönlichen, privaten Umfeld. Aber auch Themen aus dem beruflichen Kontext sind möglich. Die Klienten befinden sich oft in einer schwierigen und entscheidungsintensiven Lebensphase. Die Themen können vielfältig sein, wie z. B. die Suche nach Lebenszielen und Visionen, private oder berufliche Konflikte, Burnouts, Scheidung, Partnersuche, Familienplanung, berufliche Veränderungen, Finanzplanung, der Wunsch nach Veränderungen im Allgemeinem und dem persönlichen Wachstum für mehr Selbstvertrauen und Selbstwirksamkeit.

Der Coach konzentriert sich auf die Bedürfnisse einer einzelnen Person. Er unterstützt und begleitet die Anliegen seines Klienten professionell, indem er mit Hunden an der Persönlichkeit des Klienten arbeitet. Dem Coach ist dabei bewusst, dass sich die individuellen Persönlichkeiten von Klient und Hund auf die Interaktionen zwischen beiden auswirken.

> ➤ Wichtig: So wie es unterschiedliche Menschenpersönlichkeiten gibt, verfügen auch Hunde über ganz individuelle Persönlichkeitsmerkmale.

12.1 Hundegestützte Persönlichkeitsentwicklung

Die Persönlichkeitsentwicklung ist ein kontinuierlicher Prozess, der die Erkennung, Entwicklung und Entfaltung der eigenen Persönlichkeit im Laufe des Lebens fördert. Sie ermöglicht uns Menschen, unsere individuellen Kompetenzen, Fähigkeiten, Stärken, Potenziale und unser wahres Selbst zu erkennen und weiterzuentwickeln.

M. Lentzsch, *Hundegestütztes Coaching und Training*, https://doi.org/10.1007/978-3-658-42454-1_12

Die Arbeit mit Hunden als Co-Trainer in der Persönlichkeitsentwicklung hat sich bereits vielfach bewährt und führt oft schneller und nachhaltiger zum Ziel als mit anderen Methoden. Denn Hunde laden uns Menschen zur Selbstreflexion ein – und das auf eine ganz natürliche Art und Weise, die uns selbst zu unseren evolutionären Wurzeln führt, uns bewusst wahrnehmen, innehalten und vor allem authentisch sein lässt (Wohlfahrt und Mutschler 2020). Sie reagieren ehrlich, wertfrei und direkt auf kleinste Signale. Hunde beobachten sehr genau und erfassen blitzschnell Stimmungen, Einstellungen und Verhalten. Dadurch machen sie Themen sichtbar, die uns selbst manchmal nicht bewusst sind (Knabe 2020). Sie öffnen Türen zu verborgenen Schätzen in uns selbst, sie machen Unsichtbares sichtbar und Unbewusstes bewusst. Sie begleiten uns im Entwicklungsprozess und tragen mit ihrem Verhalten und ihren kommunikativen Möglichkeiten zum Aufbau, zur Stabilisierung und zur Entwicklung der Persönlichkeit bei (Vernooij und Schneider 2018). Durch den Kontakt mit Hunden werden wir angeregt, die Welt mit ihren Augen und Sinnen zu sehen. Wir erhalten eine andere Perspektive und erkennen, dass unsere eigene Wirklichkeit nicht die einzig wahre ist. Wir können unseren persönlichen Blickwinkel verändern, unsere Denkweise hinterfragen sowie ungeahnte Potenziale und Fähigkeiten in uns entdecken. Wir erfahren, dass wir unsere Wirklichkeit selbst aktiv gestalten und verändern können (Darga und Dapper 2022).

Die Persönlichkeitsentwicklung mit Hund ist dabei immer ein individueller Weg für jeden einzelnen Klienten. Denn jeder Klient baut auf individuelle genetische Anlagen, Prägungen, individuelle Umwelt- und Erziehungseinflüsse sowie Sozialisation, persönliche Erfahrungswerte, Glaubenssätze und Wissen auf. Jeder Klient hat einen einzigartigen Persönlichkeitskern.

Im hundegestützten Coaching spürt der Hund durch die verschiedenen Schutzschichten, wie Fassaden und Rollen, bis zum Persönlichkeitskern hindurch. Dies ist in Abb. 12.1 dargestellt.

Der Hund reflektiert das Gefühlsleben des Menschen, seine Gedanken, Stimmungen, Einstellungen und inneren Überzeugungen. Oft reflektiert der Hund, was wir Menschen fühlen, aber gern verheimlichen. Hunde spiegeln die individuellen Charaktere, Emotionen und Probleme der Menschen. Sie legen alles offen. Neue Studien zeigen, dass Hunde nicht nur zwischen Angst, Aufregung oder Wut des Menschen unterscheiden können, sondern dass Stress und Angst des menschlichen Begleiters auch zu Stress und Angst des Hundes werden können (Foltin 2022). Einige Hunde leben sogar so eng mit uns zusammen, dass sie ständig in unserem Resonanzfeld und mit unserer Energie leben – positiv wie negativ. Daher kann es sein, wenn Hunde oft oder chronisch krank sind, dass sie unbearbeitete Themen von ihren Hundehaltern in sich tragen. Sie tragen die Last ihrer Menschen mit (Consoir und Kluge 2016). Durch die Reflexion des Hundes lernt der Klient sich selbst besser kennen und verstehen. Er nimmt bewusst innere Widerstände wahr und kann lernen, für sich selbst bewusste Entscheidungen zu treffen. Durch die verbundene Wahrnehmungsschulung erfährt er, wie er auf andere wirkt, und kann seine Stärken und Ressourcen erkennen.

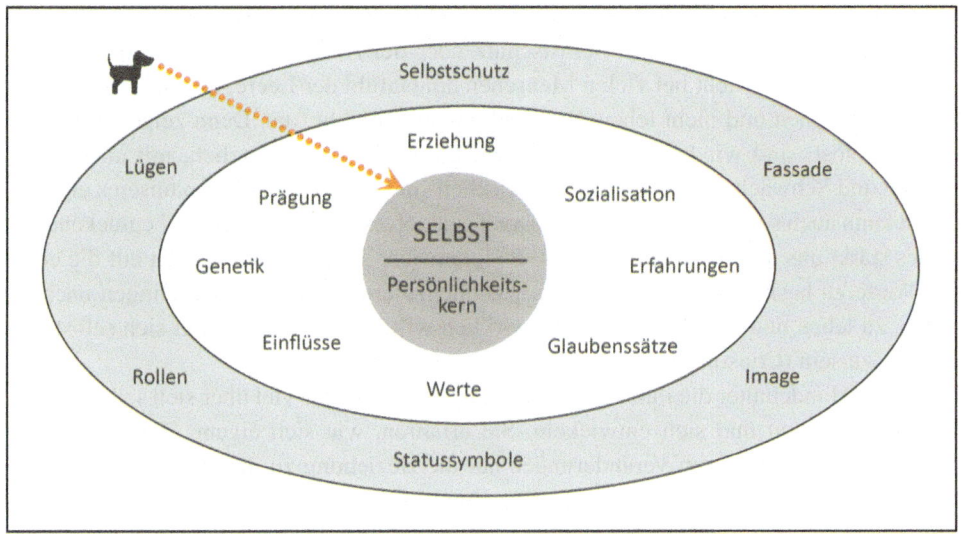

Abb. 12.1 Persönlichkeitskern eines Menschen und seine Schichten

Mit Hunden kann auch an Glaubenssätzen gearbeitet werden. Gerade Glaubenssätze spielen in der „Konstruktion" von Problemen eine große Rolle. Um Probleme lösbar zu machen, ist es wichtig, sich Klarheit über die bewussten und unbewussten Glaubenssätze zu verschaffen. Glaubenssätze haben ihren Ursprung oft in Erfahrungen und Mustern aus der Kindheit. Sie verraten dem Coach, was dem Klienten wirklich wichtig ist (Dehner und Dehner 2013). In der Transaktionsanalyse geht man davon aus, dass Antreiber (bewusste Glaubenssätze) den Kindern von ihren Eltern absichtsvoll als Lebensregeln mit auf den Weg gegeben werden, während Einschärfungen (unbewusste Glaubenssätze) ungewollt vermittelt werden (Dehner und Dehner 2015). Probleme sind Konstrukte, die zeit- und situationsabhängig nur von dem jeweiligen betroffenen Klienten in seiner Wirklichkeit wahrgenommen werden. Jedes Problem ist also einzigartig (Radatz 2000). Unsere tiefen und unbewussten Glaubenssätze sind ein Filter, der unsere Wahrnehmung und damit unser Fühlen, Denken und Handeln beeinflusst. „Je bewusster wir uns dieser Vorgänge und Zusammenhänge werden, desto leichter können wir unsere Sicht auf die Dinge, unsere Gefühle und schließlich unser Verhalten ändern" (Stahl 2015).

Durch meine eigenen Erfahrungen und durch die Arbeit als hundegestützter Coach und Hundeerzieherin weiß ich, dass Hundehalter durch und mit ihrem Hund wachsen können. Im täglichen Umgang mit unseren Hunden finden sich zahlreiche Möglichkeiten und Anlässe zur Selbstreflexion. Hunde geben mit ihrem authentischen Wesen das ehrlichste Feedback, das wir erhalten können. Wenn wir uns als Hundehalter bewusst machen, wie echt das Feedback unserer Hunde ist, dann gibt es keine Fassade, keine Umgehungsmöglichkeiten und keine Lügen wie gegenüber anderen Menschen (Consoir und Kluge 2016). Hunde zeigen unsere Authentizität, unsere eigene Echtheit. All unsere Macken, Unebenheiten und Narben kommen zum Vorschein. Dabei bröseln unsere Fassaden, die wir uns in verschiedenen Rollen errichtet haben. Diese Rollen sind wie unechte Hüllen um uns herum. Oft dienen sie dem Selbstschutz oder der Anerkennung. Doch durch diese „Schauspielerei" entsteht bei vielen Menschen ein Gefühl der Leere, da wir unser wahres Selbst verleugnen und nicht leben. Wir sind uns selbst nicht treu. Denn zeigen wir unser wahres Selbst, sind wir leichter verwundbar. Es macht uns verletzlich, mit all unseren Stärken und Schwächen zu sein, wer wir wirklich sind. Das Wahrnehmen unseres eigenen Selbst kann auch sehr schmerzhaft sein. Doch egal, ob es schmerzhaft oder beglückend ist, beides stärkt uns und lässt uns wachsen. Es lohnt sich, sich von Zeit zu Zeit auf die eigenen Werte zu besinnen, sich selbst besser kennenzulernen, den eigenen Dingen nachzugehen, zu leben und zu sagen, was man wirklich will, einfach ehrlich mit sich selbst und anderen zu sein (Consoir und Kluge 2016).

Nutzen Hundehalter die ihnen gegebene Chance können sie viel über sich selbst lernen, innerlich wachsen und sich entwickeln. Sie erfahren, wie sich eigene Denk- und Verhaltensmuster sowie deren Veränderungen auf die Beziehung zu ihrem Hund auswirken. Beim täglichen Umgang mit dem eigenen Hund können Menschen ihre Wahrnehmung konsequent trainieren. Wenn Hundehalter geschult sind und die Kommunikation sowie Reaktionen ihrer Hunde achtsam wahrnehmen, können sie sich selbst coachen, ihren Vierbeiner besser verstehen und auf ihn eingehen. Sie haben die Freiheit, selbst zu bestimmen, an welchen Themen sie persönlich arbeiten wollen. Ungefragtes Feedback ihrer Lieblinge wird es auf jeden Fall geben. Denn Hunde beobachten uns ständig. Sie reflektieren stets unser Verhalten, unsere Einstellung und unsere Stimmung. Die nonverbale Kommunikation spielt hierbei eine große Rolle; dabei sagt ein Blick manchmal mehr als tausend Worte. Da uns im hundegestützten Coaching und Training auch Klienten mit eigenem Hund begegnen, finden sich im Abschn. 12.1.9 noch einige spezielle Fragen für Klienten mit Hund.

Wichtige Bestandteile der hundegestützten Persönlichkeitsentwicklung sind Selbstreflexion, Selbsterkenntnis, Selbstakzeptanz und Selbstwirksamkeit. Die Reihenfolge der Schritte ist in Abb. 12.2 grafisch dargestellt. Die Themen in der Persönlichkeitsentwicklung

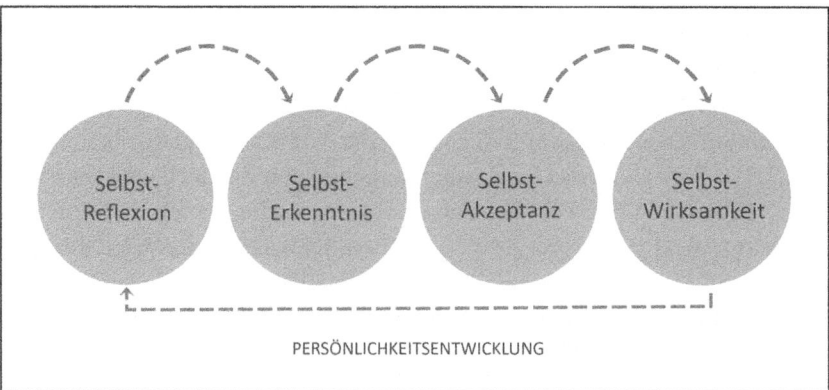

Abb. 12.2 Schritte der Persönlichkeitsentwicklung beim Menschen

sind so individuell wie die verschiedenen Persönlichkeiten der Klienten. Es können hier daher nur einige Themen als Beispiele aufgegriffen werden. Nachstehend finden sich Interventionen zur Stärkung der Achtsamkeit und Wahrnehmung, zur Schaffung eigener Klarheit, zum Treffen von Entscheidungen, zum Setzen von Grenzen, zum Aufbau von Vertrauen und zur Verbesserung der Kommunikation. Da auch die Bearbeitung von Glaubenssätzen hundegestützt möglich ist, rundet die Intervention für den Glaubenssatz „Sei stark" als einer ihrer Vertreter die aufgeführten Beispiele ab.

> Wichtig: Die nachstehenden Fragestellungen sind lediglich als möglicher Einstieg für die Reflexion und den Transfer zu betrachten, da das Verhalten der Hunde genau zu beobachten und fachlich zu reflektieren ist. Die Einstellungen und das Verhalten des Klienten sind individuell zu hinterfragen und mit dem Verhalten des Hundes in Einklang zu bringen. Daraus ergeben sich die eigentlichen lösungsorientierten Fragen, die der Coach dem Klienten stellt.

Alle nachstehenden Interventionen sind selbstverständlich auch im Kontext von Business Coaching nutzbar.

12.1.1 Intervention: Achtsamkeit erhöhen

Zielsetzung und Anwendungsbereiche

Oft sind die Klienten, wenn sie zu einer Sitzung erscheinen, noch in Gedanken bei dem, was vorher war oder was nach der Sitzung sein wird. Daher bietet sich diese Übung als Einstieg an, um den Klienten erst einmal im Hier und Jetzt ankommen zu lassen. Auch Klienten, die den Umgang mit Hunden nicht kennen, ermöglicht die Übung, sich mit dem Hund erst einmal in Ruhe vertraut zu machen. Dem Coach gewährt die Übung erste Hinweise darauf, wie achtsam der Klient sein Gegenüber und dessen Bedürfnisse auf dem Spaziergang wahrnimmt. Wie schnell gehen sie? Läuft er nur den Weg geradeaus entlang? Oder bleibt er auch mal stehen und lässt den Hund schnüffeln? Nimmt er den Weg, den der Hund anfragt, und folgt diesem, oder bestimmt der Klient die ganze Zeit den Weg? Wie lang oder kurz ist die Leine? Beginnt er ein Spiel mit dem Hund, oder setzt er sich auf eine Wiese oder Bank und genießt den Moment? Nimmt er die Umgebung gemeinsam mit dem Hund oder allein wahr? Ist er achtsam, oder verharrt er in seinen Gedanken? Wird der Hund nach dem Spaziergang gelobt?

Die Übung eignet sich insbesondere in ruhigen, ländlichen Umgebungen. In ablenkungsreichen Gegenden kann alternativ das eingezäunte Gelände ohne Leine genutzt werden.

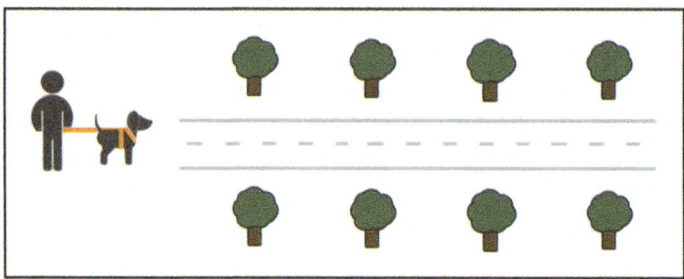

Abb. 12.3 Intervention Achtsamkeit

Vorbereitung und benötigtes Material

Für die Intervention werden ein gutsitzendes Geschirr und eine 3 m Leine für den Hund benötigt.

Intervention

„Führe den Hund 10 min lang mit Leine außerhalb des Geländes aus und erkundet zusammen die Gegend."

Der Coach läuft in einigen Metern Abstand mit und beobachtet den Klienten und den Hund.

Abb. 12.3 stellt die Intervention grafisch dar.

Reflexion

➤ Wie war der Spaziergang für dich mit dem Hund?
➤ Wie erging es dir auf dem Spaziergang? Was hast du währenddessen gedacht? Was hast du gefühlt?
➤ Was ist dir in der Umgebung aufgefallen? Welche Gegenstände hast du gesehen? Wem bist du begegnet?
➤ Was hast du vielleicht nur gehört? Was hast du gerochen?
➤ Was hast du dir mit dem Hund zusammen angeschaut?
➤ Was hat der Hund auf dem Spaziergang alles achtsam wahrgenommen?
➤ Was für Vorlieben hat er gezeigt?
➤ Welche Signale scheint er zu kennen?
➤ Warum hast du die Leine so kurz/so lang gehalten?
➤ Wie würdest du den Charakter deines Hundes beschreiben?
➤ Was hat dir bei dem Spaziergang mit dem Hund besonders gefallen? Was hat dir vielleicht gar nicht gefallen?
➤ Was hast du gedacht, als der Spaziergang zu Ende war? Was hast du gefühlt?

Transfer

➤ Was nimmst du dir aus dieser Übung mit?

➤ Was lässt sich auf deinen Alltag übertragen?

➤ Wie achtsam bist du in deinem Alltag mit dir selbst?

➤ Wie oft verweilst du im Hier und Jetzt?

➤ Wie achtsam nimmst du deine Umgebung sonst wahr?

➤ Wie achtsam nimmst du im Alltag dein Gegenüber wahr?

➤ Wie achtsam warst du heute beim Spaziergang? Mit wem warst du achtsam? Was hast du achtsam wahrgenommen?

➤ Wie achtsam warst du heute mit deinem Hund?

➤ Welche Parallelen erkennst du zu deinem Alltag? Welche Unterschiede gibt es? Warum?

➤ Was möchtest du dir aus der Übung noch mitnehmen?

➤ Wie zufrieden bist du mit deiner Achtsamkeit?

➤ Was möchtest du beibehalten? Was möchtest du ändern?

Weiterführende Ideen und Variationen

➤ Zwei oder drei Hunde im Freilauf miteinander auf einem Gelände agieren lassen und achtsam die unterschiedlichen Charaktere der Hunde, ihr Aussehen, ihre Vorlieben etc. wahrnehmen und im Anschluss erklären lassen

➤ Den Klienten und den Hund auf dem Gelände im Freilauf miteinander agieren lassen

12.1.2 Intervention: Wahrnehmung schulen

Zielsetzung und Anwendungsbereiche

Bei dieser Übung schult der Klient seine Wahrnehmung. Wie achtsam nimmt er sein Gegenüber und dessen Bedürfnisse bei der Übung wahr? Wie viel Einfühlungsvermögen zeigt er beim Beziehungsaufbau? Schenkt er dem Hund Vertrauen? Hat er Spaß am gemeinsamen Spiel und gegenseitigen Erkunden? Mit welcher Leichtigkeit geht er die Aufgabe an? Vertraut er seinem Bauchgefühl? Lässt er den Hund ein Spielzeug aussuchen, oder schlägt er selbst eines vor? Nutzt er ein langes oder kurzes Spielzeug? Berührt er den Hund? Wie nah kommt er dem Maul? Nutzt er ein Spielzeug, oder rennt er lieber ein Stück mit dem Hund oder versteckt sich hinter einem Baum? Testet der Klient die Spielvorlieben des Hundes aus? Nimmt er diese achtsam wahr? Wie viel probiert er aus? Wie viel Zeit nimmt er sich?

Vorbereitung und benötigtes Material

Für die Intervention wird ein Korb oder eine Kiste mit verschiedenen Spielzeugen benötigt. Die Spielsachen sollten aus verschiedenen Materialien und unterschiedlichen Größen und Längen bestehen, z. B. kleiner und großer Ball, Wurfscheibe, kurzes und langes Seil mit Knoten, Plüschtier, Dummy mit und ohne Futter drin etc.

Abb. 12.4 Intervention
Wahrnehmung

Intervention

„Suche dir einen Hund aus und spiele mit ihm ohne Leine. Lerne ihn kennen und bau eine Beziehung zu ihm auf." (in Anlehnung an Ullrich 2020)

Abb. 12.4 stellt die Intervention grafisch dar.

Reflexion
➤ Wie erging es dir beim Spiel mit dem Hund?
➤ Wie, glaubst du, erging es dem Hund bei eurem gemeinsamen Spiel?
➤ Warum hast du dich für das Spielzeug XY als Erstes entschieden?
➤ Warum hast du das Spielzeug gewechselt? Was oder welcher Gedanke hat dich dazu veranlasst?
➤ Mit welchem Spielzeug hast du dich am wohlsten gefühlt? Warum?
➤ Welches Spielzeug mag der Hund am liebsten? Woran hast du das gemerkt?
➤ Welches Spielzeug, glaubst du, hätte der Hund genommen, wenn du die Kiste mit den Spielsachen vor ihm ausgekippt hättest?
➤ Welches Bauchgefühl hattest du, als der Hund das Verhalten XY gezeigt hat?
➤ Wie empfandest du die Reaktion des Hundes auf deinen Versuch XY?
➤ Worauf hast du bei dir am stärksten geachtet? Was hast du wahrgenommen?
➤ Worauf hast du beim Hund am stärksten geachtet? Was hast du wahrgenommen?
➤ Was, glaubst du, hast du vernachlässigt?
➤ Wie hättest du mit dem Hund noch spielen können?
➤ Wie würdest du das Spiel mit ihm beim nächsten Mal beginnen? Warum?

Transfer
➤ Was nimmst du dir aus dieser Übung mit?
➤ Was lässt sich auf deinen Alltag übertragen?
➤ Wie stark ist deine Wahrnehmung für dich selbst im Alltag?
➤ Wie leicht fällt es dir, mit anderen Menschen ein Gespräch zu beginnen?
➤ Wie leicht fällt es dir, die individuellen Bedürfnisse deines Gegenübers wahrzunehmen?
➤ In welchen Situationen hast du eine gute Wahrnehmung?

➤ In welchen Situationen möchtest du gern eine bessere Wahrnehmung an den Tag legen?

➤ Wie oft hörst du auf dein Bauchgefühl im Alltag?

➤ Wenn du auf dein Bauchgefühl hörst, was sagt es dir, solltest du …?

➤ Welche Parallelen zu deinem Alltag siehst du aus der Übung noch?

➤ Was möchtest du ändern?

Weiterführende Ideen und Variationen

➤ Spiel mit dem Hund, ohne zu sprechen

➤ Spiel ohne Spielzeug mit dem Hund

➤ Spiel mit zwei oder drei Hunden

12.1.3 Intervention: eigene Klarheit schaffen

Zielsetzung und Anwendungsbereiche

Je klarer ein Klient an eine Aufgabe herangeht, desto erfolgreicher wird er sie i. d. R. bewältigen. Mit dieser Übung erfährt der Klient, wie wichtig es ist, sich selbst zunächst genau diese eigene Klarheit zu verschaffen, bevor er den ersten Schritt tätigt. Legt der Klient, nachdem er die Aufgabe gehört hat, zügig los und überlegt währenddessen, was er tut? Oder legt er sich zunächst einen Plan bzw. eine Strategie zurecht und beginnt dann, die Aufgabe zu lösen? Wenn die Strategie nicht funktioniert, probiert der Klient weitere Dinge spontan aus? Sind diese zielführend? Oder hält er kurz inne und wird sich klar, wie er weiter vorgehen möchte? Was traut er dem Hund zu? Wollte er mit dem Hund diese Aufgabe überhaupt angehen? Oder hätte er lieber einen anderenen Gegenstand für die Aufgabe benutzt? Wie klar war sich der Klient seiner Verantwortung gegenüber dem Hund? Wenn es nicht funktioniert, zeigt sich der Klient eher verbissen, genervt oder muss er lachen? Wie klar wirkt der Klient von außen? Wie reagiert der Hund?

Vorbereitung und benötigtes Material

Für die Intervention werden 1 Pylone und 1 stabile Kiste/Stuhl/Bank/Mauer benötigt.

Intervention

„Führe den Hund ohne Leine von A nach B und lass ihn bei B auf eine Kiste/einen Stuhl/eine Bank/eine Mauer springen." (in Anlehnung an Landgraf und Neuse 2021)

Abb. 12.5 stellt die Intervention grafisch dar.

Reflexion

➤ Was hast du gedacht, als du die Aufgabe gehört hast?

➤ Welche Gedanken oder Fragen sind dir vor Ausübung der Aufgabe durch den Kopf gegangen?

➤ Hast du dem Hund die Aufgabe zugetraut?

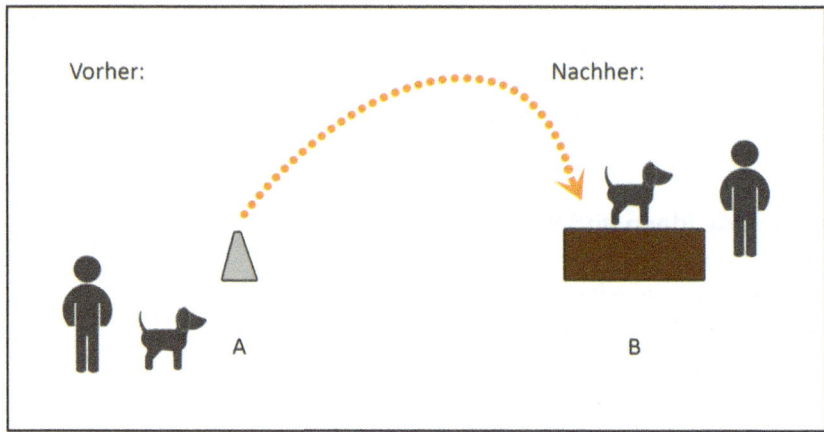

Abb. 12.5 Intervention Klarheit

➤ Wenn nein, warum hast du sie trotzdem gemacht?

➤ Wie wärst du die Aufgabe lieber angegangen?

➤ Welche Erwartungen und/oder Befürchtungen hattest du?

➤ Wie überzeugt warst du selbst davon, dass die Aufgabe klappt?

➤ Hast du dir eine Strategie vor Beginn zurechtgelegt? Oder bist du einfach losgelaufen und hast währenddessen überlegt, wie du an die Aufgabe herangehst?

➤ Warum hast du dich für diese Vorgehensweise entschieden?

➤ Wie leicht fiel dem Hund die Aufgabe? Woran machst du das fest?

➤ Hast du dem Hund genügend Freiraum zum Ausprobieren gegeben?

➤ Wie hast du dem Hund den Weg zum Ziel erleichtert?

➤ Wie hast du den Hund motiviert?

➤ Wie kreativ warst du, als der erste Einfall nicht funktioniert hat?

➤ Wie klar warst du dir selbst darüber, was als Nächstes zu tun ist?

➤ Standest du dir selbst mit deiner inneren Einstellung im Weg?

➤ Was würdest du beim nächsten Mal anders machen?

Transfer

➤ Was nimmst du dir aus dieser Übung mit?

➤ Was lässt sich auf deinen Alltag übertragen?

➤ Wie klar bist du in deinem Privatleben, bevor du ein neues Ziel oder eine neue Aufgabe angehst?

➤ Wie viel Zeit nimmst du dir im Vorfeld, um dir Klarheit über dein Ziel bzw. deine Aufgabe sowie die weitere Vorgehensweise zu verschaffen?

➤ Wo fehlt es dir in deinem Alltag an Klarheit? Warum?

➤ Warum bist du in bestimmten Situationen sehr klar und in anderen nicht?

➤ In welchen beruflichen Situationen bist du sehr klar?

➤ In welchen beruflichen Situationen möchtest du dir gern mehr Zeit für deine eigene Klarheit geben?

➤ Wie wichtig ist für dich die eigene Klarheit? Warum?
➤ Wie möchtest du in Zukunft mit deiner eigenen Klarheit umgehen?
➤ Wie wirst du dies konkret tun?
➤ Was ist dein erster Schritt?

Weiterführende Ideen und Variationen
➤ Intervention ohne Leine
➤ Intervention mit zwei Hunden
➤ Intervention mit anderen Gegenständen

12.1.4 Intervention: Entscheidungen treffen

Zielsetzung und Anwendungsbereiche
Mit dieser Übung erkennen Klienten oft, wie wichtig die eigene Haltung und Klarheit sind, um gute Entscheidungen treffen zu können. Der Klient wird mit der Übung angeregt, verschiedene Entscheidungen zu treffen, eigene Ziele zu definieren, sich zu konzentrieren und konsequent zu bleiben. Auch Führungs-, Kommunikations- und Motivationskompetenzen sind in dieser Übung gefragt. Welchen Hund wählt der Klient aus? Welche Leinenlänge wählt er aus? Ist die Leine eher lang oder eher kurz? Gibt der Klient oder eher der Hund das Tempo vor? Baut der Klient eine Verbindung zum Hund auf? Welche Signale gibt der Klient dem Hund? Welche kommen beim Hund an? Wie reagiert der Klient, wenn der Hund ihn nicht versteht? Wie entscheidet sich der Klient dann weiter vorzugehen?

Vorbereitung und benötigtes Material
Für die Intervention werden 2 Pylonen sowie 1 gutsitzendes Geschirr und 3 Leinen (1,5 m, 3 m und 7 m) für den Hund benötigt.

Intervention
1.) „Such dir einen Hund aus."
    Entscheidung treffen lassen, ohne dass der Klient die Aufgabe kennt.
2.) „Entscheide, ob du die Übung mit Leine oder ohne Leine absolvieren möchtest."
    Wenn sich der Klient für „mit Leine" entschieden hat: „Mit welcher Leinenlänge (mit 1,5, mit 3 oder mit 7 m Länge) möchtest du die Übung absolvieren? Führe den Hund an der Leine von A nach B und komm im Anschluss mit dem Hund zum Ausgangspunkt A zurück."

Wenn sich der Klient für „ohne Leine" entschieden hat: „Führe den Hund ohne Leine von A nach B und komm im Anschluss mit dem Hund zum Ausgangspunkt A zurück." (in Anlehnung an Knabe 2022)
    Abb. 12.6 stellt die Intervention grafisch dar.

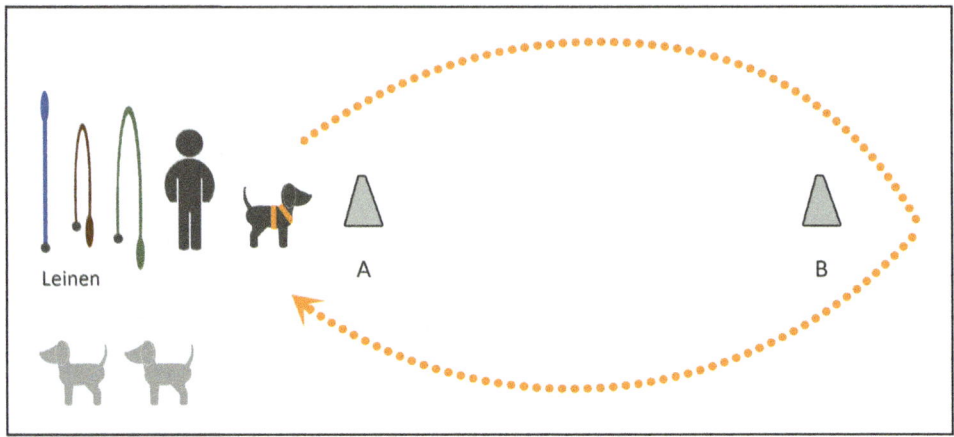

Abb. 12.6 Intervention Entscheidungen

Reflexion
➤ Wie viele und welche Entscheidungen hast du eben getroffen?
➤ Aus welchem Grund hast du dich für diesen Hund entschieden?
➤ Warum hast du dich nicht für einen anderen Hund entschieden?
➤ Aus welchem Grund hast du dich für „mit Leine/ohne Leine" entschieden?
➤ Welche Rolle hat die Länge der Leine bei deiner Entscheidung eingenommen?
➤ War deine Entscheidung zielführend?
➤ Würdest du dich beim nächsten Mal anders entscheiden? Wenn ja, wie?
➤ Wie hast du dich mit deiner Entscheidung gefühlt?
➤ Wie leicht war es für dich, diese Entscheidungen zu treffen?
➤ Welche Entscheidungen waren für dich leichter, welche schwerer zu treffen?
➤ Wie war die Übung für dich? Was hat gut funktioniert? Was hat nicht gut funktioniert?
➤ Was würdest du beim nächsten Mal anders machen?

Transfer
➤ Erkennst du dich bzw. deine „typische" Entscheidungsfindung in der Übung wieder?
➤ Inwieweit sind die Erkenntnisse für dich in deinen Alltag übertragbar?
➤ Wie leicht fällt es dir im Privatleben, Entscheidungen zu treffen?
➤ Wie leicht fällt es dir im beruflichen Alltag, Entscheidungen zu treffen?
➤ Gibt es für dich einen Unterschied zwischen den Entscheidungen im privaten und im beruflichen Umfeld?
➤ In welchen privaten/beruflichen Situationen fällt es dir leicht, Entscheidungen zu treffen?
➤ In welchen privaten/beruflichen Situationen fällt es dir schwerer, Entscheidungen zu treffen?
➤ Was benötigst du zur Entscheidungsfindung?
➤ Wie wichtig ist dir die Meinung anderer dabei?

➤ Wie wichtig ist dir deine eigene Haltung dabei?
➤ Wie klar möchtest du selbst sein, um eine Entscheidung zu treffen?
➤ Was nimmst du aus der Übung für dich persönlich mit?
➤ Was möchtest du dir zukünftig mehr erlauben?
➤ Was möchtest du in deinem Entscheidungsprozess verändern?

Weiterführende Ideen und Variationen
➤ Intervention mit weiteren Entscheidungskriterien
➤ Intervention mit 2 Hunden
➤ Intervention mit Parcours aufbauen

12.1.5 Intervention: Grenzen setzen

Zielsetzung und Anwendungsbereiche
Der Klient erkennt, wie er sich abgrenzen kann und wie wichtig neben der Führung die innere Haltung, Klarheit und die vorherige Kommunikation der Grenzen beim Gegenüber sind. Geht der Klient geradewegs auf die Ablenkungen zu, oder macht er mit dem Hund einen Bogen? Nimmt der Klient den Hund auf die zur Ablenkung liegende Seite oder auf die abgewandte Seite? Nimmt er sich Zeit für einen Seitenwechsel? Wie nah läuft er an den Ablenkungen vorbei? Wie leicht oder schwer macht er es sich selbst und dem Hund? Wie durchsetzungsstark zeigt sich der Klient? Welche verbalen und nonverbalen Signale gibt er dem Hund? Welche kommen beim Hund an? Versucht der Klient, den Hund immer wieder auf die gleiche Weise um die Ablenkungen zu führen, oder probiert er verschiedene Dinge aus? Tut er es eher mit Druck, Motivation oder Ablenkung? Bleibt er gelassen, oder wird er ungeduldig?

Vorbereitung und benötigtes Material
Für die Intervention werden 2 Pylonen und 3 Bälle sowie 1 gutsitzendes Geschirr und 1 Leine für den Hund benötigt.

Intervention
„Führe den Hund mit Leine von A nach B durch einen Slalom, also um die Bälle herum. Der Hund darf die Bälle dabei nicht berühren. Komm danach zum Ausgangspunkt A mit dem Hund zurück." (in Anlehnung an Knabe 2022)

Abb. 12.7 stellt die Intervention grafisch dar.

Reflexion
➤ Wie bist du die Übung gedanklich angegangen?
➤ Wie klar warst du dir über deine Vorgehensweise, bevor du losgelaufen bist?
➤ Wie erging es dir mit der praktischen Umsetzung deiner Gedanken?

Abb. 12.7 Intervention Grenzen

➤ Wie hat es mit der Führung des Hundes in deiner Wahrnehmung funktioniert?
➤ Wie hat deine Führung für den Hund funktioniert?
➤ Wie gut hast du Grenzen gesetzt?
➤ Wie gut hast du die Grenzen im Vorfeld kommuniziert?
➤ Wie hättest du die Grenzen klarer kommunizieren können?
➤ Wie gut kamen deine Signale beim Hund an? Woran, glaubst du, hat das gelegen?
➤ Wie hast du agiert, als der Hund XY getan hat? Warum?
➤ Was hättest du anders machen können?
➤ Was würdest du beim nächsten Mal anders machen?

Transfer
➤ Was nimmst du dir aus dieser Übung mit?
➤ Was lässt sich auf deinen Alltag übertragen?
➤ Wie gut kannst du in deinem Privatleben Grenzen setzen?
➤ Wie gut kannst du in deinem beruflichen Alltag Grenzen setzen?
➤ In welchen privaten/beruflichen Situationen fällt es dir leicht, Grenzen zu setzen? Warum?
➤ In welchen privaten/beruflichen Situationen fällt es dir schwerer, Grenzen zu setzen? Warum?
➤ Gibt es für dich einen Unterschied zwischen dem Setzen von Grenzen im privaten oder im beruflichen Umfeld?
➤ Was brauchst du, um leichter Grenzen zu setzen?
➤ Wann und wo möchtest du gern mehr Grenzen setzen? Warum?
➤ Was brauchst du, um dies zu tun?
➤ Was oder wer kann dir dabei helfen?
➤ Was ist dein konkreter nächster Schritt?

Weiterführende Ideen und Variationen
➤ Intervention ohne Leine
➤ Intervention mit z. B. Menschen oder Würstchen statt Bällen
➤ Intervention, ohne zu sprechen

12.1.6 Intervention: Vertrauen aufbauen

Zielsetzung und Anwendungsbereiche
Der Klient erfährt, wie bedeutsam die eigene innere Einstellung ist, um Vertrauen erfolgreich aufzubauen. Schenkt der Klient dem Hund Vertrauen, oder dreht er sich um und vergewissert sich, dass der Hund noch stehen geblieben ist? Wie oft dreht er sich auf dem Rückweg zum Hund um? Was verrät seine eigene Mimik? Was verrät das Verhalten des Hundes? Kann der Klient sich überhaupt umdrehen, oder läuft er gar rückwärts zurück, um den Hund im Blick zu behalten? Welche Signale gibt der Klient dem Hund? Und welche kommen beim Hund an? Wie kongruent ist der Klient? In dieser Übung sind auch Führungs-, Kommunikations- und Motivationskompetenzen gefragt.

Vorbereitung und benötigtes Material
Für die Intervention werden 2 Pylonen, ein gutsitzendes Geschirr und 1 Leine für den Hund benötigt.

Intervention

„Führe den Hund mit Leine 10 m geradeaus von A nach B. Am Zielpunkt B soll der Hund stehen bleiben. Leine ihn dort ab und komm allein zurück zum Ausgangspunkt A. Erst auf dein Signal hin soll der Hund auf direktem Weg zu dir gelaufen kommen." (in Anlehnung an Knabe 2022)

Abb. 12.8 stellt die Intervention grafisch dar.

Reflexion
➤ Was hast du gedacht, als du die Aufgabenstellung gehört hast?
➤ Was hast du gefühlt? Was hast du in deinem Körper wahrgenommen?
➤ Mit welcher inneren Einstellung bist du in die Übung gestartet?

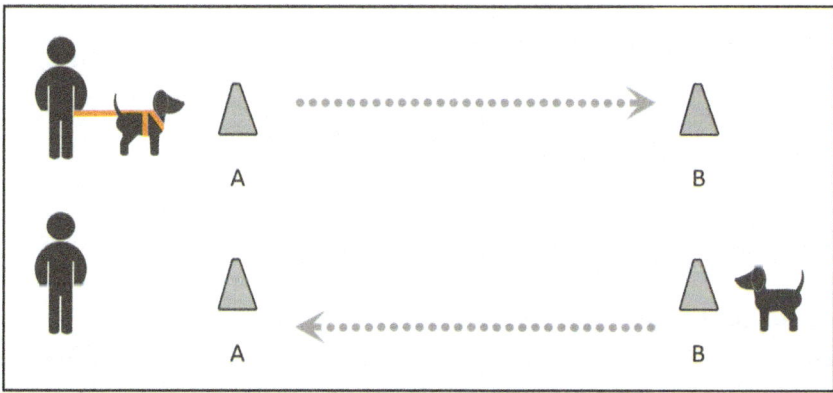

Abb. 12.8 Intervention Vertrauen

➤ Was hast du selbst aus der Vogelperspektive an deinem Verhalten während der Übung beobachtet?

➤ Was hast du während der Übung getan? Was hast du nicht getan?

➤ Welche Signale hast du dem Hund gegeben?

➤ Möchtest du hören, was ich gesehen habe? Wenn ja: …

➤ Warum hast du dich auf dem Rückweg zum Hund umgedreht?

➤ Warum bist du rückwärtsgelaufen, statt auf dein Ziel zu schauen?

➤ Warum hast du auf dem Rückweg die Hand erhoben und zum Hund gezeigt, dass er bleiben soll?

➤ Warum hast du auf dem Rückweg mehrmals „Bleib" gesagt?

➤ An welcher Stelle hast du gezweifelt? Was hat der Hund in dem Moment gezeigt?

➤ Was ist dir selbst noch aufgefallen?

➤ Durch welches Verhalten hättest du dem Hund mehr Vertrauen schenken können?

➤ Wie geht es dir damit, dass der Hund zu dir/nicht zu dir gekommen ist? Warum ist dir das so wichtig?

➤ Was würdest du beim nächsten Mal anders machen?

Transfer

➤ Welche Erkenntnis nimmst du dir aus der Übung mit?

➤ Wie gut kannst du anderen Menschen vertrauen?

➤ Was bedeutet für dich Vertrauen?

➤ Mit welcher inneren Einstellung gehst du beim Thema Vertrauen durch den Alltag?

➤ Inwieweit ist dein hier gezeigtes Verhalten auf deinen Alltag übertragbar?

➤ Wo bzw. in welchen Situationen siehst du Parallelen?

➤ Wo bzw. in welchen Situationen siehst du Unterschiede? Warum?

➤ Was benötigst du, um anderen vertrauen zu können?

➤ Was, glaubst du, benötigen andere, um dir Vertrauen geben zu können?

➤ Auf was möchtest du in Zukunft mehr achten?

➤ Auf was möchtest du noch achten?

Weiterführende Ideen und Variationen

➤ Intervention ohne Leine

➤ Intervention ohne Handzeichen und/oder ohne zu sprechen

➤ Intervention mit zwei Hunden

12.1.7 Intervention: Kommunikation verbessern

Zielsetzung und Anwendungsbereiche

Mit dieser Übung erfährt der Klient, wie wichtig das Zusammenspiel von klarer Haltung, Kommunikation, Motivation und Grenzsetzung ist. Wie souverän tritt der Klient auf? Wie klar kommuniziert er? Wie gut hat er beide Hunde und ihr Verhalten gleichzeitig im Blick?

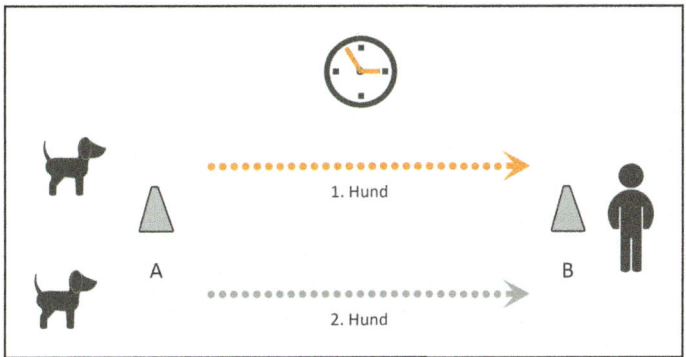

Abb. 12.9 Intervention Kommunikation

Wie schnell reagiert er auf kleinste Signale der Hunde? Wie individuell passt der Klient seine Kommunikation an die unterschiedlichen Hundepersönlichkeiten an? Spricht er viel verbal? Nutzt er gezielt die nonverbale Kommunikation?

Vorbereitung und benötigtes Material
Für die Intervention werden 2 Pylonen und 2 Leckerlis benötigt.

Intervention
1. Runde: „Setz zwei Hunde ohne Leine bei A in ca. 2 m Abstand nebeneinander ab. Geh allein zu Punkt B. Wenn du dort angekommen bist, ruf die Hunde einzeln zu dir. Sie sollen erst auf dein Signal hin nacheinander zu dir gelaufen kommen." (in Anlehnung an Landgraf und Neuse 2021)
2. Runde: „Setz 2 Hunde ohne Leine in ca. 2 m Abstand nebeneinander bei A ab und leg beiden Hunden jeweils ein Leckerli vor die Füße. Beide Hunde dürfen das Leckerli nicht nehmen. Erst auf dein Signal hin sollen die Hunde nacheinander jeweils ein Leckerli fassen." (in Anlehnung an Knabe 2022)

Abb. 12.9 stellt die Intervention grafisch dar.

Reflexion
➤ Welche Runde war für dich leichter? Warum?
➤ Wie souverän hast du dich selbst geführt?
➤ Wie souverän hast du die Hunde geführt?
➤ Wie klar hast du kommuniziert?
➤ Wie klar hast du Grenzen gesetzt?
➤ Welche Signale hast du den Hunden konkret gegeben?
➤ Wie gut, glaubst du, sind diese bei den Hunden angekommen? Woran machst du das fest?
➤ Warum haben sich die Hunde unterschiedlich verhalten?

➤ Hätten/haben die Hunde unterschiedliche Signale benötigt?

➤ Was hat zu deinem Erfolg/Misserfolg beigetragen?

➤ Welche Kompetenzen hast du eingebracht?

➤ Wen hast du zuerst zu dir gerufen, wen hast du warten lassen?

➤ Warum hast du diese Reihenfolge gewählt?

➤ Wie, glaubst du, ist es den Hunden dabei ergangen?

➤ Was wäre wohl andersherum passiert?

➤ Wie erging es dir mit der unterschiedlichen Behandlung der beiden Hunde?

➤ Wie hättest du mit den Hunden klarer kommunizieren können?

➤ Wie bewusst hast du deine verbale Kommunikation eingesetzt?

➤ Wie bewusst hast du deine nonverbale Kommunikation eingesetzt?

➤ Was würdest du beim nächsten Mal anders machen?

Transfer

➤ Welche Erkenntnis nimmst du dir aus dieser Übung mit?

➤ Wann begegnen dir genau solche Situationen im Alltag? Wie gehst du damit um?

➤ Wie achtsam nimmst du unterschiedliche Menschen und ihre Bedürfnisse wahr?

➤ Wie klar kommunizierst du im Alltag? Verbal? Nonverbal?

➤ Wie gut gelingt es dir, die Kommunikation an unterschiedliche Menschen anzupassen?

➤ Wie oft holst du dir Feedback zu deiner Kommunikation von anderen ein?

➤ Wie klar kannst du Grenzen setzen?

➤ Bei welchen Menschenpersönlichkeiten fällt es dir leichter? Bei welchen fällt es dir schwerer?

➤ Gibt es Unterschiede, oder fällt es dir immer gleich leicht/schwer?

➤ Was von deinen Erfahrungen hier kannst du dir noch mitnehmen?

➤ Auf was möchtest du in Zukunft noch mehr achten?

➤ Was willst du in Zukunft ausprobieren?

Weiterführende Ideen und Variationen

➤ Intervention, ohne zu sprechen

➤ Intervention mit Spielsachen als Ablenkung

➤ Intervention mit 3 Hunden

12.1.8 Intervention: Glaubenssatz: „Sei stark"

Zielsetzung und Anwendungsbereiche

Mit dem Klienten kann z. B. im Vorfeld ein Test zu den Glaubenssätzen durchgeführt werden. In dem Beispiel hier ist beim Klienten der Glaubenssatz „Sei stark" am stärksten ausgeprägt. Im Anschluss wird für den Glaubenssatz „Sei stark" mit dem Klienten ein Erlauber erarbeitet. Dieser könnte z. B. lauten: „Ich darf Hilfe annehmen."

Der Coach sucht nun eine passende Intervention aus seinem Portfolio aus, durch die der Klient erfährt, dass es in Ordnung ist, Hilfe anzunehmen. Durch die Reflexion erfährt der Klient zudem, was er persönlich braucht, um Hilfe annehmen zu können. Welche Person wird als Vertrauensperson ausgewählt? Verbindet sich der Klient selbst die Augen oder nimmt er Hilfe an? Wie gehen beide Personen durch den Parcours? Wie wird kommuniziert? Wie führt die Person ohne Augenmaske: nur den Klienten oder auch den Hund? Vertraut der Klient der Vertrauensperson? Wer übernimmt in Bezug auf den Hund welche Rolle? Fassen sich beide Personen an? Kommunizieren sie als Team und meistern den Parcours gemeinsam? Oder spricht/führt nur die Hilfs- bzw. Vertrauensperson und der Klient verstummt? Was verrät die Körpersprache des Klienten? Bricht der Klient die Übung ab?

Vorbereitung und benötigtes Material

Für die Intervention werden 1 Hilfsperson, 1 gutsitzendes Geschirr, 1 Leine, 1 Augenmaske sowie verschiedene Materialien (z. B. 5 Pylonen, 3 Stangen und 6 Muldenhauben) für einen Parcours benötigt.

Intervention

„Stell dich an die Pylone A und nimm die Leine mit deinem Hund in die Hand. Such dir eine Hilfs- bzw. Vertrauensperson aus. Lass dir die Augen mit der Maske verbinden und durchlauf den Parcours mit deinem Hund an der Leine. Lass dir von einer Person deiner Wahl dabei helfen. Lauf zunächst mit deinem Hund in der Mitte durch die beiden Stäbe. Durchlauf dann mit deinem Hund den Slalom und steig über die Stange. Dein Hund muss nicht unbedingt über die Stange laufen. Umrunde den Zielpunkt B und komm auf direktem Weg wieder zurück. Wenn du mit deinem Hund am Ausgangspunkt A angekommen bist, kannst du die Augenmaske gern wieder abnehmen." (in Anlehnung an Knabe 2022)

Abb. 12.10 stellt die Intervention grafisch dar.

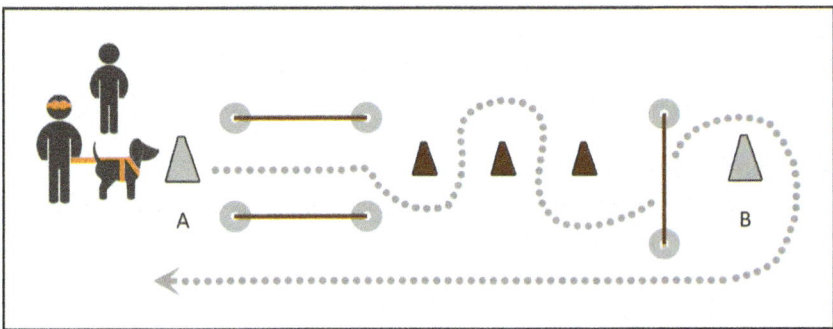

Abb. 12.10 Intervention Hilfe

Reflexion

➤ Was hast du gedacht, als du die Aufgabenstellung von mir gehört hast?

➤ Was hast du gefühlt? Was hast du in deinem Körper wahrgenommen?

➤ Warum hast du dir selbst die Augen verbunden? Warum hast du dir nicht helfen lassen?

➤ Wie war das Gefühl, als du die Augen verbunden bekommen hast? Was hast du gedacht? Was hast du gefühlt?

➤ Warum hast du dich für mich als Begleitperson entschieden?

➤ Warum hast du dich für XY als Hilfs-/Vertrauensperson entschieden?

➤ Welche Kriterien waren dir für die Entscheidung wichtig?

➤ Was hast du während der Übung empfunden? Wie ist es dir ergangen?

➤ Was hat dir geholfen? Was hat dir nicht geholfen? Was war für dich unangenehm? Warum?

➤ Wie lang hast du die Leine beim Hund gehalten? Warum?

➤ Was hat dich vielleicht überrascht?

➤ Was war für dich leicht? Was war für dich schwer?

➤ Was hast du gefühlt, als du die Augenbinde wieder abnehmen konntest?

➤ Wie fühlst du dich jetzt, nachdem du die Aufgabe gemeistert hast?

➤ Wie schwer war es für dich, Hilfe anzunehmen?

➤ Würdest du es wieder tun? Wenn ja: Was brauchst du, um Hilfe annehmen zu können?

Transfer

➤ Was nimmst du dir aus dieser Übung mit?

➤ Was lässt sich aus der Übung auf deinen Alltag übertragen?

➤ Wie gut kannst du im Alltag Hilfe annehmen?

➤ In welchen Situationen gelingt es dir gut? In welchen Situationen ist es für dich schwierig?

➤ Wie leicht oder schwer war es für dich hier in der Übung? Warum?

➤ Welche Parallelen zu deinem Alltag sind dir aufgefallen?

➤ Welche Unterschiede hast du bemerkt?

➤ Was hat dir hier geholfen? Was kannst du in deinen Alltag übertragen?

➤ Welche Dinge brauchst du, damit du Hilfe annehmen kannst?

➤ Unter welchen Umständen, glaubst du, kannst du Hilfe annehmen?

➤ Welche Erkenntnis nimmst du dir sonst noch mit? Was noch?

Weiterführende Ideen und Variationen

➤ Je nach Ausprägungsgrad den Hund zunächst auch ohne Parcours und nur mit 2 Pylonen von A nach B mit verbundenen Augen führen

➤ Ohne mit der Vertrauensperson zu sprechen

➤ Klient und Vertrauensperson dürfen eine Stange zum Anfassen nutzen

12.1.9 Weitere Interventionsmöglichkeiten mit Hund

Viele Interventionen aus dem Coaching ohne Hund lassen sich auch hundegestützt durchführen. Die Hunde nehmen bei diesen Interventionen im Vergleich zu den zuvor aufgeführten Interventionen eine passivere Rolle ein, da der Klient keine konkrete Aufgabe mit Hund zu lösen braucht. Vielmehr fungieren die Hunde z. B. bei Aufstellungsarbeiten als Stellvertreter, Begleiter, Trostspender oder Kraftgeber für den Klienten.

> ➤ Tipp: Hunde reflektieren immer, daher sollte der Coach sie stets im Blick behalten.

Trotzdem und gerade deswegen sollte der Coach die Reaktionen der Hunde stets im Blick behalten, denn sie zeigen auch hier wertvolle Reaktionen. Hunde reflektieren immer! Die Reaktionen sind vom Coach in den Prozess zu integrieren. Wie verhält sich der Hund an den einzelnen Stationen? Nimmt der Hund z. B. einen Gegenstand, den der Klient als Symbol an eine Station hingelegt hat, ins Maul? Hält er ihn fest und möchte ihn nicht mehr hergeben? Wie interagiert der Klient? Hält er ebenfalls fest und lässt nicht mehr los? Kommt es z. B. zu einem gegenseitigen Ziehen um den Gegenstand? Oder lässt der Klient nach einiger Zeit doch los? Warum hat er sich so entschieden? Oder bleibt der Klient hartnäckig und holt sich den Gegenstand zurück? Vielleicht dreht der Hund einer Station dauerhaft den Rücken zu, während er zu anderen freudig hinläuft? Oder will der Hund partout zu einer Station des Klienten nicht hin und lässt sich unter keinen Umständen dazu motivieren? Was könnte das bedeuten? Was nimmt der Hund unterschwellig wahr? Was fühlt der Klient bei dieser Station?

Zu den möglichen Interventionen können bspw. folgende gehören:

- ➤ 3-Welten-Modell
- ➤ Tetralemma (Entscheidungen)
- ➤ Inneres Team
- ➤ Logische Ebenen (Visionsarbeit)
- ➤ Führungsbiografie (Lebenswegarbeit)
- ➤ System-TÜV bzw. Team-TÜV
- ➤ Delegation Poker
- ➤ Wheel

Im hundegestützten Training bietet sich die Arbeit mit verschiedenen Konzepten und Modellen an. Gerade, wenn es sich um Modelle mit dahinterliegenden Kompetenzen handelt, ist die Ableitung von hundegestützten Interventionen für die Förderung und Stärkung dieser Kompetenzen sehr wirkungsvoll.

Zu den möglichen Modellen können bspw. folgende gehören:

➤ Führungsmodelle
➤ Kommunikationsmodelle
➤ Wertemodelle
➤ Persönlichkeitsmodelle
➤ Resilienzmodelle
➤ Motivationsmodelle
➤ Veränderungsmodelle

> ➤ Tipp: Die Einsatzgebiete von hundegestütztem Coaching und Training sind
> vielfältig.

12.1.10 Reflexionsfragen für Hundehalter

Klienten mit eigenem Hund profitieren nach dem Coaching oder Training außerdem oft
von einer verbesserten Mensch-Hund-Beziehung, da sie im Laufe der Zeit achtsamer
gegenüber ihrem eigenen Hund werden, dessen Bedürfnisse besser und frühzeitiger erkennen sowie die Chancen zur Selbstreflexion durch ihn nutzen. Bei der Arbeit mit Menschen, die einen eigenen Hund halten, lassen sich nachstehende Fragen zudem sinnvoll nutzen.
    Als Einstieg:

➤ Warum hast du dich entschieden, dein Leben mit einem Hund zu teilen?
➤ Was bedeutet ein Hund für dich?
➤ Warum hast du dich für diesen Hund/diese Rasse entschieden? Warum hast du dich
  nicht für einen anderen Hund entschieden? Was sagt das über dich aus?
➤ Was, glaubst du, kann man allgemein von und mit Hunden in Bezug auf die eigene
  Persönlichkeitsentwicklung lernen?

Als weitere Reflexion:

➤ In welchen Momenten hast du bewusst das Feedback deines Hundes schon zur Selbst-
  reflexion genutzt?
➤ Was bedeutet dein Hund für dich?
➤ Was sagt dein Hund über dich aus?
➤ Was hast du von deinem Hund bereits gelernt? Was noch?
➤ Welche Themen hat dir dein Hund schon aufgezeigt?

➤ Was genau hält dich davon ab, die Botschaften deines Hundes aufzunehmen und in deine Entwicklung zu integrieren?

➤ Wie hast du deine Körpersprache durch das Feedback des Hundes verfeinert?

➤ Was sagt es über dich aus, wenn dein Hund unsicher ist?

➤ Inwieweit beeinflusst du deinen Hund, indem du auf deinen eigenen Zustand achtest?

➤ Wie reagiert dein Hund, wenn du beim Spaziergang unaufmerksam bist?

➤ Welche Situationen hast du mit deinem Hund erlebt, in denen er deinen emotionalen Zustand gespiegelt hat?

➤ Welcher Wert steht für dich hinter deinem Bedürfnis, Zeit mit deinem Hund zu verbringen? Welcher noch?

➤ In welchen Situationen übernimmst du Verantwortung für dich und deinen Hund? In welchen möchtest du noch stärker Verantwortung übernehmen?

➤ In welchen Situationen wirst du gegenüber deinem Hund genervt oder wütend? Was macht dich in dem Moment so wütend? Was, glaubst du, steckt dahinter?

➤ In welchen Situationen vertraut dir dein Hund vollkommen? Was, glaubst du, ist der Grund, warum er dir in diesen Situationen vertraut?

➤ In welchen Situationen vertraust du deinem Hund vollkommen? Warum vertraust du ihm in diesen und nicht in anderen Situationen?

➤ In welchen Situationen mangelt es dir an Vertrauen? Welche innerlichen Bilder sind in deinem Kopf?

➤ Wie locker kannst du mit Fehlern deines Hundes umgehen? Stressen dich diese Fehler oder kannst du gelassen damit umgehen? Gibt es einen Unterschied, ob du mit deinem Hund zu Hause allein bist oder draußen unter fremden Menschen?

➤ Was ist deine Lieblingsbeschäftigung mit deinem Hund? Was magst du daran? Was mag er daran?

➤ Welche Gemeinsamkeiten hast du mit deinem Hund? Welche Unterschiede gibt es?

12.1.11 Reflexionsfragen für Kinder und Jugendliche

Im Folgenden finden sich ein paar inspirierende Fragen (in Anlehnung an Darga und Dapper 2022) für die Arbeit mit Kindern und Jugendlichen:

Als Einstieg:

➤ Wie fühlt sich der Hund gerade? Woran merkst/siehst du das? Wie geht es dir gerade?

➤ Was nimmt der Hund gerade alles wahr? Was nimmst du gerade wahr? Was siehst/hörst/riechst du noch?

➤ Was gefällt dir an dem Hund gut? Was gefällt dir an dir?

➤ Was gefällt dir an dem Hund nicht? Was gefällt dir an dir nicht?

➤ Was fällt dir an dem Hund als besonderes Merkmal auf? Welches besondere Merkmal hast du?

Als weitere Reflexion:

➤ Welche Bedürfnisse hat der Hund? Was braucht er zum Leben? Welche Bedürfnisse hast du? Was brauchst du?

➤ Was braucht der Hund zum Glücklichsein? Was macht dich glücklich?

➤ Was macht der Hund, wenn er nicht hier ist, gern? Was machst du gern in deiner Freizeit?

➤ Wie kannst du den Hund motivieren? Was motiviert dich? Wie kannst du dich selbst motivieren?

➤ Wie sorgt der Hund für sich selbst? Wie kann er sich selbst etwas Gutes tun? Wie kannst du dir selbst etwas Gutes tun?

➤ Welche Unterschiede siehst du bei den beiden/drei Hunden? Worin unterscheiden sie sich für dich? Wie unterscheidest du dich von anderen Kindern/Jugendlichen? Wofür, glaubst du, ist das gut?

➤ Was kann ein Hund besonders gut? Was kannst du besonders gut?

➤ Welche Fähigkeiten und Stärken hat ein Hund? Welche Fähigkeit hättest du gern von einem Hund? Welche Fähigkeiten und Stärken hast du?

➤ Wann und wie ruht sich der Hund aus, um sich zu erholen? Wie kann er sich entspannen? Wann und wie ruhst du dich aus, um dich zu erholen? Wo und wie kannst du dich entspannen?

➤ Wo fühlt sich ein Hund so richtig wohl und sicher? Was macht diesen Ort aus? Wenn du dir irgendwo auf der Welt einen Ort aussuchen könntest, an dem du dich richtig wohl und sicher fühlst, wie sähe dieser Ort aus? Magst du den Ort malen?

➤ Was frisst ein Hund gern? Was sollte er auf keinen Fall fressen? Was isst du gern? Was solltest du vielleicht lieber nicht essen?

➤ Wie kann ein Hund deiner Meinung nach besonders gut lernen? Wie lernst du gut? Was brauchst du zum Lernen?

Literatur

Consoir, M.; Kluge, E. (2016). Mein Hund – Mein Coach. (S. 21 ff., 24, 33 ff.). CreateSpace.

Dehner, U., Dehner, R. (2013). Transaktionsanalyse im Coaching. Coachings professionalisieren mit Konzepten, Modellen und Techniken aus der Transaktionsanalyse (S. 103–107). Bonn: managerSeminare.

Darga, C., Dapper, D. (2022). Tierisch systemisch. Lösungs- und Ressourcenorientierung in der tiergestützten Intervention. (S. 30–41, 65). München: Ernst Reinhardt.

Dehner, R., Dehner, U. (2015). Introvision – Die Kunst, ohne Stress zu leben. (S. 86). Freiburg im Breisgau: KREUZ.

Foltin, S. (2022). Hundegestützte Interventionen. Wissenschaft trifft Praxis – Ausgewählte Studien erklärt. (S. 143). Nerdlen: Kynos.

Knabe, M. (2020). Der Wau-Effekt. Mit tierischer Unterstützung zu mehr innerer Stärke und Gelassenheit (S.24, 25). Weinheim: Wiley.

Knabe, M. (2022). coachdogs® Coach-Ausbildung. Praktischer Übungsteil. Ried im Zillertal, Tirol: coachdogs® Akademie

Landgraf, D., Neuse, V. (2021). Praxisbuch tiergestütztes Training und Coaching. (S. 106, 112). Weinheim: Beltz.

Radatz, S. (2000). Beratung ohne Ratschlag, Systemisches Coaching für Führungskräfte und BeraterInnen (S. 47). Wolkersdorf: Literatur-VSM

Stahl, S. (2015). Das Kind in dir muss Heimat finden. Der Schlüssel zur Lösung (fast) aller Probleme. (S. 59). München: Kailash.

Ullrich, A. (2020). Ausbildung Hundeerzieherin und Verhaltensberaterin (IHK), Praktische Übung. Zossen, Brandenburg.

Vernooij, M. A., Schneider, S. (2018). Handbuch der tiergestützten Intervention: Grundlagen, Konzepte, Praxisfelder. 4. Korr. U. akt. Aufl. Wiebelsheim: Quelle & Meyer.

Wohlfahrt, R., Mutschler, B. (2020). Die Heilkraft der Tiere. Wie der Kontakt mit Tieren uns gesund macht. München: btb.

Hundegestütztes Business Coaching

13

13.1 Hundegestützte Führungskräfteentwicklung

Unter Führungskräfteentwicklung wird die gezielte Förderung von Führungskompetenzen verstanden. Hundegestütztes Coaching kann dazu eingesetzt werden, um das Denken und Handeln von Führungspersönlichkeiten zu analysieren, positiv zu fördern und weiterzuentwickeln. Da auch Führungskräfte unterschiedliche und vor allem individuelle Themen haben, stellen nachstehende Interventionen ebenfalls nur eine kleine Auswahl dar. Es finden sich im Anschluss Interventionen zur Selbst- und Fremdführung, mitarbeiterorientierte, kooperative und achtsame Führung, Umgang mit Herausforderungen, Druck, Ablenkungen und Komplexität sowie Kommunikation, Vertrauen und Delegieren von Aufgaben im Führungskontext.

> Wichtig: Die Fragestellungen sind lediglich als möglicher Einstieg für die Reflexion und den Transfer zu betrachten, da das Verhalten der Hunde genau zu beobachten und fachlich zu reflektieren ist. Die Einstellungen und das Verhalten des Klienten/ Teilnehmers sind individuell zu hinterfragen und mit dem Verhalten des Hundes in Einklang zu bringen. Daraus ergeben sich die eigentlichen lösungsorientierten Fragen, die der Coach dem Klienten stellt.

13.1.1 Intervention: Führung

Zielsetzung und Anwendungsbereiche

Einige der wichtigsten Führungskompetenzen in der heutigen Zeit sind die eigene Haltung und innere Klarheit. Der Klient erfährt durch diese Intervention, wie wichtig beides für

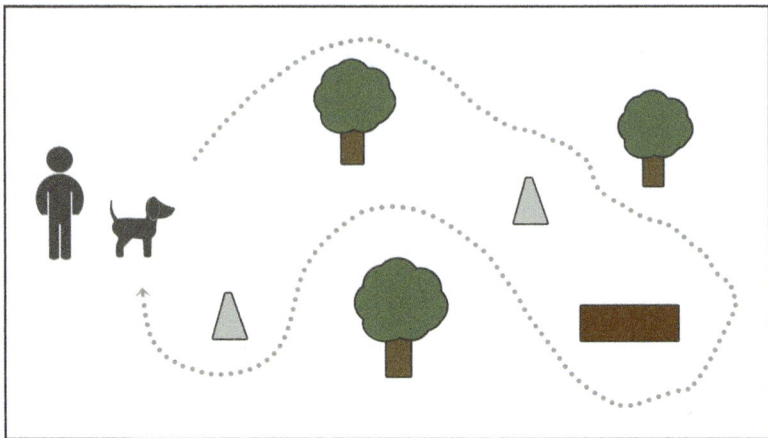

Abb. 13.1 Intervention Führung

das eigene Führungsverhalten ist und welche Kompetenzen darüber hinaus benötigt werden. Wie geht der Klient vor? Führt er den Hund klar, oder lockt er ihn im Gelände? Wie wirkt der Klient? Wirkt er souverän oder nervös oder unruhig? Wie verhält sich der Klient, wenn der Hund seiner Führung nicht folgt? Wie geht er mit Schwierigkeiten um? Welche Strategien setzt der Klient ein? Welche Führungskompetenzen zeigt er?

Vorbereitung und benötigtes Material
Für die Intervention werden ein paar Gegenstände (z. B. Stühle, Eimer, Kiste, Hocker etc.) zum Umrunden für den Hund benötigt.

Intervention
„Führe den Hund ohne Leine im Gelände und lass ihn dabei ein paar Hindernisse umrunden."

Abb. 13.1 stellt die Intervention grafisch dar.

Reflexion
➤ Wie hast du am Anfang den Beziehungsaufbau mit dem Hund gestaltet?
➤ Wie aufmerksam war der Hund dir gegenüber?
➤ Wie klar war dir, bevor du mit dem Hund losgegangen bist, wo du entlanglaufen möchtest?
➤ Hattest du einen Plan? Wie gut hat dieser funktioniert?
➤ Wie gut hast du den Hund geführt?
➤ Wer, glaubst du, hat hier gerade wen geführt?
➤ Wie ist es dir bei der Führung mit dem Hund ergangen?
➤ Was hat gut funktioniert?
➤ Was hat weniger gut funktioniert?

➤ Welche Führungskompetenzen hast du gezeigt?
➤ Wie hast du mit dem Hund kommuniziert?
  Wie hast du den Hund motiviert?
➤ Warum, glaubst du, ist der Hund dir nicht gefolgt?
➤ Warum, glaubst du, hat sich der Hund hingelegt?
➤ Was, glaubst du, wollte der Hund mit dem Verhalten XY bewirken? Warum hat er das gemacht?
➤ Wie viel Spaß hatte der Hund deiner Meinung nach an eurem gemeinsamen Spaziergang?
➤ Wie würde der Hund deinen Führungsstil beschreiben?
➤ Was habt ihr zusammen erkundet?
➤ Was würdest du bei der nächsten Runde anders machen?
➤ Was hätte es noch gebraucht?

Transfer
➤ Welche Erkenntnis nimmst du dir aus der Übung mit?
➤ Was lässt sich aus der Übung in deinen beruflichen Alltag übertragen?
➤ Wie gut führst du deine Mitarbeitenden?
➤ Wie würden deine Mitarbeitenden deinen Führungsstil beschreiben?
➤ Wie würde dein Vorgesetzter deinen Führungsstil beschreiben?
➤ Welche Führungskompetenzen zeichnen dich aus?
➤ Wie klar bist du in deinem Führungsverhalten?
➤ In welchen Situationen folgst du deiner persönlichen Haltung konsequent?
➤ In welchen Situationen tust du es nicht? Warum?
➤ Was möchtest du an deinem Führungsverhalten gern verändern?
➤ Welche konkreten Lernthemen hast du?
➤ An welchen konkreten Führungskompetenzen möchtest du gern arbeiten?

Weiterführende Ideen und Variationen
➤ Führe den Hund ohne Leine im Gelände.
➤ Führe den Hund ohne Leine und ohne zu sprechen im Gelände.
➤ Führe zwei Hunde mit Leine im Gelände.

13.1.2 Intervention: Selbst- und Fremdführung

Zielsetzung und Anwendungsbereiche

Wer andere führen möchte, sollte sich selbst führen können. Der Klient erkennt durch die Intervention den Zusammenhang zwischen Selbst- und Fremdführung. Er erlebt, wie wichtig die Wahrnehmung für sich selbst und andere ist. Wie souverän führt der Klient sich selbst? Wie souverän führt der Klient den Hund? Welche Führungskompetenzen zeigt der Klient? Wie reagiert der Hund darauf? Wie ist die Körpersprache des Klienten? Wer passt sich welcher Führung an?

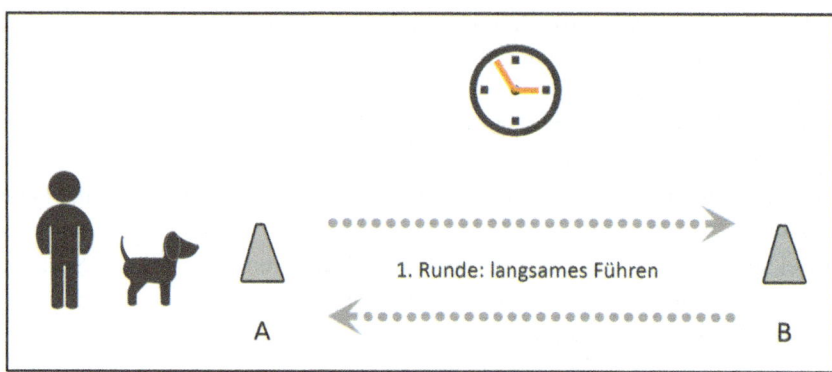

Abb. 13.2 Intervention Selbst- und Fremdführung

Vorbereitung und benötigtes Material
Für die Intervention werden 2 Pylonen benötigt.

Intervention
1. Runde: „Führe den Hund ohne Leine von A nach B sowie wieder zurück in einem langsameren Schritttempo, als du normalerweise läufst. Der Hund soll sich deinem Tempo anpassen und mit dir gemeinsam langsam laufen."
2. Runde: „Führe den Hund im Anschluss ohne Leine von A nach B sowie wieder zurück in einem schnelleren Schritttempo, als du normalerweise läufst. Der Hund soll sich deinem Tempo anpassen und neben dir zügig mitlaufen." (in Anlehnung an Knabe 2022)

Die Abb. 13.2 stellt die Intervention grafisch dar.

Reflexion
➤ Was hast du gedacht, bevor du gestartet bist? Was hast du gefühlt?
➤ Wie klar warst du selbst bezüglich deines Vorgehens?
➤ Hast du daran geglaubt, dass dir die Übung gelingen wird?
➤ Was hast du geglaubt, welche Runde besser funktionieren wird?
➤ Wie ist es dir bei der ersten Runde ergangen?
➤ Wie ist es dir bei der zweiten Runde ergangen?
➤ Auf einer Skala von 1 bis 10: Wie gut war deine Selbstführung?
➤ Wie zielgerichtet hast du dich selbst geführt?
➤ Wie zielgerichtet hast du den Hund geführt?
➤ Welche Runde hat sich für dich stimmiger angefühlt? Warum? Warum noch?
➤ Hast du dich dem Tempo des Hundes angepasst? Oder hat sich der Hund deinem Tempo angepasst? Warum?
➤ Wie sehr warst du bei dir? Wie sehr warst du bei dem Hund?
➤ Was hat gut funktioniert? Was hat schlecht funktioniert? Warum?

➤ Welche Signale hast du zur Führung des Hundes genutzt?

➤ Wie hast du den Hund motiviert? Wie hättest du erfolgreicher kommunizieren können?

➤ Was hast du ausprobiert? Warum hast du so wenig/viel ausprobiert?

➤ Welcher deiner Ansätze/Welches deiner Signale war zielführend?

➤ Wie würde dein Hund deinen Führungsstil beschreiben?

➤ Was würdest du beim nächsten Mal anders machen? Warum?

➤ Was möchtest du beibehalten?

Transfer

➤ Welche Erkenntnis nimmst du aus der Übung mit?

➤ Was lässt sich auf deinen beruflichen Alltag übertragen?

➤ Wie achtsam gehst du mit deiner eigenen Führung um?

➤ Was bedeutet für dich gute Selbstführung?

➤ Wie fürsorglich bist du zu dir selbst?

➤ In welchen Situationen gelingt es dir gut, auf dich selbst zu achten? Unter welchen Gegebenheiten fällt es dir schwerer? Warum?

➤ Gibst du bei deinen Mitarbeitenden das Tempo vor? Oder passt du dich eher an?

➤ Lässt du es nach gemeinsamen Erfolgen auch mal in deinem Team bewusst langsamer angehen? Feierst du mit deinem Team Erfolge?

➤ Steuerst du euren Projekterfolg? Oder steuern die Mitarbeitenden euren Erfolg?

➤ Was für eine Führung wünschen sich deine Mitarbeiter von dir?

➤ Wie gut führst du sie?

➤ Wie könntest du sie noch besser führen?

➤ Was möchtest du an deinen Führungsstil gern beibehalten? Was möchtest du an deiner Führung ändern?

Weiterführende Ideen und Variationen

➤ Intervention, ohne zu sprechen

➤ Intervention mit Einbau von Ablenkungen, z. B. einem Ball

➤ Intervention mit zwei Hunden

13.1.3   Intervention: Mitarbeiterorientierte Führung

Zielsetzung und Anwendungsbereiche

Der Klient erlebt, wie wichtig es für den Führungserfolg ist, sich auf die Bedürfnisse, Skills und das Wohlbefinden der Mitarbeitenden zu fokussieren. Er stärkt mit dieser Intervention seine Sozialkompetenzen, insbesondere die Achtsamkeit, Empathie, Konflikt- und Lösungskompetenz sowie sein Motivations- und Kommunikationsvermögen. Er erkennt, wie wichtig es ist, die unterschiedlichen Hundepersönlichkeiten wahrzunehmen und individuell zu führen und zu unterstützen. Er schult seinen Führungsblick gleichzeitig für mehrere Hunde und lernt, kleinste Signale und Widerstände bei diesen zu erkennen.

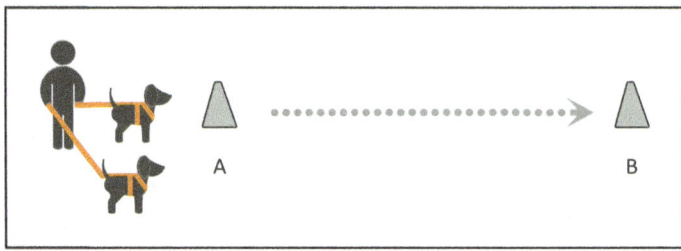

Abb. 13.3 Intervention mitarbeiterorientierte Führung

Vorbereitung und benötigtes Material

Für die Intervention werden 2 gutsitzende Geschirre, 2 Leinen (1,5 m) und 2 Pylonen für die Hunde benötigt.

Intervention

1. Runde: „Führe beide Hunde mit Leine von A nach B."
2. Runde: „Führe beide Hunde ohne Leine von A nach B."

Abb. 13.3 stellt die Intervention grafisch dar.

Reflexion

➤ Wie überzeugt warst du, dass dir die Übung mit beiden Hunden gelingen wird?
➤ Welches Bild des Ablaufs hattest du vor dem Start im Kopf?
➤ Wie hat sich die Runde mit Leine für dich angefühlt?
➤ Wie hat sich die Runde ohne Leine für dich angefühlt?
➤ Welche Unterschiede hast du bei dir selbst in den Runden wahrgenommen?
➤ Wie würdest du deinen Führungsstil in den Runden beschreiben?
➤ Wie würden die Hunde deinen Führungsstil beschreiben?
➤ Welche Unterschiede haben sich bei den Hunden mit und ohne Leine gezeigt?
➤ Woran, glaubst du, hat das gelegen?
➤ Welche Gemeinsamkeiten/Unterschiede gab es bei den beiden verschiedenen Hunde-persönlichkeiten?
➤ Wie achtsam hast du die verschiedenen Hundepersönlichkeiten wahrgenommen?
➤ Wie klar und individuell hast du für die verschiedenen Hunde kommuniziert?
➤ Welche Vorliebe hat der jeweilige Hund in der Führung?
➤ Wie hast du welchen Hund unterstützt?
➤ Wie viel Gestaltungsfreiräume hast du den Hunden gegeben?
➤ Wie wertschätzend bist du mit den Hunden umgegangen?
➤ Wart ihr ein gutes Team zu dritt?
➤ Was hättest du anders machen können?
➤ Was hätte dir geholfen? Was hätte den Hunden geholfen?
➤ Was würdest du beim nächsten Mal anders machen? Warum? Was noch?

Transfer

➤ Was hat dich bei dieser Übung besonders überrascht?

➤ Was nimmst du dir aus dieser Übung mit?

➤ Wo siehst du Parallelen zu deinem beruflichen Alltag?

➤ Wie führst du deine Mitarbeiter? Beschreibe bitte deinen Führungsstil.

➤ Welche Führungskompetenzen konntest du heute in der Übung nutzen? Welche konntest du nicht zeigen? Warum?

➤ Was würden deine Mitarbeiter sagen, wie klar du kommunizierst?

➤ Wie viel Gestaltungsfreiräume gibst du deinen Mitarbeitenden?

➤ Wie wertschätzend gehst du mit deinen Mitarbeitenden um?

➤ Welche Parallelen fallen dir noch zur eben durchgeführten Übung auf?

➤ Was möchtest du bei deiner Führung ab morgen mehr Beachtung schenken?

➤ Wie kannst du das sicherstellen? Wie noch?

Weiterführende Ideen und Variationen

➤ Intervention, ohne zu sprechen

➤ Intervention mit Einbau von Ablenkungen

➤ Intervention mit drei Hunden

➤ Intervention mit zwei Seilen, auf denen die Hunde entlanglaufen sollen

13.1.4 Intervention: Kooperative Führung

Zielsetzung und Anwendungsbereiche

Der Klient erlebt mit dieser Intervention, wie zielführend es sein kann, wenn Mitarbeitende sich aktiv einbringen dürfen. Er erfährt, wie man durch die Förderung von Eigeninitiative zugleich die Motivation der Mitarbeitenden erhöhen kann. Eine wertschätzende Zusammenarbeit auf Augenhöhe und gegenseitiger Respekt fördern das partnerschaftliche Miteinander. Wie nimmt der Klient Kontakt zum Hund auf? Wie führt der Klient den Hund? Hält er sich klar an die Anweisungen, oder geht er auf den Hund und seine Bedürfnisse ein? Wie kooperativ zeigt sich der Klient? Wie kooperativ zeigt sich der Hund? Wie viel Freude hat die Zusammenarbeit bereitet?

Vorbereitung und benötigtes Material

Für die Intervention werden 1 Pylone und 1 Ball benötigt.

Intervention

„Lass den Hund ohne Leine neben dir bei A absetzen. Er soll dort sitzen bleiben. Wirf einen Ball ca. 8 Meter weg. Erst auf dein Signal hin darf der Hund den Ball holen. Er soll ihn mit dem Maul nehmen und dann zu dir zurückbringen und in deine Hände fallen lassen. Das Ziel ist es, dass der Ball nach dem Wurf vom Hund wieder zurück in deine Hände gebracht wird."

Abb. 13.4 stellt die Intervention grafisch dar.

Abb. 13.4 Intervention
kooperative Führung

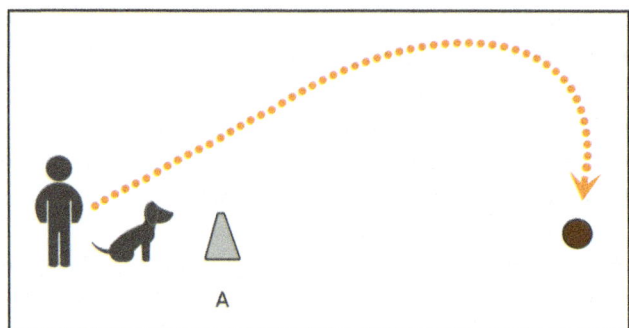

Reflexion

➤ Wie sicher warst du auf einer Skala von 1 bis 10, dass dir die Aufgabe gelingt?
➤ Wie sicher warst du, dass der Hund sitzen bleibt, wenn du den Ball wirfst?
➤ Was hast du gedacht? Was hast du gefühlt?
➤ Welches Bild hattest du vor Augen?
➤ In welchem Moment hast du gezweifelt?
➤ Was hat dir zum Erfolg verholfen?
➤ Wie gut hast du kommuniziert?
➤ Wie gut hast du motiviert?
➤ Was hast du bei dem Hund beobachtet?
➤ Wie kooperativ war der Hund? Woran machst du das fest?
➤ Wie erklärst du dir sein Verhalten XY?
➤ Wie sehr hast du dem Hund vertraut, dass er dir den Ball zurückbringt?
➤ Wie war eure Zusammenarbeit?
➤ Wie viel Freude hatte der Hund an eurer gemeinsamen Aufgabe?
➤ Wie viel Mitspracherecht hast du dem Hund in deiner Führung eingeräumt?
➤ Wie kooperativ hast du dich in deiner Führung gezeigt?
➤ Wie wertschätzend bist du mit dem Hund umgegangen? Woran machst du das fest?
➤ Was würde der Hund sagen, wie kooperativ deine Führung war?
➤ Wie gut bist du auf seine Bedürfnisse eingegangen?
➤ Was könntest du beim nächsten Mal anders machen?
➤ Was hätte dir noch geholfen?

Transfer

➤ Was nimmst du dir aus dieser Übung mit?
➤ Was lässt sich auf deinen Berufsalltag übertragen?
➤ Was ist für dich ein kooperativer Führungsstil?
➤ Wie kooperativ führst du deine Mitarbeitenden?
➤ Wie kooperativ gehst du mit Kollegen um?
➤ Wie kooperativ wirst du selbst geführt? Was gefällt dir daran? Was nicht?
➤ Wo gibt es Gemeinsamkeiten? Wo siehst du Unterschiede? Warum?

➤ Wie viel Mitspracherecht räumst du deinen Mitarbeitenden ein? Warum?

➤ Wie wertschätzt du deine Mitarbeitenden? Wie zeigst du es konkret?

➤ Welche Führungskompetenzen hast du bei der Übung heute eingesetzt?

➤ Welche Kompetenzen hättest du noch besser einsetzen können?

➤ Welche Parallelen siehst du zu deinem beruflichen Umfeld?

Weiterführende Ideen und Variationen

➤ Intervention: Statt den Ball zu werfen, soll der Klient ein Stück gehen, während der Hund sitzen bleibt, und den Ball an einer Stelle ablegen, dann zurückkommen und auf Signal den Ball holen und im Anschluss zu sich zurückbringen lassen.

➤ Intervention mit zwei Hunden und einem Ball: Nur einer darf den Ball holen.

➤ Intervention mit zwei Hunden und zwei Bällen: Beide dürfen einen Ball nacheinander auf Signal holen.

13.1.5 Intervention: Führung unter Herausforderung und Druck

Zielsetzung und Anwendungsbereiche

Mit dieser Intervention erlebt der Klient, wie er mit Herausforderungen und Druck in seinem Führungsverhalten umgeht. Er erfährt, welche Auswirkungen sein Verhalten auf sein Gegenüber hat. Er lernt auf kleinste Signale zu reagieren, erfolgreich zu motivieren und kreativ an das Ziel zu gelangen. Nimmt der Klient sich Zeit für den Beziehungsaufbau, oder startet er direkt mit der Aufgabe? Überlegt sich der Klient zu Beginn eine Strategie, oder beginnt er die Übung mit dem Hund und überlegt sich währenddessen erst einen Plan? Wie klar kommuniziert und führt der Klient den Hund? Wie geht der Klient mit Misserfolgen um? Ändert sich sein Führungsstil? Gibt er auf, oder bleibt er dran? Probiert er aus? Kommt der Klient auf die Idee, dass der Hund die Aufgabe vielleicht erst lernen muss? Gibt er Hilfestellung? Welche Strategie zeigt er? Welche Führungskompetenzen setzt er trotz Herausforderung ein? Welche zeigt er nicht? Gibt der Klient den eigenen Druck an den Hund weiter? Wie reagiert dieser darauf?

Vorbereitung und benötigtes Material

Für die Intervention werden Gegenstände wie Hocker, Tonne oder Pylone etc. zum Umrunden benötigt.

Intervention

1. Runde: „Schick einen Hund ohne Leine um einen Gegenstand, ohne dass du selbst um den Gegenstand gehst."
2. Runde: „Schick zwei Hunde ohne Leine nacheinander um einen Gegenstand, ohne dass du selbst um den Gegenstand gehst."

Abb. 13.5 stellt die Intervention grafisch dar.

Abb. 13.5 Intervention
Herausforderung
und Druck

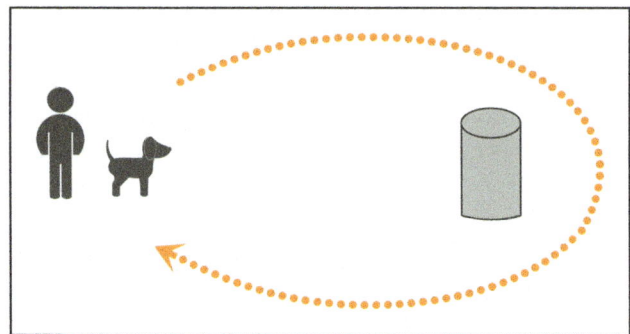

Reflexion

➤ Auf einer Skala von 1 bis 10: Wie sicher warst du, dass dir die Aufgabe gelingt?
➤ Als wie einfach oder schwer hast du die Aufgabe empfunden?
➤ Welche Runde war für dich einfacher? Warum war sie einfacher?
➤ Wie einfach oder schwer hast du es dir selbst gemacht?
➤ Wie einfach oder schwer hast du es deinem Hund gemacht?
➤ Wie klar hast du geführt?
➤ Was ging in dir vor, als der Hund den Gegenstand nicht umrunden wollte?
➤ Wie hättest du es dem Hund leichter machen können?
➤ Wie gut hast du motiviert? Wie hättest du besser motivieren können?
➤ Wie klar hast du kommuniziert? Wie hättest du klarer kommunizieren können?
➤ Wie kreativ warst du?
➤ Wie viel Leichtigkeit hast du dir erlaubt?
➤ Wie viel Leichtigkeit hast du dem Hund erlaubt?
➤ Was hat dich selbst unter Druck gesetzt? Wie hat sich das angefühlt?
➤ Wie hat der Hund auf deinen Druck reagiert?
➤ Wie, glaubst du, hat sich der Druck bei deinem Hund angefühlt?
➤ Wie würde der Hund deinen Führungsstil beschreiben?
➤ Was hättest du anderes tun können?

Transfer

➤ Welche Erkenntnis nimmst du aus der Übung mit?
➤ Was kannst du aus der Übung auf deinen beruflichen Alltag übertragen?
➤ Wie oft stehst du beruflichen Herausforderungen gegenüber?
➤ Wie gut gehst du beruflich mit Herausforderungen um?
➤ Wie oft hast du beruflichen Druck? Wie gehst du mit diesem Druck um?
➤ Was hilft dir in solchen Situationen?
➤ Gibst du den Druck an deine Mitarbeitenden weiter? Oder federst du diesen ab?
➤ Wie, glaubst du, geht es deinen Mitarbeitenden damit?
➤ Bemerkst du, wenn deine Mitarbeitenden Stress haben?
➤ Wie achtsam nimmst du den Stress bei deinen Mitarbeitenden wahr?
➤ Was tust du, wenn deine Mitarbeitenden Stress haben?

➤ Inwieweit förderst du diesen selbst? Warum tust du das?

➤ Wie viel Leichtigkeit möchtest du dir zukünftig erlauben?

➤ Wie viel Leichtigkeit möchtest du deinen Mitarbeitenden zukünftig erlauben?

➤ Was kannst du tun, um zukünftig besser mit Herausforderungen umzugehen? Was würde dir helfen?

➤ Wie kannst du beruflichen Druck für dich selbst reduzieren?

➤ Wie kannst du ihn für deine Mitarbeitenden reduzieren?

Weiterführende Ideen und Variationen

➤ Schick zwei Hunde gleichzeitig um zwei verschiedene Gegenstände, ohne dass du selbst um die Gegenstände gehst.

➤ Schick zwei Hunde nacheinander auf zwei Kisten.

➤ Schick zwei Hunde gleichzeitig auf zwei Kisten.

13.1.6   Intervention: Umgang mit Ablenkungen in der Führung

Zielsetzung und Anwendungsbereiche

Störungen und Ablenkungen kommen im beruflichen Umfeld oft vor. Als Führungskraft ist es wichtig, diese frühzeitig zu erkennen und souverän damit umzugehen. Durch die Intervention zeigt sich, wie der Klient mit Ablenkungen und Störungen umgeht. Bleibt er überrascht stehen und verharrt? Zeigt er sich lösungsorientiert? Nimmt er sich der Störung an? Oder versucht er diese zu ignorieren? Wie reagiert er auf die Ablenkung des Hundes? Wie führt er ihn zum Ziel? Der Klient lernt, die Störungen kreativ zu beseitigen, auf das Ziel fokussiert zu bleiben, erfolgreich zu motivieren und sich durchzusetzen.

Vorbereitung und benötigtes Material

Für die Intervention werden 1 gutsitzendes Geschirr, 1 Leine, 2 Pylonen, 1 Stange, 2 Muldenhauben und 1 Ball sowie 1 Hilfsperson benötigt.

Intervention

Vorab: Eine Hilfsperson wird instruiert, in der zweiten Runde genau in der Mitte des Rückwegs einen Ball *neben* den Hund zur Ablenkung zu werfen.

1. Runde: „Führe deinen Hund mit Leine von A nach B und wieder zurück. Er soll in jeder Runde in der Mitte gemeinsam mit dir über die Stange laufen, ohne dass die Stange dabei runterfällt."

2. Runde: „Führe deinen Hund ohne Leine von A nach B und wieder zurück. Er soll in jeder Runde in der Mitte gemeinsam mit dir über die Stange laufen, ohne dass die Stange dabei runterfällt." Die Hilfsperson wirft in der Mitte des Rückwegs die Ablenkung in die Nähe des Hundes. (in Anlehnung an Landgraf und Neuse 2021 sowie an Knabe 2022)

Abb. 13.6 stellt die Intervention grafisch dar.

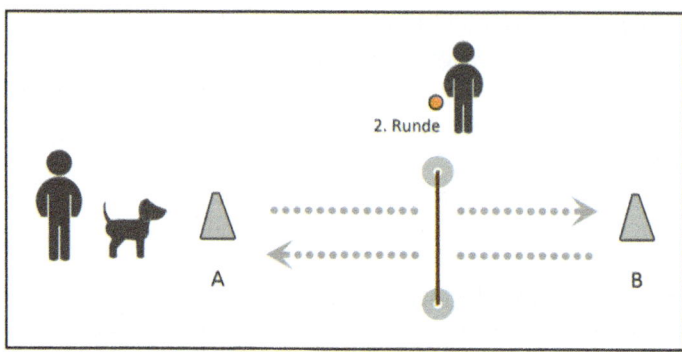

Abb. 13.6 Intervention Ablenkung

Reflexion
➤ Wie sicher warst du am Anfang, dass dir die Aufgabe gelingt?
➤ Welche Runde war einfacher für dich?
➤ Wie klar hast du geführt?
➤ Wer hat die Ablenkung in der zweiten Runde zuerst bemerkt, du oder der Hund?
➤ Wie hat der Hund darauf reagiert?
➤ Wie hast du auf die Ablenkung reagiert? Was hast du gedacht? Was hast du getan?
➤ Wie bist du mit der Störung/Ablenkung konkret umgegangen?
➤ Was hat zum Erfolg beigetragen?
➤ Wie hättest du anders reagieren können?
➤ Was hätte dir geholfen?
➤ Was hätte dem Hund geholfen?
➤ Welches Bedürfnis hatte der Hund? Wie hättest du dem Bedürfnis nachkommen und trotzdem zum Ziel kommen können?
➤ Wie schlimm war es für dich, dass der Hund abgelenkt war? Wenn ja, warum? Wenn nein, warum nicht?
➤ Was würdest du beim nächsten Mal anders machen?

Transfer
➤ Was beschäftigt dich gerade besonders?
➤ Was nimmst du dir aus dieser Übung mit?
➤ Welche Parallelen siehst du in deinem beruflichen Umfeld?
➤ Wie oft erlebst du Störungen in deinem beruflichen Umfeld?
➤ Wie gehst du am Arbeitsplatz mit Störungen bei dir selbst um?
➤ In welchen Situationen gelingt es dir gut, die Störungen zu beseitigen?
➤ In welchen Situationen gelingt es dir weniger gut? Warum?
➤ Wie gehst du am Arbeitsplatz mit Störungen bzw. Ablenkungen in deinem Team um?
➤ Wie achtsam nimmst du diese wahr?
➤ Was tust du dann? Wie gut funktioniert das?

➤ Wie möchtest du mit Störungen bzw. Ablenkungen in Zukunft umgehen?

➤ Was wirst du konkret anders machen?

➤ Wie setzt du das um?

Weiterführende Ideen und Variationen

➤ Intervention, ohne zu sprechen

➤ Intervention mit Leckerli auf dem Weg

➤ Intervention mit 2 Hunden

13.1.7   Intervention: Führung und Vertrauen

Zielsetzung und Anwendungsbereiche

Eine moderne Führungskultur basiert auf Vertrauen: Vertrauen in sich selbst, Vertrauen in andere und Vertrauen in das System. Um Vertrauen aufbauen, gewinnen und pflegen zu können, gilt es zunächst, das eigene Misstrauen zu überwinden. Der Klient erlebt durch die Intervention, wie er mit Vertrauen umgeht. Wie sehr vertraut der Klient sich selbst und seinen Fähigkeiten? Wie baut der Klient eine Beziehung und Vertrauen zu den Hunden auf? Wie klar ist der Klient in seiner eigenen Haltung den Hunden gegenüber? Wie klar kommuniziert und führt er die Hunde? Wie sehr vertraut der Klient den Hunden? Gibt er ihnen einen Rahmen vor, in dem sie eigenverantwortlich agieren können? Oder gibt er ihnen ein Kommando wie z. B. „Sitz"? Dreht er sich zu den Hunden kontrollierend um, oder vertraut er ihnen?

Vorbereitung und benötigtes Material

Für die Intervention werden 2 Pylonen benötigt.

Intervention

„Führe die Hunde ohne Leine von A nach B. Die Hunde sollen bei B bleiben, während du allein zu A zurückgehst. Erst auf dein Signal hin, wenn du bei A angekommen bist, sollen die Hunde direkt zu dir gelaufen kommen." (in Anlehnung an Knabe 2022)

Abb. 13.7 stellt die Intervention grafisch dar.

Reflexion

➤ Auf einer Skala von 1 bis 10: Wie sicher warst du dir, dass du die Aufgabe schaffst?

➤ Wie hast du die Beziehung und das Vertrauen zu den Hunden aufgebaut?

➤ Wie sicher warst du, dass die Hunde bei B verweilen würden?

➤ Wie sehr hast du den Hunden vertraut? Warum?

➤ Wie viel Freiraum hast du den Hunden gegeben?

➤ Warum hast du den Hunden ein „Sitz" gegeben?

➤ Warum hast du auf dem Rückweg mehrfach „Bleib" gesagt statt nur einmal?

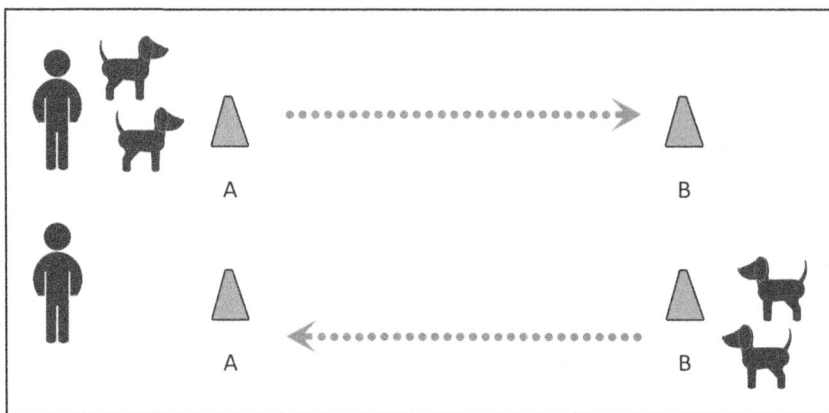

Abb. 13.7 Intervention Vertrauen

➤ Warum hast du dich auf dem Rückweg mehrfach umgedreht?
➤ Warum hast du deine Hand immer wieder auf dem Rückweg zu den Hunden aus-
   gestreckt?
➤ Hat es diese Maßnahmen wirklich gebraucht?
➤ An welcher Stelle des Weges hast du gezweifelt? Was ist dann passiert? Wie haben die
   Hunde daraufhin reagiert?
➤ Warum, glaubst du, ist gar kein/nur ein Hund zu dir zurückgekommen?
➤ Wie souverän hast du geführt?
➤ Wie klar hast du kommuniziert?
➤ Wie erfolgreich hast du motiviert?
➤ Was, glaubst du, hat zum Misserfolg beigetragen?
➤ Was, glaubst du, hat zum Erfolg beigetragen?

Transfer
➤ Welche Erkenntnis nimmst du dir aus dieser Übung mit?
➤ Was lässt sich aus der Übung auf deinen beruflichen Alltag übertragen?
➤ Wie sehr vertraust du dir und deine eigenen Fähigkeiten? Wie oft zweifelst du an dir?
➤ Wie könntest du selbst mehr Vertrauen in dich haben?
➤ Wie sehr vertraust du deinen Mitarbeitenden am Arbeitsplatz?
➤ Wie oft kontrollierst du diese?
➤ Wie baust du am Arbeitsplatz Vertrauen auf? Wie pflegst du Vertrauen?
➤ Wie zeigst du konkret deinen Mitarbeitenden dein Vertrauen?
➤ Wie zeigen deine Mitarbeitenden dir ihr Vertrauen?
➤ Beruht das Vertrauen auf Gegenseitigkeit, oder ist es eher einseitig?
➤ Welche Seite schenkt mehr Vertrauen? Warum?
➤ Was benötigt die andere Seite noch, um mehr Vertrauen schenken zu können?
➤ Was brauchst du persönlich, um Vertrauen geben zu können?

➤ Wann hat jemand dein Vertrauen nicht verdient?

➤ Wie könntest du deinen Mitarbeitenden dein Vertrauen noch mehr zeigen?

➤ Wie motivierst du am Arbeitsplatz deine Mitarbeitenden?

➤ Inwieweit gibst du deinen Mitarbeitenden einen Rahmen, in dem sie eigenverantwortlich agieren können? Welche Freiräume haben sie?

➤ Was wirst du zukünftig anders machen?

Weiterführende Ideen und Variationen

➤ Intervention mit einem Hund

➤ Intervention, ohne zu sprechen

➤ Intervention mit Ablenkung einbauen

13.1.8 Intervention: Führungskompetenzen

Zielsetzung und Anwendungsbereiche

Für diese Intervention benötigt der Klient verschiedene Führungskompetenzen. Zeigt der Klient eine klare Haltung und Führung? Vertraut er dem Hund? Kommuniziert er klar und motiviert er erfolgreich? Kann er klar Grenzen setzen und behält er sein Ziel im Blick? Welche Kompetenzen setzt der Klient für die Aufgabe ein? Welche wären noch hilfreich gewesen? Wie geht der Klient mit den einzelnen Herausforderungen um? Probiert er aus? Oder fragt er beim Coach nach hilfreichen bekannten Signalen für den Hund nach?

Vorbereitung und benötigtes Material

Für die Intervention werden 2 Pylonen benötigt.

Intervention

„Führe den Hund von A nach B ohne Leine. Lass ihn bei B „Sitz" machen und geh allein zu A zurück. Auf dein Signal hin soll der Hund zu dir gelaufen kommen. Stopp den Hund auf halber Strecke des Rückwegs zwischen A und B." (in Anlehnung an Knabe 2022)

Abb. 13.8 stellt die Intervention grafisch dar.

Reflexion

➤ Was hast du geglaubt, was gut funktionieren wird und was nicht?

➤ Welches Bild hattest du innerlich vor deinem Start vor Augen?

➤ Was hat gut funktioniert? Was hat nicht gut funktioniert?

➤ Wie klar hast du geführt? Wie klar hast du kommuniziert?

➤ Was ist dir selbst dabei aufgefallen?

➤ Wie sehr hast du dem Hund vertraut, dass er sitzen bleibt?

➤ An welcher Stelle hattest du Zweifel? Warum?

➤ Was ist dann passiert?

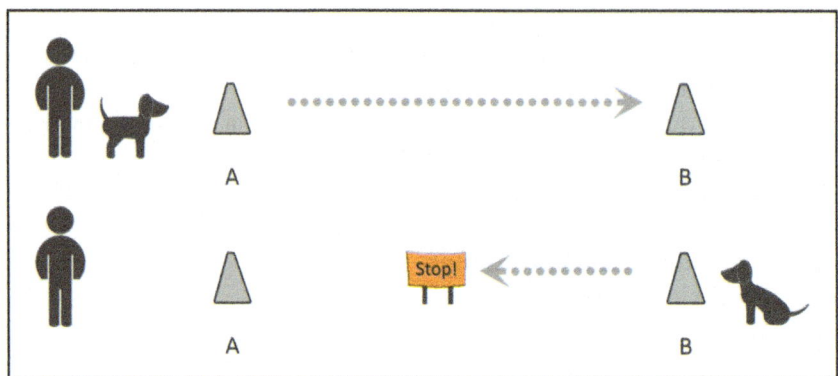

Abb. 13.8 Intervention Führungskompetenzen

➤ Wie klar hast du Grenzen gesetzt?
➤ Auf welcher Höhe hat der Hund gestoppt? Auf welcher sollte er stoppen?
➤ Warum, glaubst du, hat der Hund gar nicht gestoppt?
➤ Warum, glaubst du, hat der Hund das Verhalten XY gezeigt? Wie bist du damit um-
   gegangen? Warum?
➤ Was fiel dir leicht? Was fiel dir schwer?
➤ Wer hat mehr Energie in die Übung investiert, du oder der Hund?
➤ Welche Signale hast du gegeben? Und welche Signale sind beim Hund angekommen?
➤ Was möchtest du auf jeden Fall beibehalten?
➤ Was könntest du in der nächsten Runde verändern?
➤ Was könnte dir noch helfen?

Transfer
➤ Was nimmst du dir aus der Übung mit?
➤ Was lässt sich aus der Übung auf deinen beruflichen Alltag übertragen?
➤ Welche Erkenntnis nimmst du dir aus der Übung noch mit?
➤ Wie sehr vertraust du deinen Mitarbeitenden?
➤ Was würden deine Mitarbeitenden sagen, wie klar du kommunizierst?
➤ Wie viele Rückfragen gibt es von deinen Mitarbeitenden?
➤ Wie gut erledigen deine Mitarbeitenden die Aufgaben, die du ihnen übertragen hast?
➤ Wie erfolgreich setzt du Grenzen im beruflichen Umfeld? Wie erfolgreich setzt du
   dich durch?
➤ Wie gut schaffst du es, dass deine Mitarbeitenden die Aufgabe übernehmen, auch
   wenn sie keine Lust haben?
➤ Wie motivierst du deine Mitarbeitenden trotz anspruchsvollen Pensums?
➤ In welchen Situationen gelingt dir dies gut?
➤ In welchen Situationen gelingt es dir weniger?
➤ Wie könntest du sie noch individueller motivieren?

➤ Welche Führungskompetenzen hast du heute in der Übung gezeigt?
➤ Welche hast du nicht zeigen können?
➤ Was möchtest du in deinem Führungsverhalten beibehalten?
➤ Was möchtest du ändern?

Weiterführende Ideen und Variationen
➤ Intervention, ohne zu sprechen
➤ Intervention mit zwei Hunden
➤ Intervention mit Einbau einer Ablenkung

13.1.9   Intervention: Führungskommunikation

Zielsetzung und Anwendungsbereiche
Ein authentischer und souveräner Führungsstil ist von wertschätzender, klarer und transparenter Kommunikation geprägt. Wie nimmt der Klient zum Hund Kontakt auf? Wie baut er eine Beziehung auf? Wie klar kommuniziert der Klient? Wie authentisch ist er dabei? Wie souverän führt er? Wie wertschätzend geht er mit dem Hund um? Wie erfolgreich motiviert er? Wie achtsam hört er dem Hund zu und erfasst seine Bedürfnisse? Was und wie hinterfragt er beim Hund? Wie gut passt er seine Kommunikation an den Hund an? Wie viel Zeit nimmt sich der Klient für die Übung bzw. den Hund? Lobt er den Hund nach erfolgreichem Abschluss? Oder ist die erbrachte Leistung für ihn selbstverständlich?

Vorbereitung und benötigtes Material
Für die Intervention werden 1 Reifen, 5 Pylonen, 1 Hocker und 1 Eimer/Tonne benötigt.

Intervention

„Führe den Hund sicher und fehlerfrei ohne Leine durch den Parcours. Führe den Hund zuerst zum Reifen; darin soll der Hund „Sitz" machen. Lauf dann im Slalom mit dem Hund um die 3 Pylonen. Auf dem folgenden Hocker soll der Hund einmal beide Vorderpfoten gleichzeitig draufstellen. Zum Abschluss soll der Hund den Eimer/die Tonne umrunden. Führe den Hund dann auf gerader Strecke von B nach A zurück."

Abb. 13.9 stellt die Intervention grafisch dar.

Reflexion
➤ Wie wertschätzend hast du die Übung mit dem Hund begonnen?
➤ Wie klar hast du geführt?
➤ Wie klar hast du kommuniziert?
➤ Welche Signale hast du gegeben? Welche Signale sind beim Hund angekommen?
➤ Wie gut hast du motiviert?
➤ Wie achtsam warst du mit dem Hund?

Abb. 13.9 Intervention Führungskommunikation

➤ Wie achtsam war der Hund bei dir? Hast du eine Verbindung gespürt?
➤ Warum, glaubst du, waren der Hund und du so erfolgreich? Was hat euch geholfen?
➤ Welche Kompetenzen hast du eingesetzt?
➤ Welche Kompetenzen hat der Hund gezeigt?
➤ Woran hat es gelegen, dass die Übung/das Hindernis nicht funktioniert hat?
➤ Wie bist du mit dem Verhalten XY umgegangen? Warum, glaubst du, hat der Hund dieses Verhalten gezeigt? Warum bist du darauf nicht eingegangen?
➤ Was hättest du tun können?
➤ Wie wertschätzend hast du den Hund nach Abschluss der Übung behandelt? Was hast du getan?
➤ Was möchtest du beim nächsten Mal anders machen?

Transfer
➤ Was hat dich bei der Übung überrascht?
➤ Was hast du Neues über dich erfahren?
➤ Welche Parallelen siehst du zu deinem beruflichen Alltag?
➤ Was bedeutet für dich gute Kommunikation?
➤ Wie achtsam nimmst du deine Mitarbeitenden wahr?
➤ Wie aufmerksam hörst du deinen Mitarbeitenden zu?
➤ Wie oft hinterfragst, klärst und präzisierst du Dinge bei deinen Mitarbeitenden?
➤ Was bedeutet für dich klare Kommunikation?
➤ Wie klar bist du in deiner Kommunikation zu deinen Mitarbeitenden?
➤ Wie oft gibst du widersprüchliche Signale? In welchen Situationen passiert dir das? Warum?
➤ Was bedeutet für dich authentische Kommunikation?
➤ Auf einer Skala von 1 bis 10: Wie authentisch kommunizierst du am Arbeitsplatz?
➤ Wie und was kommunizierst du nach einem erfolgreichen Teamabschluss?
➤ Welche Kompetenzen, die du heute genutzt hast, möchtest du beruflich verstärkt zeigen?
➤ Was kannst du noch auf deinen beruflichen Alltag übertragen?

Weiterführende Ideen und Variationen
➤ Intervention, ohne zu sprechen
➤ Intervention mit Einbau einer Ablenkung, z. B. Leckerli am Hindernis
➤ Intervention mit zwei Hunden, die gleichzeitig durch den Parcours geführt werden

13.1.10 Intervention: Achtsame Führung

Zielsetzung und Anwendungsbereiche
Mit dieser Intervention erlebt der Klient, wie wichtig Achtsamkeit gegenüber sich selbst und anderen in der Führung ist. Wie geht der Klient mit verschiedenen Dingen gleichzeitig um? Wie achtsam ist er sich selbst gegenüber? Wie achtsam ist er anderen gegenüber? Nimmt der Klient kleinste, leise Signale vom Hund wahr? Wie viel Geduld zeigt er? Wie fokussiert ist er? Kann er sich auf zwei Dinge gleichzeitig konzentrieren? Überträgt sich die Stimmung des Klienten auf den Hund? Kann der Klient sich selbst entschleunigen?

Vorbereitung und benötigtes Material
Für die Intervention wird ein Handy zum Schreiben von Nachrichten benötigt.

Intervention

> „Führe den Hund ohne Leine im Gelände entlang. Währenddessen hast du 10 Minuten Zeit, auf deinem Handy eine Nachricht an eine Person deiner Wahl zu schreiben. Die Nachricht soll eine Begrüßung, ein fiktives Anliegen und eine Verabschiedung beinhalten. Sende diese Nachricht nicht ab. Ziel ist es, diese im Anschluss laut vorzulesen und fehlerfrei geschrieben zu haben."

Der Klient läuft los.

Nach ca. 1–2 min: „Leider hat sich deine Zeit deutlich aufgrund eines wichtigen Anliegens verkürzt. Du wirst zu Hause dringend benötigt und musst schnell nach Hause. Du hast noch eine Minute Zeit, deine Nachricht zu beenden. Bitte beende deine Nachricht, während du den Hund weiter im Gelände führst."

Nach 3–4 min: „Bitte lies deine Nachricht vor." (in Anlehnung an Knabe 2022)

Abb. 13.10 stellt die Intervention grafisch dar.

Reflexion
➤ Wie hat sich die Übung für dich angefühlt?
➤ Wie leicht fiel dir die gleichzeitige Konzentration auf das Nachrichtenschreiben und den Hund? Worauf hast du dich mehr konzentriert?
➤ Wie souverän hast du während des Schreibens geführt?
➤ Wie sehr hast du den Spaziergang mit dem Hund genossen?
➤ Wie sehr, glaubst du, hat der Hund euren Spaziergang genossen?
➤ Wie gut hast du mit dem Hund kommuniziert?

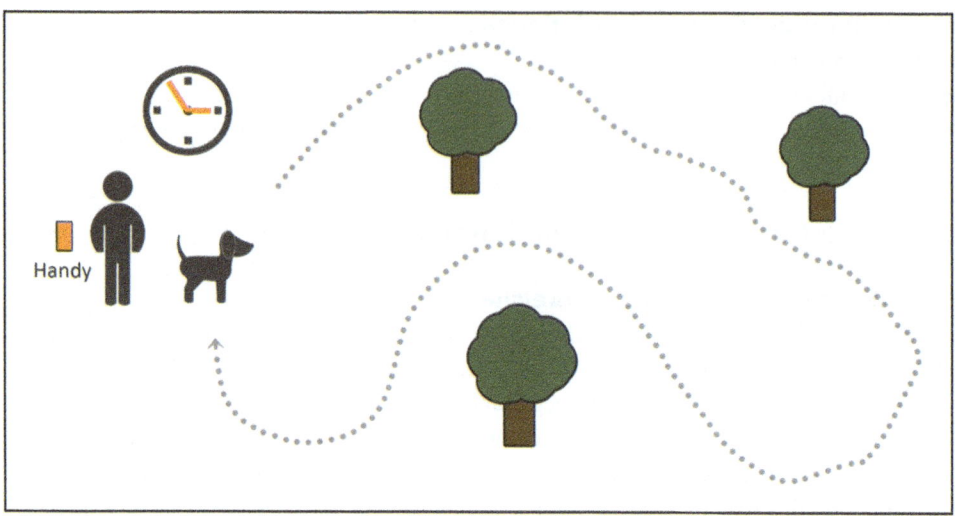

Abb. 13.10 Intervention achtsame Führung

➤ Wart ihr ein Team? Hattest du während des Spaziergangs ein Wir-Gefühl?
➤ Was habt ihr gemeinsam erlebt?
➤ Was für ein Verhalten hat der Hund gezeigt? Warum, glaubst du, hat er sich so verhalten?
➤ Was hast du gedacht, als es auf einmal hieß, du hast nur noch 1 min Zeit?
➤ Was hast du in dem Moment gefühlt? Wie hat sich das Gefühl in deinem Körper geäußert? Was hast du gedacht?
➤ Hast du eine Veränderung beim Hund bemerkt?
➤ Ist es dir fehlerfrei gelungen, die Nachricht mit Begrüßung, Anliegen und Verabschiedung zu schreiben? Hast du sie fehlerfrei vorgelesen?
➤ Möchtest du die Übung noch einmal wiederholen?
➤ Was möchtest du gern anders machen?

Transfer
➤ Kommt dir das Gefühl, das du bei der Übung hattest, aus dem beruflichen Kontext bekannt vor? Wenn ja, in welchen Situationen?
➤ Wie gehst du damit normalerweise um?
➤ Was würdest du gern in solchen Situationen verändern?
➤ Wie achtsam bist du dir im beruflichen Kontext selbst gegenüber?
➤ In welchen beruflichen Situationen gelingt dir die Achtsamkeit dir selbst gegenüber gut?
➤ In welchen Situationen bist du weniger achtsam dir gegenüber? Warum?
➤ Wie achtsam nimmst du deinen eigenen Führungsstil anderen gegenüber wahr?
➤ Wie würdest du deinen Führungsstil beschreiben?
➤ Welches Feedback geben dir deine Mitarbeitenden zu deinem Führungsstil?

➤ Auf einer Skala von 1 bis 10: Wie achtsam bist du deinen Mitarbeitenden und ihren individuellen Bedürfnissen gegenüber?

➤ In welchen beruflichen Situationen gelingt dir die Achtsamkeit deinen Mitarbeitenden gegenüber gut?

➤ In welchen Situationen bist du weniger achtsam gegenüber deinen Mitarbeitenden? Warum?

➤ Wie achtsam finden dich deine Mitarbeitenden?

➤ Was nimmst du dir für eine Erkenntnis aus der Übung mit?

➤ Was wirst du ändern?

➤ Wie stellst du sicher, dass es dir gelingt?

➤ Wer oder was kann dich bei dem Vorsatz unterstützen?

Weiterführende Ideen und Variationen

➤ Intervention mit Leine

➤ Intervention mit zwei Hunden

➤ Intervention, ohne zu sprechen

13.1.11 Intervention: Umgang mit Komplexität in der Führung

Zielsetzung und Anwendungsbereiche

In einer immer komplexeren Arbeitswelt bietet ein klarer und souveräner Führungsstil den Mitarbeitenden Orientierung. Der Klient erlebt durch die Intervention, wie wichtig seine eigene klare Haltung, Führung und Kommunikation im Umgang mit Komplexitäten sind. Wie geht der Klient mit Komplexität um? Wie gut behält er den Überblick? Wie souverän führt er? Setzt er die Hunde stärkenbasiert ein? Probiert er vorher aus, welcher Hund was besser kann? Wie klar kommuniziert er? Wie erfolgreich motiviert er die Hunde? Will der Klient alles unter Kontrolle behalten? Wie sehr hört er auf seine Intuition?

Vorbereitung und benötigtes Material

Für die Intervention werden 3 Kisten und 3 Pylonen benötigt.

Intervention

1. Runde: „Lass einen Hund ohne Leine über 3 Kisten steigen, und ein anderer Hund soll gleichzeitig ohne Leine einen Slalom um 3 Kegel laufen." (in Anlehnung an Landgraf und Neuse 2021)

2. Runde: „Lass einen Hund ohne Leine sitzen, während du einen zweiten Hund ohne Leine 3 Mal um den sitzenden Hund laufen lässt."

Abb. 13.11 stellt die Intervention grafisch dar.

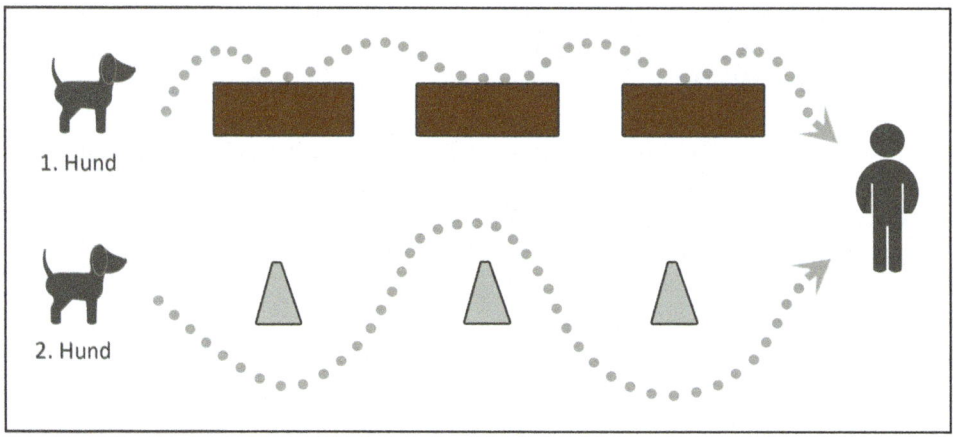

Abb. 13.11 Intervention Komplexität

Reflexion

➤ Wie klar warst du selbst, als du die Aufgabe begonnen hast?

➤ Wie souverän hast du geführt?

➤ Wie klar hast du kommuniziert?

➤ Wie gut hast du motiviert?

➤ Wie gut hast du die Vorlieben und Stärken der individuellen Hundepersönlichkeiten eingesetzt? Warum hast du diese nicht getestet?

➤ Inwieweit hast du das Alter, die Größe und Bedürfnisse der Hunde berücksichtigt?

➤ Welche Strategie hast du dir im Vorfeld überlegt?

➤ Wie gut hat diese funktioniert?

➤ Was hat zum Erfolg beigetragen? Was hat eher nicht beigetragen?

➤ Gab es so etwas wie eine Verbindung zwischen dir und den Hunden? Oder gab es nur zu einem Hund eine Verbindung? Wenn ja, zu welchem und warum?

➤ Welche Runde hat dir besser gelegen? Warum?

➤ Welche Runde war für dich komplexer? Woran machst du das fest?

➤ Wie hast du dich in Runde 1 gefühlt? Wie hat sich das in deinem Körper geäußert? Was hast du dabei gedacht?

➤ Wie hast du dich in Runde 2 gefühlt? Wie hat sich das in deinem Körper geäußert? Was hast du dabei gedacht?

➤ Was hätte dir noch helfen können?

➤ Was würdest du beim nächsten Mal anders machen?

Transfer

➤ Was nimmst du dir aus dieser Übung mit?

➤ Was lässt sich aus der Übung auf dein berufliches Umfeld übertragen?

➤ Wie komplex ist dein Arbeitsalltag?

➤ Was bedeutet für dich Komplexität?

➤ Wie fühlt sich Komplexität für dich an?

➤ Wie gehst du mit Komplexität am Arbeitsplatz um?

➤ Welche Strategien nutzt du? Welche Strategien könntest du noch nutzen?

➤ Was könnte noch hilfreich sein?

➤ Wie oft setzt du deine Mitarbeitenden stärkenbasiert ein?

➤ Was würden deine Mitarbeitenden sagen, wie gut du ihre Stärken kennst?

➤ Wie wichtig ist dir Kontrolle? Wenn ja, wofür brauchst du sie? Wofür noch? Welches Bedürfnis steckt dahinter? Welches noch?

➤ Wie könntest du dieses Bedürfnis noch erreichen?

➤ Wie geht ihr im Team mit Komplexität um? Was ist hilfreich?

➤ Was könnte noch hilfreich sein?

Weiterführende Ideen und Variationen

➤ Lass einen Hund sitzen, während du einen zweiten Hund auf eine Kiste steigen lässt.

➤ Lass einen Hund im Uhrzeigersinn und einen anderen Hund gegen Uhrzeigersinn um dich herumlaufen.

➤ Intervention, ohne zu sprechen

13.1.12 Intervention: Führung und Delegieren

Zielsetzung und Anwendungsbereiche

Delegieren bedeutet Aufgaben und Verantwortung abzugeben, sich Freiraum zu verschaffen und anderen zu vertrauen. Mitarbeitende, denen Verantwortung übertragen wird, sind i. d. R. motivierter, arbeiten eigenständiger und denken mit. Der Klient erfährt durch die Intervention, wie gut er delegieren kann. Spricht der Klient den Hund zu Beginn an? Baut er eine Beziehung auf? Erklärt er dem Hund die Aufgabe? Kommuniziert und führt er klar? Gelingt ihm das Delegieren der Aufgabe an den Hund? Überträgt er Verantwortung auf den Hund? Motiviert er erfolgreich? Gibt der Klient dem Hund Freiraum? Bleibt er trotzdem fokussiert? Bricht er die Aufgabe ab, oder wird das Ziel erreicht? Bedankt sich der Klient nach Abschluss mit einer Geste beim Hund?

Vorbereitung und benötigtes Material

Für die Intervention werden 1 Strick und 3 unterschiedliche Spielsachen wie Ball, Plüschtier und Dummy benötigt.

Intervention

„Delegiere an den Hund folgende Aufgabe. Der Hund soll ohne Leine die Spielsachen nacheinander ins Maul nehmen, einzeln über das Seil tragen und auf der anderen Seite des Seils fallen lassen." (in Anlehnung an Knabe 2022)

Abb. 13.12 stellt die Intervention grafisch dar.

Abb. 13.12 Intervention
Delegieren

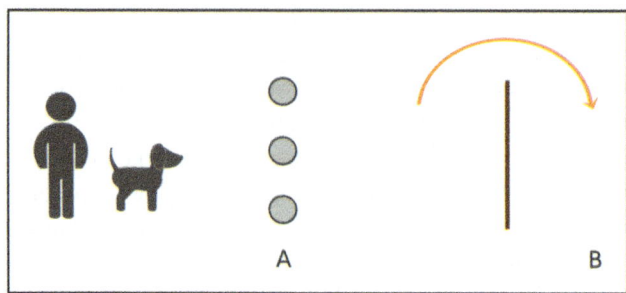

Reflexion

➤ Wie hast du die Beziehung zum Hund aufgebaut?

➤ Wie hast du dem Hund die Aufgabe erklärt?

➤ Wie klar warst du vor Beginn der Übung, wie du an die Aufgabe herangehst?

➤ Hast du dir im Vorfeld eine Strategie überlegt? Wie gut hat diese Strategie funktioniert?

➤ Was hat gut funktioniert? Was hat nicht funktioniert?

➤ Wie hättest du mit der Situation noch umgehen können?

➤ Wie gut hast du geführt?

➤ Was hätte dir und deinem Hund geholfen?

➤ Wie viel Freiraum hast du dem Hund gegeben?

➤ Warum hast du den Hund nicht selbst bestimmen lassen, mit welchem Spielzeug er beginnen möchte?

➤ Wie klar warst du in deiner Kommunikation dem Hund gegenüber?

➤ Welche klaren Signale hast du ihm gesendet? Welche Signale waren widersprüchlich?

➤ Warum hat der Hund das Verhalten XY gezeigt? Was glaubst du? Wie bist du damit
umgegangen? Warum?

➤ Warum hast du die Übung abgebrochen?

➤ Wie hättest du den Fokus des Hundes verändern können?

➤ Wie hättest du den Hund noch motivieren können?

➤ Welchen Mehraufwand hättest du vermeiden können? Wie hättest du ihn konkret vermeiden können?

➤ Was würdest du beim nächsten Mal anders machen?

➤ Welche Kompetenzen hast du zum erfolgreichen Abschluss eingesetzt? Welche noch?

➤ Wie bist du aus der Übung mit dem Hund rausgegangen? Wie wertschätzend war dein
Handeln?

Transfer

➤ Was nimmst du dir aus dieser Übung mit?

➤ Welche Parallelen siehst du zu deinem beruflichen Kontext?

➤ Auf einer Skala von 1 bis 10: Wie gut gelingt dir am Arbeitsplatz das Delegieren von
Aufgaben?

➤ Wie klar bist du in der Kommunikation dabei?

➤ Auf einer Skala von 1 bis 10: Wie gut gelingt dir die Übertragung von Verantwortung auf deine Mitarbeitenden?

➤ Bei welchen Mitarbeitenden fällt es dir leichter? Bei welchen Mitarbeitenden fällt es dir schwerer? Warum?

➤ Wie viel Freiraum gewährst du deinen Mitarbeitenden?

➤ Wie leicht/schwer fällt es dir, deinen Mitarbeitenden Vertrauen zu schenken, dass sie die Aufgabe erfolgreich abschließen?

➤ Welche Ähnlichkeiten stellst du zur Übung und deinem hier gezeigten Verhalten fest?

➤ Welche Gemeinsamkeiten und Unterschiede gibt es?

➤ Was würden deine Mitarbeitenden sagen, wie oft Mehraufwand im Team entsteht?

➤ Was sind die Ursachen dafür?

➤ Inwieweit könntest du einen Anteil daran haben?

➤ Was möchtest du an deinem Führungsverhalten verändern?

Weiterführende Ideen und Variationen
➤ Intervention mit 5 Spielsachen
➤ Intervention mit hochwertigeren Sachen für den Hund
➤ Intervention, ohne zu sprechen

13.2 Hundegestützte Teamentwicklung

Die Teamentwicklung ist ein Prozess, den ein Team durchläuft, um Verhaltensweisen für die gemeinsame Zielerreichung zu verbessern. Dabei wird die Zusammenarbeit in Form von Kommunikation, Strukturen und Abläufen kontinuierlich im Team entwickelt und optimiert. Vorrangige Ziele sind die Steigerung der Effektivität jedes einzelnen Teammitglieds und die Erhöhung der Produktivität des Teams, um den wirtschaftlichen Erfolg des Unternehmens zu erhöhen.

Hundegestütztes Team-Coaching kann vor allem beim Erkennen von Stärken und Schwächen der einzelnen Teammitglieder, bei der Förderung von sozialen Kompetenzen, bei der Verbesserung der Beziehung, Kommunikation und des Wohlbefindens untereinander sowie bei der Optimierung von Arbeitsabläufen und Prozessketten förderlich sein. Als Auswahl finden sich nachstehend Interventionen zur Förderung von Teamarbeit, Kommunikation, Zeitmanagement, Vertrauen, Kreativität, abteilungsübergreifender sowie agiler Zusammenarbeit und zur Prozessoptimierung.

Wichtig: Die Fragestellungen sind lediglich als möglicher Einstieg für die Reflexion und den Transfer zu betrachten, da das Verhalten der Hunde genau zu beobachten und fachlich zu reflektieren ist. Die Einstellungen und das Verhalten sowohl der Teammitglieder als auch des gesamten Teams sind individuell zu hinterfragen und mit dem Verhalten des Hundes in Einklang zu bringen. Daraus ergeben sich die eigentlichen lösungsorientierten Fragen, die der Coach dem Team bzw. einzelnen Teammitgliedern stellt.

In den nachfolgenden Interventionen wird ausdrücklich das Wort Team verwendet; gemeint sind Teams und Gruppen gleichermaßen.

13.2.1   Intervention: Teamarbeit

Zielsetzung und Anwendungsbereiche

Mit der Intervention erhält der Coach einen ersten Eindruck vom Teamgefüge und wie die einzelnen Teammitglieder miteinander agieren, kommunizieren und zusammenarbeiten. Wer baut eine Beziehung zu den Hunden auf und wer nicht? Werden die Hunde als Teammitglieder eingebunden? Werden ihre Stärken, in dem Fall die Nase zum Aufspüren der Spielsachen, eingesetzt? Oder verlassen sich die Menschen lieber auf ihre eigene Strategie? Wie wird strategisch vorgegangen? Erarbeitet das Team einen Plan, oder laufen alle einfach gleichzeitig los? Wie erfolgt die Abstimmung untereinander? Wer übernimmt die Führung? Wer folgt wem? Welche Grüppchen bilden sich? Ist das Team mit den Hunden ein Team? Freuen sie sich über den gemeinsamen Erfolg?

Vorbereitung und benötigtes Material

Für die Intervention werden gutsitzende Geschirre und Leinen für die Hunde sowie 10 verschiedene Spielsachen und 1 Beutel benötigt. Die Spielsachen werden vorab im Gelände, ohne Anwesenheit des Teams, versteckt.

Intervention

Das Team erhält einen Beutel. „Eure Aufgabe ist es, gemeinsam mit euren Hunden an der Leine 10 versteckte Spielsachen hier im Gelände zu finden. Ihr habt dafür 10 min Zeit."

Abb. 13.13 stellt die Intervention grafisch dar.

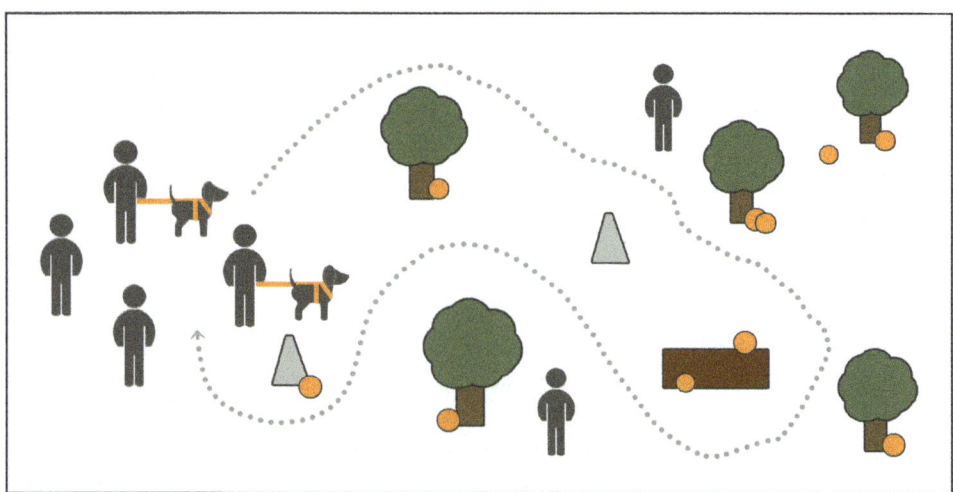

Abb. 13.13 Intervention Teamarbeit

Reflexion

➤ Wie habt ihr die Beziehung zu euren Hunden als neue Teammitglieder aufgebaut?
➤ Auf welche Strategie habt ihr euch zu Beginn im Team geeinigt?
➤ Welche Rollen/Aufgaben habt ihr verteilt?
➤ Wie seid ihr die Aufgabe angegangen?
➤ Wie habt ihr miteinander kommuniziert?
➤ Wer hat geführt? Warum? Wer ist wem gefolgt? Warum?
➤ Welche Teammitglieder sind zusammen gelaufen? Warum?
➤ Wer hat sich nicht in das Team eingebracht? Warum?
➤ Habt ihr eure Hunde stärkenbasiert eingesetzt und ihrer Nasenleistung vertraut?
➤ Was ist gut gelaufen?
➤ Was hätte besser laufen können?
➤ Warum habt ihr die Hunde nicht von der Leine abgemacht?
➤ Wie wertschätzend seid ihr mit den Hunden umgegangen?
➤ Wie achtsam wart ihr den Hunden gegenüber?
➤ Welche Unterschiede habt ihr bei den Hunden wahrgenommen? Welche Vorlieben haben sie gezeigt?
➤ Wie lange habt ihr für die Aufgabe gebraucht? Habt ihr es in der vorgesehenen Zeit geschafft? Warum hattet ihr die Zeit nicht im Blick?
➤ Hättet ihr effizienter sein können? Wenn ja, wie?
➤ Was habt ihr getan, als die Aufgabe geschafft war?
➤ Was würdet ihr beim nächsten Mal anders machen?

Transfer

➤ Welche Gemeinsamkeiten habt ihr bei der Übung zu eurem beruflichen Alltag im Team festgestellt?
➤ Welche Unterschiede habt ihr bei der Übung zu eurem beruflichen Alltag im Team festgestellt? Warum?
➤ Auf einer Skala von 1 bis 10: Wie gut arbeitet ihr als Team sonst zusammen?
➤ Was läuft richtig gut im Team?
➤ Was könnte besser laufen im Team?
➤ Haben sich in der Übung ähnliche Verhaltensweisen gezeigt wie in eurem beruflichen Alltag? Wenn ja, welche?
➤ Welche Erkenntnisse nehmt ihr euch aus dieser Übung mit?
➤ Auf was möchtet ihr zukünftig mehr im Team achten?

Weiterführende Ideen und Variationen

➤ Intervention ohne Leine
➤ Intervention, ohne zu sprechen
➤ Intervention mit Einbau von Ablenkungen

13.2.2   Intervention: Teamkompetenzen

Zielsetzung und Anwendungsbereiche

Mit dieser Intervention werden verschiedene Kompetenzen bei den einzelnen Teammitgliedern sichtbar. Wer ist ehrgeizig und will mit seinem Team unbedingt gewinnen?
Wer zeigt sich flexibel bei der Einteilung der Teams, und wer möchte unbedingt mit je-
mand Bestimmtem zusammenarbeiten? Wie erfolgreich arbeiten sie in Unterteams an
einer Aufgabe zusammen? Wie klar kommunizieren und motivieren sie sich gegenseitig?
Wer zeigt welche Stärken? Wer zeigt Durchhaltevermögen, und wer gibt schneller auf?
Wer agiert strategischer und wer spontan? Wer zeigt sich bei Problemen lösungsorientiert?
Wer probiert aus? Wer verharrt?

Vorbereitung und benötigtes Material

Für die Intervention werden 6 Pylonen, 9 Spielsachen und 3 Körbe benötigt.

Intervention

Das Team wird in 3 Unterteams zu je 2 Personen mit je 1 Hund aufgeteilt. Die Aufgabe:
„Euer Hund soll ohne Leine alle 3 Spielsachen nacheinander von A nach B ins Körbchen
bringen. Das Unterteam, das zuerst 3 Spielsachen im Körbchen hat, hat gewonnen."

Abb. 13.14 stellt die Intervention grafisch dar.

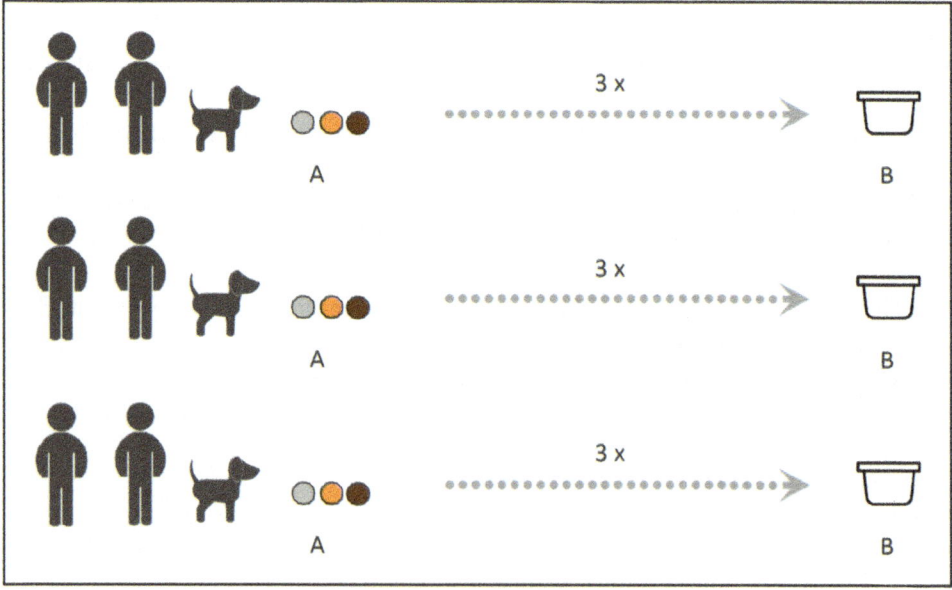

Abb. 13.14   Intervention Teamkompetenzen

Reflexion

➤ Wie seid ihr zu der menschlichen Teamaufteilung gekommen?

➤ Wie seid ihr bei der Einteilung der Hunde vorgegangen? Warum habt ihr euch so entschieden?

➤ Warum habt ihr die Hunde nicht entscheiden lassen, in welches Team sie möchten?

➤ Was habt ihr euch im Vorfeld im Unterteam überlegt?

➤ Welche Rollen/Aufgaben habt ihr im Unterteam verteilt?

➤ Wie habt ihr miteinander kommuniziert?

➤ Haben sich alle gleichberechtigt eingebracht?

➤ Wurden alle Ideen berücksichtigt?

➤ Wie habt ihr euren Hund eingeschätzt?

➤ Wie habt ihr euren Hund motiviert?

➤ Welche Kompetenzen habt ihr eingesetzt?

➤ Wer hat welche Kompetenzen gezeigt?

➤ Wie gut war eure Zusammenarbeit im Unterteam?

➤ Was hat gut funktioniert? Was hat weniger gut funktioniert? Warum?

➤ Kam ein Teamgefühl bei den Unterteams auf?

➤ Wenn ja, warum? Wenn nein, warum nicht?

➤ Was hat das Team, das gewonnen hat, besser gemacht als die anderen?

➤ Welche Kompetenzen hat das Gewinnerteam besser eingesetzt?

➤ Was hätte in eurem Team besser laufen können?

➤ Welche Kompetenzen hättet ihr noch einsetzen können?

➤ Was würdet ihr beim nächsten Mal anders machen?

Transfer

➤ Was hat euch überrascht?

➤ Welche Parallelen gibt es zu eurer beruflichen Arbeit im Team?

➤ Welche Kompetenzen im Team haben sich heute gezeigt?

➤ Welche Kompetenzen im Team habt ihr sonst noch?

➤ Wer bringt welche Stärken bei euch ins Team ein?

➤ Wann könnt ihr eure Kompetenzen am besten einbringen? Was braucht ihr dafür?

➤ Welche Kompetenzen und Stärken hättet ihr noch gern im Team?

➤ Welche Erkenntnisse nehmt ihr euch aus dieser Übung mit?

➤ Auf was möchtet ihr zukünftig mehr im Team achten?

Weiterführende Ideen und Variationen

➤ Intervention, ohne zu sprechen

➤ Intervention mit Einbau von Ablenkungen

➤ Intervention mit einem Parcours vorneweg

13.2.3 Intervention: Zusammenarbeit und Kommunikation

Zielsetzung und Anwendungsbereiche

Mit dieser Intervention werden der Teamspirit, die Kommunikation und die Flexibilität im Team gefördert. Wie schnell stellen sich die Unterteams auf neue Gegebenheiten und Ziele ein? Wie gut arbeiten die Unterteams einzeln? Wie gut arbeiten sie teamübergreifend zusammen? Wie klar kommunizieren die einzelnen Teammitglieder untereinander? Wer gibt welche verbalen und nonverbalen Signale? Wie nehmen die Teams am Anfang die Kommunikation mit den Hunden auf? Wie gut wird sich auf die Hunde während der Übung eingestellt? Wie gut wird die Kommunikation an die unterschiedlichen Hundepersönlichkeiten und ihr Verhalten angepasst? Wie wird nach erfolgreichem Abschluss untereinander und mit den Hunden kommuniziert?

Vorbereitung und benötigtes Material

Für die Intervention werden 4 Pylonen und 1 langes Seil benötigt.

Intervention

Das Team wird in 2 Unterteams aufgeteilt. Der Platz wird mit einem Seil halbiert. Es darf nicht über das Seil getreten werden.

1. Runde: „Führt den Hund als Team zusammen ohne Leine von A nach B über den Platz und wieder zurück. Das Team, das am schnellsten war und wieder komplett bei A angekommen ist, hat gewonnen."
2. Runde: „Führt den Hund als Team zusammen ohne Leine von A nach B über den Platz und wieder zurück, bleibt dabei aber auf gleicher Höhe mit dem anderen Team. Lauft also parallel zum anderen Team mit gleicher Geschwindigkeit über den Platz, hin und wieder zurück. Gewinnen könnt ihr nur zusammen." (in Anlehnung an Landgraf und Neuse 2021)

Abb. 13.15 stellt die Intervention grafisch dar.

Reflexion

➤ Wie habt ihr den Kontakt zu den Hunden aufgenommen?
➤ Wie habt ihr eine Beziehung aufgebaut?
➤ Wie habt ihr das Verhalten eures Hundes vorab ohne Leine eingeschätzt?
➤ Wie habt ihr zu Beginn im Team kommuniziert? Wie und welche Absprachen habt ihr getroffen, wie ihr vorgehen wollt? Wie leicht/schwer ist euch das gefallen?
➤ Warum, glaubt ihr, habt ihr in der ersten Runde gewonnen?
➤ Warum, glaubt ihr, habt ihr in der ersten Runde verloren?
➤ Wie gut war eure Kommunikation im Team in der ersten Runde?
➤ Wie gut war eure Kommunikation teamübergreifend in der zweiten Runde?
➤ Was war anders? Warum gab es Unterschiede?

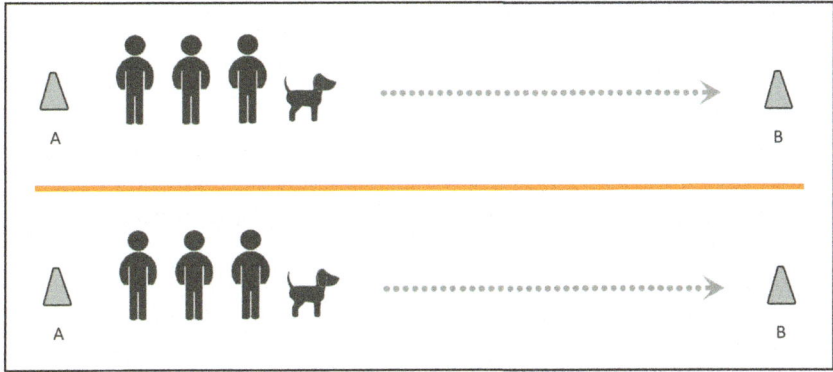

Abb. 13.15 Intervention Zusammenarbeit und Kommunikation

➤ Wie gut empfandet ihr eure Zusammenarbeit im Team?
➤ Welche Runde war einfacher oder schwerer? Warum?
➤ Welche Runde hat sich für wen besser angefühlt? Warum?
➤ Wie gut habt ihr auf die Hunde geachtet?
➤ Was glaubt ihr, wie es den Hunden in den jeweiligen Runden ergangen ist?
➤ Wie gut habt ihr die Hunde motiviert?
➤ Wie klar wart ihr für die Hunde? Welche Signale habt ihr gegeben? Welche Signale sind bei den Hunden angekommen?
➤ Warum hat sich der Hund AB so XY verhalten?
➤ Habt ihr euren Erfolg gefeiert? Wenn ja, wurden die Hunde als Teammitglieder auch gelobt? Wenn ja, von wem und wie?
➤ Was hätte besser funktionieren können?
➤ Was würdet ihr beim nächsten Mal anders machen?

Transfer
➤ Was nehmt ihr euch aus der Übung mit?
➤ Was könnt ihr aus der Übung auf euren beruflichen Alltag übertragen?
➤ Wie könnte dieser Gleichschritt auch im Team hergestellt werden?
➤ Wie sehr achtet ihr auf jeden einzelnen in eurem Team?
➤ Wie wertschätzend geht ihr miteinander um?
➤ Wie gut motiviert ihr euch gegenseitig?
➤ Wie gut arbeitet ihr zusammen?
➤ Was sollte sich bei eurer Zusammenarbeit noch verbessern?
➤ Wie klar kommuniziert ihr miteinander?
➤ Was sollte sich bei eurer Kommunikation noch verbessern?
➤ In welchen Situationen/Bei welchen Aufgaben gelingt es euch richtig gut? Warum?
➤ In welchen Situationen/Bei welchen Aufgaben gelingt es nicht so gut? Warum?

Weiterführende Ideen und Variationen

➤ Intervention, ohne zu sprechen

➤ Intervention mit Einbau eines Slaloms

➤ Intervention mit Einbau einer Ablenkung

13.2.4   Intervention: Zusammenarbeit und Zeitmanagement

Zielsetzung und Anwendungsbereiche

Mit dieser Intervention erleben die Teilnehmenden, wie gut ihre Zusammenarbeit, ihre Kommunikation und ihr Zeitmanagement funktionieren. Wie erfolgreich arbeitet das Team zusammen? Nutzt das Team genau 5 Elemente für den Parcours, oder erlaubt es sich mehr? Wie kreativ baut das Team den Parcours auf? Wie viel Zeit gibt sich das Team für den Aufbau? Wer macht eventuell Druck? Wie klar und effizient wird miteinander kommuniziert? Motivieren sich die Teammitglieder gegenseitig? Wer übernimmt die Führung? Wer priorisiert und setzt die Reihenfolge/den Ablauf fest? Wer behält das Ziel im Blick? Wie achtsam wird mit den Hunden umgegangen? Wird sich Zeit genommen, die Vorlieben der Hunde zu erkennen und im Parcours zu berücksichtigen? Wie viele Hunde kommen zum Einsatz? Wird eventuell nur ein Hund genutzt und überfordert? Wer gibt eine Zeitschätzung ab, und wer hält sich lieber zurück? Wird die Zeit am Ende überprüft, oder ist diese egal?

Vorbereitung und benötigtes Material

Für die Intervention werden 3 gutsitzende Geschirre, 3 Leinen, verschiedene Gegenstände für einen Parcours wie Stangen, Pylonen, Muldenhauben, Kisten, Reifen, Tunnel, Eimer etc. benötigt.

Intervention

> „Baut gemeinsam einen Parcours aus mindestens 5 Elementen auf. Mindestens 3 Teammitglieder sollen den Parcours mit je 1 Hund mit Leine durchschreiten. Bevor ihr startet, schätzt bitte die Zeit, die ihr insgesamt benötigt, und schreibt diese auf."

Abb. 13.16 stellt die Intervention grafisch dar.

Reflexion

➤ Wie habt ihr den Beziehungsaufbau zu den Hunden gestaltet?

➤ Auf welche Strategie habt ihr euch zu Beginn geeinigt?

➤ Wie seid ihr beim Aufbau des Parcours genau vorgegangen?

➤ Wurden alle Ideen im Team berücksichtigt?

➤ Wie kreativ wart ihr beim Aufbau?

➤ Habt ihr die geforderten 5 Elemente genutzt oder mehr? Warum?

➤ Wurden die Vorlieben und Stärken der Hunde beim Aufbau des Parcours berücksichtigt?

Abb. 13.16 Intervention Zusammenarbeit und Zeitmanagement

➤ Wenn nein, warum nicht?
➤ Wie erfolgreich waren eure Vorüberlegungen?
➤ Wie klar war eure Kommunikation untereinander? Wie klar war die Kommunikation mit dem Hund?
➤ Wie viele Hunde habt ihr eingesetzt? Warum?
➤ Wie viel Freude hatten die Hunde an der Zusammenarbeit?
➤ Welche Priorisierungen habt ihr vorgenommen?
➤ Welche Entscheidungen habt ihr gemeinsam getroffen? Welche Entscheidungen habt ihr einzeln getroffen? Wer hat diese getroffen? Warum?
➤ Welche Kompetenzen habt ihr eingesetzt?
➤ Wie gut habt ihr euch im Team auf eine gemeinsame Zeitangabe geeinigt?
➤ Wie nah wart ihr am Ende an dieser dran?
➤ Was würdet ihr beim nächsten Mal anders machen?

Transfer
➤ Was nehmt ihr euch aus der Übung mit?
➤ Was könnt ihr aus der gemeinsamen Übung für euren beruflichen Alltag übertragen?
➤ Welche Gemeinsamkeiten und Unterschiede seht ihr?
➤ Wie viel Zeit nehmt ihr euch als Team für die Besprechung einer neuen Aufgabe?
➤ Wie schafft ihr es, dass sich alle stärkenbasiert einbringen können?
➤ Wie viel Zeit nehmt ihr euch für euer Wohlgefühl im Team?
➤ Wie achtsam geht ihr miteinander um?
➤ Wie geht ihr im Team mit eurem Zeitmanagement um?
➤ Auf einer Skala von 1 bis 10: Wie effizient arbeitet ihr miteinander?

➤ Gebt ihr, bevor ihr eine Aufgabe angeht, eine Aufwandsschätzung in Form von Zeit an?
➤ Wem fällt das leicht? Wem fällt es schwer? Warum?
➤ Messt ihr hinterher, wie viel Zeit ihr für eine Aufgabe benötigt habt?
➤ Nutzt ihr diese Erfahrungswerte für die Schätzung der nächsten Aufgabe?
➤ Auf was wollt ihr zukünftig im Team mehr achten?
➤ Wie setzt ihr das konkret um?
➤ Wie stellt ihr sicher, dass ihr das auch wirklich umsetzt?

Weiterführende Ideen und Variationen
➤ Intervention, ohne zu sprechen
➤ Intervention ohne Leine
➤ Intervention mit Einbau von Ablenkung

13.2.5 Intervention: Zusammenarbeit und Vertrauen

Zielsetzung und Anwendungsbereiche
Mit dieser Intervention werden die Zusammenarbeit und die Kommunikation im Team gestärkt und das Vertrauen untereinander wird gefördert. Wer traut sich was? Wie offen werden Fragen gestellt? Wie offen werden Meinungen geäußert? Wer bringt Ideen ein? Wie wird mit Fehlern im Team umgegangen? Werden die Stärken und Ängste der einzelnen Teammitglieder berücksichtigt? Wem wird die Projektleitung anvertraut? Wie sehr vertrauen sich die Teammitglieder untereinander? Wie sehr vertrauen sie dem Hund? Wie klar und ehrlich kommunizieren sie untereinander? Wie gut arbeiten sie zusammen? Wer führt den Hund: der Projektleiter oder ein Teammitglied mit verbundenen Augen? Wie gut stärken sie sich gegenseitig?

Vorbereitung und benötigtes Material
Für die Intervention werden gutsitzende Geschirre und Leinen für die Hunde sowie verschiedene Gegenstände für einen Parcours (z. B. Stangen, Pylonen, Muldenhauben, Kisten, Reifen, Tunnel, Eimer etc.) sowie 2 Zettel und 2 Stifte benötigt.

Intervention
Das Team wird in 2 Unterteams aufgeteilt. „Ihr habt 5 min Zeit. Bestimmt in eurem Team, wer von euch das Projekt/die Aufgabe als Projektleiter übernimmt. Baut zunächst zusammen einen Parcours eurer Wahl auf und erklärt diesen einmal laut für alle. Schätzt in eurem Team ein, wie viel Zeit ihr für den Parcours brauchen werdet. Schreibt die Zeitangabe auf einen Zettel. Der Projektleiter führt im Anschluss einen Hund und zwei Kollegen mit verbundenen Augen durch den Parcours. Überprüft zum Schluss, wie nah ihr an eurer Zeiteinschätzung dran wart." (in Anlehnung an Landgraf und Neuse 2021)
    Abb. 13.17 stellt die Intervention grafisch dar.

Abb. 13.17 Intervention Zusammenarbeit und Vertrauen

Reflexion

➤ Wie leicht/schwer habt ihr einen Teamleiter festlegen können?

➤ Wie seid ihr dabei vorgegangen? Warum ist es XY geworden? Warum vertraut ihr ihm/ihr die Aufgabe an?

➤ Warum habt ihr euch für diesen Hund entschieden und nicht für einen anderen?

➤ Wie war der Teambildungsprozess?

➤ Haben alle Teammitglieder beim Aufbau des Parcours mitgewirkt? Inwieweit hat der Hund mitgewirkt? Wurden seine Vorlieben berücksichtigt? Warum nicht?

➤ Wie offen habt ihr eure Ideen und Meinungen geäußert?

➤ Haben sich alle Teammitglieder zu einer Zeitangabe geäußert? Wenn nein, warum nicht?

➤ Wie seid ihr zu einer gemeinsamen Zeitangabe gekommen?

➤ Wer wollte die benötigte Zeit lieber höher (vorsichtiger) einschätzen? Wer hat sie eher niedriger eingeschätzt? Warum?

➤ Wie verlief eure Kommunikation während des Parcours?

➤ Wie wurdet ihr geführt? Beschreibt den Führungsstil des Projektleiters.

➤ Was hat Unsicherheit vermittelt? Was hat Sicherheit gegeben?

➤ Wie gut war eure Zusammenarbeit als Team?

➤ Gab es so etwas wie ein Teamgefühl?

➤ Wie sehr habt ihr euch gegenseitig vertraut?

➤ Wie achtsam seid ihr miteinander umgegangen? Waren Sorgen vorhanden? Wie wurde damit umgegangen? Haben die anderen die Sorgen erkannt? Wenn ja, woran?

➤ Wie achtsam seid ihr mit eurem Hund umgegangen?

➤ Warum habt ihr euch bei der Führung des Hundes für „mit" oder „ohne Leine" entschieden?

➤ Wieso hat XY den Hund geführt?

➤ Wie kurz habt ihr die Leine beim Hund gehalten? Warum?

➤ Wie sehr habt ihr dem Hund vertraut?

➤ Wie hat sich der Hund mit der Führung gefühlt?

➤ Wie hat sich der Projektleiter gefühlt? Was hast du innerlich gedacht? Wie hast du dich verhalten?

➤ Wie seid ihr mit Fehlern im Parcours umgegangen? Wer hat sich konkret wie verhalten?

➤ Was würdet ihr beim nächsten Mal anders machen?

➤ Was könnte euch noch helfen?

Transfer

➤ Was nehmt ihr euch aus der Übung mit?

➤ Was könnt ihr aus der Übung auf eure Arbeitssituation und Zusammenarbeit im Team übertragen?

➤ Wie sehr vertraut ihr euch selbst und euren Stärken?

➤ Wie aktiv bringt ihr eure persönlichen Stärken ins Team ein?

➤ Wie sehr vertraut ihr euch im Team gegenseitig?

➤ Wie sehr unterstützt ihr euch gegenseitig?

➤ Wie offen und ehrlich kommuniziert ihr miteinander?

➤ Lasst ihr verschiedene Meinungen im Team zu?

➤ Könnt ihr darauf vertrauen, dass eure Ideen wertschätzend aufgenommen werden?

➤ In welchen Situationen könnt ihr euch gegenseitig zu 100 % vertrauen? Warum?

➤ In welchen Situationen könnt ihr euch leider noch nicht zu 100 % vertrauen? Warum?

➤ Was braucht es hierfür noch? Was noch?

➤ Wie gut schätzt ihr im Team im Vorfeld euren Arbeitsaufwand für eine Aufgabe ein? Wie sehr könnt ihr auf diese Angabe vertrauen?

➤ Auf was wollt ihr mehr im Team achten?

➤ Auf was möchtest du persönlich mehr achten?

Weiterführende Ideen und Variationen

➤ Intervention mit Punktevergabe, z. B. beide Teams starten gemeinsam. Das Team, das am schnellsten ist, bekommt 10 Punkte extra.

➤ Oder beide Teams starten gemeinsam. Das Team, das am schnellsten ist, bekommt 10 Punkte extra, und das Team, das am fürsorglichsten zu den Hunden ist, bekommt 20 Punkte obendrauf.

13.2.6   Intervention: Agile Zusammenarbeit

Zielsetzung und Anwendungsbereiche

Mit dieser Intervention kann die agile Arbeitsweise im Team gefördert werden. Wie engagiert arbeitet jedes einzelne Teammitglied mit? Wie klar ist das gemeinsame Ziel? Wie wertschätzend spricht das Team sich im Vorfeld ab? Wie klar werden die Rollen verteilt?

Wird der Hund als Kunde mit seinen Vorlieben beim Aufbau des Parcours berücksichtigt? Wie gut optimiert das Team je Durchgang die eigene Zusammenarbeit? Wie optimiert das Team den eigenen Prozess? Wie offen kommuniziert das Team miteinander? Tauschen sich alle oder nur einzelne Teammitglieder aus? Wie gut schätzt das Team die je Durchgang benötigte Arbeitszeit und die eigene Fehlerquote ein? Schätzt das Team die Werte mutig oder vorsichtig ein? Lernt das Team aus seinen Erfahrungswerten? Wie viel Freude bereitet der Parcours dem Hund?

Vorbereitung und benötigtes Material
Für die Intervention werden verschiedene Gegenstände für einen Parcours, z. B. Stangen, Pylonen, Muldenhauben, Kisten, Reifen, Tunnel, Eimer etc., benötigt.

Intervention
Das Team wird in zwei Unterteams aufgeteilt. „Ihr habt 3 min Besprechungszeit. Jedes Team legt bitte 1 Teamleiter, 2 Beobachter und 3 Parcoursteilnehmer fest. Jedes Team soll nach Belieben einen Parcours für einen Hund aufbauen. Wenn die Parcours aufgebaut sind, soll jeder Teamleiter seinen Parcoursablauf erklären. Danach soll sich das jeweilige Team beraten und folgende Schätzungen für seinen Parcours abgeben:

1.) Wie viel Zeit benötigt ihr für das Durchschreiten des Parcours mit 3 Teammitgliedern inkl. 1 Hund **ohne Leine**.
2.) Wie viele Fehler werdet ihr dabei machen?"

Die Zahlen werden in einer Tabelle aufgeschrieben.

Dann startet das erste Team, und die Zeit wird durch den Coach mit einer Stoppuhr gemessen. Die Anzahl der erfolgten Fehler wird dem Coach durch die Beobachter des gegnerischen Teams mitgeteilt, die sich vorher auf eine Zahl abgestimmt haben. Der Coach notiert die Werte in die Tabelle. Danach startet das zweite Team. Alle Werte werden wie beim ersten Team erhoben und festgehalten. Wenn beide Teams fertig sind, dürfen die Teams jeweils für sich beratschlagen, was sie verbessern möchten. Sie dürfen eine neue Schätzung aufgrund ihres Erfahrungswertes abgeben. Die neuen Schätzzahlen werden ebenfalls in die Tabelle eingetragen.

Dann geht es in die zweite Runde. Auch hier werden die Zeiten durch den Coach je Team mit einer Stoppuhr gemessen und die Anzahl der Fehler durch die Beobachter dem Coach mitgeteilt. Dieser notiert alle Werte wieder in die Tabelle. Wenn beide Teams fertig sind, dürfen die Teams noch einmal jeweils für sich beratschlagen, was sie noch weiter verbessern möchten. Sie dürfen eine neue Schätzung auf Grundlage ihrer bisherigen Erfahrungswerte abgeben. Die neuen Schätzzahlen werden in die Tabelle geschrieben. Darauf folgt die dritte und letzte Runde. Gewonnen hat das Team, das am nächsten an seinen Schätzwerten liegt.

Abb. 13.18 stellt die Intervention grafisch dar.

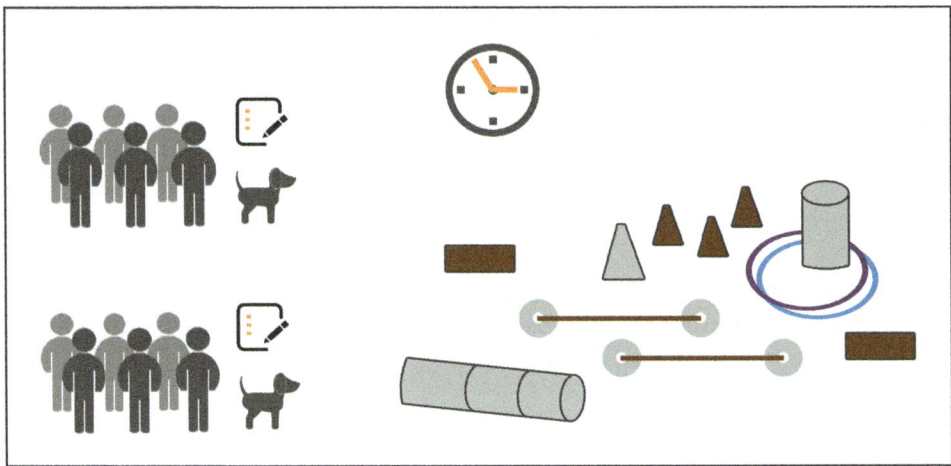

Abb. 13.18 Intervention agile Zusammenarbeit

Reflexion

➤ Wie ist es gelaufen?

➤ Wie klar war eure gemeinsame Aufgabe? Was war das Produkt (Parcours)? Wer war der Kunde (Hund)?

➤ Wie wertschätzend habt ihr euch als Team im Vorfeld abgesprochen?

➤ Wie klar habt ihr die Rollen verteilt?

➤ Wie gut habt ihr als Team zusammengearbeitet?

➤ Wie offen habt ihr als Team miteinander kommuniziert?

➤ Wer ist in den Vordergrund getreten? Wer war laut? Wer war bestimmend? Warum?

➤ Wer ist in den Hintergrund gerückt? Wer war sehr still und leise? Warum?

➤ Wer hat sich gar nicht eingebracht? Warum?

➤ Wie hat der Teamleiter/Projektmitarbeiter/Beobachter seine Rolle(n) ausgefüllt?

➤ Wie gut habt ihr den Hund als Kunden berücksichtigt?

➤ Wie hättet ihr seine Vorlieben für den Parcours besser berücksichtigen können?

➤ Wie viel Freude hat der Parcours dem Hund bereitet?

➤ Welches Verhalten hat der Hund je Durchgang gezeigt?

➤ Wie hat sich der Hund konkret in der ersten Runde an den einzelnen Gegenständen im Parcours verhalten? Wie in der zweiten Runde? Wie in der dritten Runde?

➤ Was habt ihr daraufhin am Produkt (Parcours) verändert? Warum?

➤ Wie flexibel habt ihr euch verhalten?

➤ Wie kreativ seid ihr bei der Produktgestaltung gewesen?

➤ Wie viel Fürsorge bzw. Verantwortung habt ihr gegenüber dem Hund gezeigt?

➤ Wie seid ihr mit Fehlern im Team umgegangen?

➤ Wie seid ihr mit Erfolgen im Team umgegangen?

➤ Wie gut habt ihr den Prozess je Durchgang optimiert?

➤ Wie gut habt ihr auf eure Erfahrungswerte aufgebaut?

➤ Wie einfach/schwer sind euch die Schätzungen gefallen?

➤ Was hat euch überrascht?

➤ Was hat das Team, das gewonnen hat, anders gemacht? Was hat zum Erfolg beigetragen?

➤ Was habt ihr persönlich bei der Zusammenarbeit vermisst?

➤ Was würdet ihr beim nächsten Mal gern anders machen?

Transfer

➤ Was nehmt ihr euch aus der Übung für den beruflichen Alltag mit?

➤ Wie klar sind eure Teamziele im beruflichen Alltag?

➤ Wie klar sind eure einzelnen Rollen im Team? Wie klar sind eure Verantwortlichkeiten? Welche Verantwortlichkeiten sind unklar? Welche noch?

➤ Wie offen kommuniziert ihr im Team? Wie ehrlich kommuniziert ihr im Team? Werden alle Teammitglieder stärkenbasiert einbezogen?

➤ Wie gut arbeitet ihr als Team zusammen? Was läuft richtig gut? Was könnte besser laufen?

➤ Auf einer Skala von 1 bis 10: Wie kundenorientiert seid ihr als Team? Wer bei euch im Team ist besonders kundenorientiert/serviceorientiert?

➤ Auf einer Skala von 1 bis 10: Wie flexibel seid ihr als Team? Woran macht ihr das fest?

➤ Auf einer Skala von 1 bis 10: Wie kreativ seid ihr als Team? Woran macht ihr das fest?

➤ Wie geht ihr mit Fehlern im Team um? Warum?

➤ Wie geht ihr mit Erfolgen im Team um? Warum?

➤ Wie sehr vertraut ihr auf eure Erfahrungswerte im Team?

➤ Worauf wollt ihr mehr im Team achten?

➤ Worauf möchtest du persönlich mehr achten?

Weiterführende Ideen und Variationen

Jedes Team baut nach Belieben seinen Parcours auf und erklärt diesen. Danach müssen die Teams die Parcours tauschen und den jeweils anderen Parcours mit den Schätzungen durchschreiten.

13.2.7 Intervention: Abteilungsübergreifende Zusammenarbeit

Zielsetzung und Anwendungsbereiche

Mit dieser Intervention kann die abteilungsübergreifende Zusammenarbeit für eine gemeinsame Zielerreichung gefördert werden. Wie klar ist das gemeinsame Ziel? Wie wertschätzend sprechen sich die Teams im Vorfeld untereinander ab? Werden die Vorlieben der Hunde analysiert und berücksichtigt? Wie klar werden die Rollen teamübergreifend verteilt und kommuniziert? Wie wird der stetige Kommunikationsfluss zwischen den beiden Teams gestaltet? Wie zielführend sind die Abstimmungen? Wie wird mit Teilerfolgen

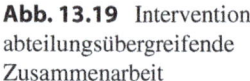

Abb. 13.19 Intervention abteilungsübergreifende Zusammenarbeit

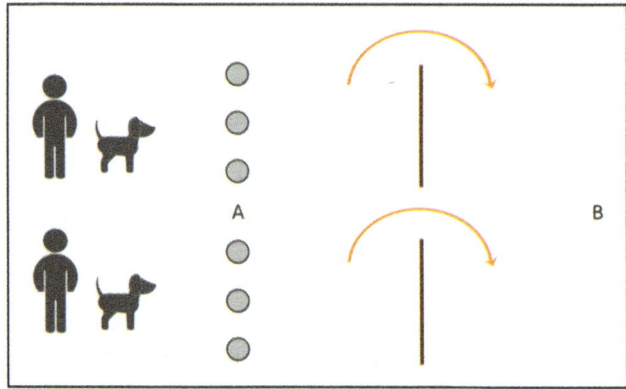

umgegangen? Wird aus diesen gelernt? Wie wird mit Schwachstellen gemeinschaftlich umgegangen? Werden Erfahrungswerte übergreifend integriert? Wie motivieren sich die Teams? Wie wird sich teamübergreifend unterstützt?

Vorbereitung und benötigtes Material
Für die Intervention werden 2 Stricke und mindestens 10 unterschiedliche Spielsachen wie Bälle, Plüschtiere und Dummys benötigt.

Intervention
Das Team wird in 2 Unterteams aufgeteilt. Jedes Team bekommt ein Setting mit verschiedenen Spielsachen und einem Strick. Aufgabe ist es, dass der Hund ohne Leine je Team 3 Spielsachen nacheinander ins Maul nimmt, einzeln über das Seil trägt und auf der anderen Seite des Seils fallen lässt. Welche 3 Spielsachen das Team nutzt, entscheidet es selbst. Gewinnen können beide Teams nur zusammen. Das bedeutet, wenn der eine Hund aus Team 1 ein Spielzeug auf die andere Seite des Seils getragen hat, ist als Nächstes das zweite Team dran. Erst wenn der Hund von Team 2 ein Spielzeug auf die andere Seite getragen hat, darf der Hund von Team 1 das nächste Spielzeug ins Maul nehmen und über das Seil tragen und so weiter. Die Teams wechseln sich also ab und achten aufeinander.
    Abb. 13.19 stellt die Intervention grafisch dar.

Reflexion
➤ Wie klar war euer gemeinsames Ziel? Wie klar, glaubt ihr, war dem Hund das Ziel?
➤ Wie gut habt ihr euch im Vorfeld teamintern und teamübergreifend abgesprochen?
➤ Wie klar habt ihr die Rollen im Team und teamübergreifend verteilt? Was wurde vergessen?
➤ Wie habt ihr euch geeinigt, wer beginnt?
➤ Welche Strategie habt ihr euch vorab zurechtgelegt? Wie gut hat diese funktioniert?
➤ Wie wolltet ihr den stetigen Kommunikationsfluss zwischen den Teams sichern? Wie ist es euch gelungen? Was hätte euch helfen können?

➤ Wie habt ihr die Vorlieben der Hunde vorab analysiert und integriert?

➤ Was habt ihr euch für den Fall überlegt, dass ein Hund keine Spielsachen tragen möchte?

➤ Wie klar habt ihr mit den Hunden kommuniziert? Welche Signale habt ihr ihnen gegeben? Welche Signale sind bei den Hunden angekommen?

➤ Habt ihr die Hunde unter- oder überfordert?

➤ Wie seid ihr mit dem Verhalten XY eures Hundes umgegangen? Warum?

➤ Was hättet ihr anders machen können?

➤ Wie gut seid ihr auf die individuellen Vorlieben der Hunde während der Übung eingegangen?

➤ Auf einer Skala von 1 bis 10: Wie gut habt ihr euch teamübergreifend unterstützt?

➤ Wie habt ihr euch konkret gegenseitig geholfen?

➤ Wie seid ihr mit Schwachstellen umgegangen?

➤ Wie habt ihr den Prozess optimiert?

➤ Auf einer Skala von 1 bis 10: Wie gut habt ihr teamübergreifend kommuniziert?

➤ Wie habt ihr euch gegenseitig motiviert? Wie gut habt ihr die Hunde motiviert?

➤ Wie seid ihr mit Teilerfolgen umgegangen?

➤ Habt ihr euch zu den Erfahrungswerten teamübergreifend ausgetauscht?

➤ Was hätte in der Zusammenarbeit besser laufen können?

➤ Was würdet ihr beim nächsten Mal anders machen?

Transfer

➤ Was lässt sich aus der Übung auf euren Arbeitsalltag übertragen?

➤ Was nehmt ihr euch aus der Übung mit? Was noch?

➤ Welche abteilungsübergreifende Zusammenarbeit läuft bei euch im Unternehmen besonders gut? Warum läuft sie so gut? Warum noch?

➤ Was könnte bei euch im Unternehmen abteilungsübergreifend besser funktionieren? Was bräuchtet ihr dafür noch? Was noch?

➤ Wie klar sind eure abteilungsübergreifenden Ziele?

➤ Wie klar sind die Rollen und Verantwortlichkeiten abteilungsübergreifend aufgeteilt?

➤ Wie gut kommuniziert ihr abteilungsübergreifend im Unternehmen?

➤ Wie viel Raum habt ihr für den notwendigen Austausch und Abstimmungen?

➤ Welche abteilungsübergreifende Kommunikation funktioniert bei euch im Unternehmen besonders gut? Warum?

➤ Welche abteilungsübergreifende Kommunikation könnte besser funktionieren? Was braucht es dazu? Was noch? Warum?

➤ Wie geht ihr abteilungsübergreifend mit Fehlern um?

➤ Wie geht ihr abteilungsübergreifend mit Erfolgen um?

➤ Was wollt ihr an eurer abteilungsübergreifenden Zusammenarbeit konkret verbessern?

➤ Wie geht ihr vor?

➤ Wer übernimmt welchen Anteil/welche Rolle?

➤ Wie stellt ihr sicher, dass sich etwas verändert?

Weiterführende Ideen und Variationen

➤ Intervention, ohne zu sprechen
➤ Intervention ohne die Benutzung der Hände
➤ Intervention mit Einbau von Ablenkung

13.2.8 Intervention: Kreativität im Team fördern

Zielsetzung und Anwendungsbereiche

Mit dieser Intervention können die Zusammenarbeit und die Kreativität im Team gefördert werden.

Wer lässt sich im Team schnell auf die Aufgabe ein? Wie schafft das Team eine kreative Atmosphäre? Wie stimmt sich das Team gemeinsam ein? Wer bringt aktiv Ideen ein? Wie werden Ideen hinterfragt? Werden alle Ideen wertgeschätzt? Wer zeigt sich besonders kreativ? Wer hält sich eher zurück? Wer übernimmt welche Rolle im Theaterstück? Übernimmt er diese freiwillig, oder wurde sie ihm zugewiesen? Wie verläuft der Kreativprozess? Werden die Rollen getauscht? Werden die individuellen Stärken der Teammitglieder berücksichtigt? Welche Kompetenzen bringt das Team ein? Wie unterstützen sich die Teammitglieder gegenseitig? Wer inspiriert wen? Welche Kreativitätstechniken werden angewandt? Wie werden die Ideen selektiert? Wie weiterentwickelt? Wie kreativ werden die Hunde integriert? Wie kreativ wird mit den vorhandenen Requisiten umgegangen? Werden andere Gegenstände aus dem Gelände kreativ eingebaut? Erhalten bestimmte Gegenstände eine neue kreative Bedeutung bzw. Funktion?

Vorbereitung und benötigtes Material

Für die Intervention werden gutsitzende Geschirre und Leinen für die Hunde sowie Zettel, Stifte und ein paar Requisiten benötigt.

Intervention

„In 60 min findet die Premiere des Theaterstücks „XY" statt. In diesem Theaterstück soll es um folgendes Thema (Krimi, Komödie, Liebesgeschichte, Science-Fiction … im Vertrieb, Marketing, Service, Personal …) gehen. Da die aktuelle Theatercrew ausgefallen ist, seid ihr nun an der Reihe. Denkt euch gemeinschaftlich in 45 min ein Theaterstück aus. Nutzt dazu eine Szene aus dem Arbeitsalltag mit einem Vorher-Nachher-Effekt und bindet die Hunde so viel wie möglich ein." (in Anlehnung an Landgraf und Neuse 2021)

Abb. 13.20 stellt die Intervention grafisch dar.

Reflexion

➤ Wie habt ihr euch auf die kreative Aufgabe im Team eingestimmt?
➤ Wie war eure Gruppendynamik? Wie waren die Gefühle/Gedanken der einzelnen Teammitglieder? Wie offen habt ihr euch zu der anstehenden Aufgabe ausgetauscht?
➤ Wie seid ihr auf eure Ideen gekommen? Wer hat welche Inhalte eingebracht?
➤ Wurden alle Ideen vom Team wertgeschätzt/besprochen?

Abb. 13.20 Intervention Kreativität

➤ Hat sich jemand nicht eingebracht? Warum?
➤ Was war hilfreich? Was war hinderlich?
➤ Auf einer Skala von 1 bis 10: Wie gut war eure Zusammenarbeit?
➤ Welche Kreativitätsstrategien habt ihr genutzt?
➤ Wie habt ihr euch gegenseitig inspiriert? Wie wurde mit Ideen umgegangen? Wie habt ihr Ideen selektiert? Wie habt ihr sie weiterentwickelt?
➤ Wie seid ihr mit der vorgegebenen Zeit umgegangen?
➤ Wer hat welche Kompetenz bei euch im Team eingebracht?
➤ Welche Kompetenzen hättet ihr noch benötigt?
➤ Hatte jedes Teammitglied am Ende eine Rolle im Stück?
➤ Wie kreativ wurden die Hunde eingebunden?
➤ Habt ihr ihre individuellen Stärken berücksichtigt?
➤ Wie fürsorglich wart ihr den Hunden gegenüber?
➤ Auf einer Skala von 1 bis 10: Wie kreativ wart ihr? Woran macht ihr das fest?
➤ Wie hättet ihr noch kreativer sein können?

Transfer
➤ Wie lässt sich die Übung auf euren Arbeitsalltag übertragen?
➤ Was nehmt ihr euch aus der Übung mit? Was noch?
➤ Auf einer Skala von 1 bis 10: Wie oft ist bei euch Kreativität im Team gefragt?
➤ Auf einer Skala von 1 bis 10: Wie kreativ seid ihr im Team?
➤ In welchen Situationen/Prozessen/Aufgaben könnt ihr kreativ sein?
➤ In welchen Situationen/Prozessen/Aufgaben könntet ihr kreativer sein?
➤ Was benötigt ihr, um kreativer sein zu können?
➤ Wie schafft ihr im Team eine kreative Atmosphäre? Wie stimmst du dich/Wie stimmt ihr euch gemeinsam auf kreative Tätigkeiten ein?

➤ Welche Kreativitätstechniken nutzt ihr als Team schon? Welche könntet ihr noch nutzen?

➤ Wie wird mit Ideenvorschlägen im Team umgegangen? Wie selektiert ihr Ideen? Wann entwickelt ihr Ideen weiter? Wann nicht?

➤ In welchen Situationen wäre Kreativität eher hinderlich? Warum?

➤ Wobei möchtet ihr zukünftig kreativer sein?

➤ Wie erreicht ihr das?

Weiterführende Ideen und Variationen

Dreht einen kurzen Film zu einem realen beruflichen Prozess, in dem unterschiedliche Sichtweisen aus dem Team dargestellt werden.

13.2.9 Intervention: Prozesse im Team optimieren

Zielsetzung und Anwendungsbereiche

Mit dieser Intervention können Prozesse, wie Vertriebs-, Service- oder Bewerbungsprozesse, optimiert werden. Optimierungsmöglichkeiten werden im Team aufgedeckt, Schnittstellen optimiert und die Zusammenarbeit sowie die Kommunikation verbessert. Wie hat sich das Team aufgestellt? Wie wurden die Rollen und Verantwortlichkeiten verteilt? Wer hat die Führung des Teams übernommen? Wie hat das Team die Ergebnisse dokumentiert? Wurden die Handlungsfelder definiert, bewertet und priorisiert? Wie wurden Ideen generiert und entwickelt? Welches Teammitglied hat besonders viele Ideen beigetragen? Wurden die Ideen wertschätzend besprochen?

Vorbereitung und benötigtes Material

Für die Intervention werden gutsitzende Geschirre und Leinen für die Hunde benötigt. Darüber hinaus bedarf es so vieler farbiger Reifen, wie es Prozessschritte gibt, und so vieler Seile für den Boden, wie es Wege bzw. Schnittstellen zum nächsten Prozessschritt gibt.

Intervention

„Baut euren Prozess im Gelände auf. Legt dafür fest, wer von euch für welchen Prozessschritt verantwortlich ist und erklärt diesen den Personas (Hunden). Legt je Prozessschritt eine Person fest. Nutzt für jeden Prozessschritt einen farbigen Reifen. Der Prozessschrittverantwortliche stellt sich in den Reifen hinein. Legt zwischen den einzelnen Prozessschritten Seile als Weg für die verschiedenen Personas hin. Legt fest, wie viele Personas ihr habt und welche Hunde diese darstellen sollen. Legt fest, wer von euch die Hunde begleitet und für diese die Verantwortung und das Fragen für die individuellen Bedürfnisse übernimmt. Startet mit einer Persona. Diese durchläuft alle Prozessschritte. Die Begleitpersonen achten bitte auf das Erlebnis am jeweiligen Prozessschritt, aber auch auf das Erlebnis zwischen den Prozessschritten, also auf dem Weg dorthin. Im Anschluss, wenn alle Personas (Hunde) mit ihren Begleitpersonen den Prozess durchlaufen sind, findet gemeinsam Optimierungsideen."

Abb. 13.21 stellt die Intervention grafisch dar.

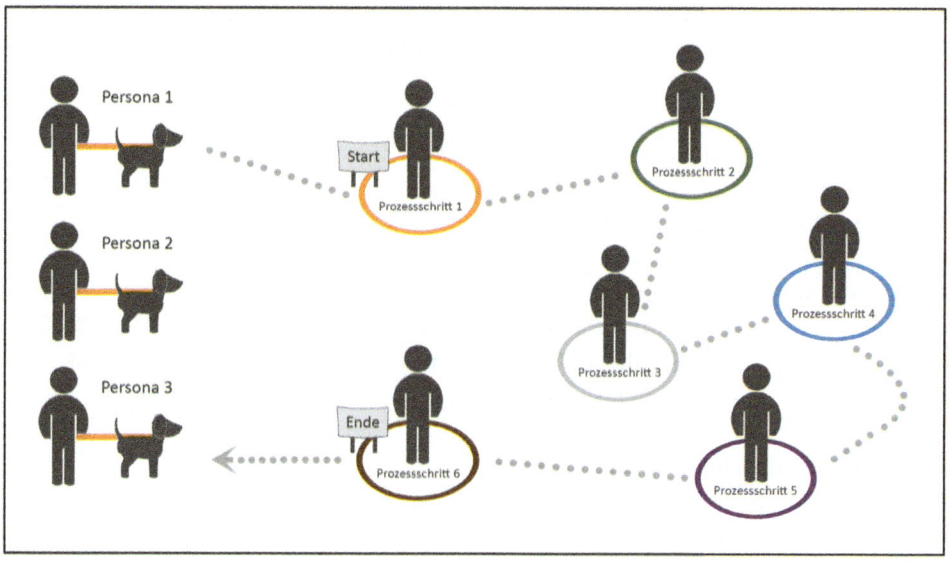

Abb. 13.21 Intervention Prozesse

Reflexion

➤ Wie seid ihr zu der Einteilung der Rollen gekommen? Welche Rollen gab es?
➤ Haben alle zielführend an der Prozessoptimierung mitgearbeitet? Wenn nein, warum nicht?
➤ Auf einer Skala von 1 bis 10: Wie gut war eure Zusammenarbeit?
➤ Auf einer Skala von 1 bis 10: Wie gut war eure Kommunikation?
➤ Seid ihr zu ersten Erkenntnissen/Ideen gekommen?
➤ Wie habt ihr die ersten Ergebnisse/Ideen dokumentiert?
➤ Welche ersten Handlungsfelder haben sich aus der Übung schon ergeben?
➤ Wie hast du als Verantwortlicher der Persona (Hund) den Prozess erlebt?
➤ Was lief gut? Was nicht?
➤ Auf einer Skala von 1 bis 10: Wie zufrieden warst du mit dem Prozess?
➤ Wie bewertest du die Kundenorientierung? Wie die Usability?
➤ An welchen Prozessschritten siehst du Optimierungspotenzial?
➤ Auf welchen Wegen zum nächsten Prozessschritt siehst du Optimierungspotenzial? Was schlägst du zur Verbesserung konkret vor?
➤ Was hat dir gefehlt? Was hast du vermisst?
➤ Wie hast du als Prozessverantwortlicher deinen Prozessschritt erlebt?
➤ Haben die Schnittstellen für alle Personas funktioniert?
➤ Haben die Schnittstellen für dich intern funktioniert?
➤ Was lief besonders gut? Was lief weniger gut? Warum?
➤ Was könnte man verbessern?
➤ Welche Personas waren zufrieden? Welche Personas waren unzufrieden? Warum?

➤ Was hat dir gefehlt? Was hast du vermisst? Was haben die Personas vermisst?

➤ Was war zu kompliziert? Wann gab es einen Abbruch? Warum?

Transfer

➤ Welche Handlungsfelder wollt ihr ergänzen?

➤ Wie bewertet ihr diese? Wie priorisiert ihr diese?

➤ Was wollt ihr auf jeden Fall umsetzen?

➤ Wie geht ihr weiter vor?

➤ Wann wollt ihr diese umsetzen?

➤ Wer ist für welchen Schritt verantwortlich? Bis wann?

➤ Wie stellt ihr sicher, dass die nächsten Schritte auch wirklich umgesetzt werden?

➤ Wer oder was könnte euch noch helfen?

Weiterführende Ideen und Variationen

➤ Intervention spielerisch mit Aufbau und Erleben-Lassen des Parcours

➤ Intervention mit Rollenwechsel der Verantwortlichkeiten

➤ Intervention mit zusätzlichen Beobachterrollen abseitsstehend und beobachtend (Vogelperspektive) und Feedback geben

13.2.10   Hundegestützte Teamrallye

Als besonderes Highlight kann eine hundegestützte Teamrallye angeboten werden. Es handelt sich dabei um ein aktionsgeladenes und unterhaltsames Teamevent, das gleichzeitig eine sehr effektive Methode zur Teamentwicklung darstellt. Die Rallye ist ein Teamerlebnis der besonderen Art, denn sie findet nicht mit Gegenständen, sondern mit fühlenden und denkenden Lebewesen, den Hunden, statt.

Zu Beginn gibt es einen theoretischen Teil, in dem die aktuelle Zusammenarbeit des Teams bezüglich Stärken und Potenzialen hinterfragt wird. Im Anschluss läuft die Teamrallye auf Zeit. Doch nicht die Schnelligkeit allein entscheidet, sondern es kommt auch auf andere wichtige Teamkompetenzen an. Das Team hat dabei gemeinsam mit den Hunden verschiedene Aufgaben zu lösen. Hierfür bekommt das Team ein vorbereitetes Blatt mit den einzelnen Aufgabenstellungen. Für jede mit den Hunden erfolgreich gelöste Aufgabe erhält das Team ein Wort, das es für den zu ermittelnden Lösungssatz am Ende benötigt. Wird das Team die Aufgaben mit den Hunden in der vorgegebenen Zeit schaffen? Werden die Rollen gleichberechtigt verteilt? Werden die Rollen, wie gefordert, gewechselt? Wie gut funktioniert die Zusammenarbeit? Wie gut ist die Kommunikation im Team? Wie effizient geht das Team bei den einzelnen Aufgaben vor? Wird die Zeit im Blick behalten? Werden die Hunde gleichberechtigt eingesetzt, oder muss einer mehr machen als ein anderer? Wenn ja, warum? Wird ein Hund sogar vergessen? Wie viel Spaß hat das Team?

Nach der Teamrallye werden die zuvor erarbeiteten Teamherausforderungen mit den praktisch gesammelten Erfahrungen zusammengeführt. Anschließend werden gemeinsam

Strategien erarbeitet, die zukünftig in den beruflichen Alltag übertragen werden (Knabe 2023). Durch dieses besondere Teamevent werden die Kompetenzen der Mitarbeitenden gestärkt und neue Potenziale entdeckt. Die Teamrallye fördert die Kommunikation, den Teamgeist, die Produktivität sowie die Kreativität der Teammitglieder. Das Team erhält die Möglichkeit, seine Arbeitsweise auf eine besondere Art zu erleben, zu reflektieren und zu verbessern.

Alle aufgeführten Interventionen sind kombinierbar sowie abwandelbar. Sie sind vom Coach bzw. Trainer einfacher oder schwieriger gestaltbar. Folgende Optionen der Abwandlung bestehen:

➤ Intervention mit oder ohne Leine
➤ Intervention mit einem, zwei oder mehr Hunden
➤ Intervention mit oder ohne Sprechen des Klienten/Teilnehmers
➤ Intervention mit Einbau von zusätzlichen Ablenkungen und Störungen von außen

Literatur

Knabe, M. (2022). coachdogs® Coach-Ausbildung. Praktischer Übungsteil. Ried im Zillertal, Tirol: coachdogs® Akademie.
Knabe, M. (2023). coachdogs® Trainer-Ausbildung. Praktischer Übungsteil. Seligenstadt: coachdogs® Akademie.
Landgraf, D., Neuse, V. (2021). Praxisbuch tiergestütztes Training und Coaching. (S. 108, 114, 140–142, 145, 146). Weinheim: Beltz.

Weitere Unternehmens- und Personalentwicklungsansätze

14

Die in diesem Buch aufgeführten hundegestützten Interventionen sind wertvolle Instrumente für die Personalentwicklung eines Unternehmens. Hundegestütztes Lernen sollte nicht nur dem Management, den Führungskräften und den Teams im Unternehmen vorbehalten sein, sondern grundsätzlich allen Mitarbeitenden zur Verfügung stehen. Denn Stärken und Kompetenzen sollten bei jedem einzelnen Mitarbeiter effizient, wirksam und nachhaltig gefördert werden. Mitarbeitende sollten selbstbestimmt entscheiden dürfen, was und wie sie lernen und sich entwickeln möchten. Gerade in Zeiten von Fachkräftemangel bedarf es neuer, innovativer Lernformate, und jeder einzelne Mitarbeiter sollte geschätzt, gefördert und motiviert werden. Hundegestütztes Coaching und Training stellt hierfür eine wirkungsvolle Möglichkeit dar.

Abb. 14.1 zeigt die Einsatzmöglichkeiten von hundegestütztem Coaching und Training im Unternehmen.

Eine erfolgreiche Unternehmensentwicklung setzt voraus, dass man die Menschen, die in der Organisation arbeiten, individuell „abholt", „mitnimmt", unterstützt, fördert und begleitet. Gerade in den Transformationsdimensionen Führung, Zusammenarbeit, Kultur, Werte, Kompetenzen und Identität kann die tiergestützte Arbeit entscheidende Mehrwerte bieten.

Die Möglichkeiten innerhalb der Führungskräfte- (Abschn. 13.1), Team- (Abschn. 13.2) und Mitarbeiterentwicklung (Abschn. 12.1) wurden in diesem Buch umfangreich dargestellt, wobei sich die Mitarbeiterentwicklung mit Beispielen im Kapitel der Persönlichkeitsentwicklung widerspiegelt. Ergänzend sei die Nachwuchskräfteentwicklung erwähnt, denn für die jungen Mitarbeitenden bieten sich hundegestützte Azubi- und Traineetage an. Die hundegestützten Veranstaltungen bereiten Spaß und gute Laune. Gleichzeitig werden durch eine zielgerichtete Auftragsklärung im Vorfeld wichtige Kompetenzen gefördert.

© Der/die Autor(en), exklusiv lizenziert an Springer Fachmedien Wiesbaden GmbH, ein Teil von Springer Nature 2024
M. Lentzsch, *Hundegestütztes Coaching und Training*,
https://doi.org/10.1007/978-3-658-42454-1_14

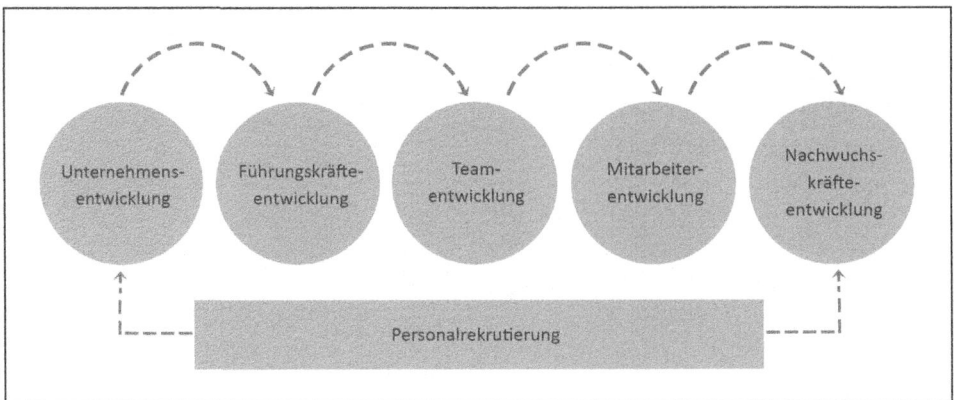

Abb. 14.1 Hundegestützte Einsatzmöglichkeiten

Azubis und Trainees können so gefördert und an das Unternehmen gebunden und Abbruchraten verringert werden.

Im Rekrutierungsbereich finden sich weitere Anwendungsfelder. So können bspw. drei favorisierte Kandidaten für eine vakante Stelle vor Einstellung ein hundegestütztes Assessment Center durchlaufen. Im Vorfeld werden die entscheidenden Kompetenzen für die Stelle bzw. Rolle, die es zu prüfen gilt, mit dem Auftraggeber besprochen und festgelegt. Der Coach wählt zu den gewünschten Kompetenzen entsprechende hundegestützte Interventionen aus, welche die Bewerber durchlaufen. In den Übungen zeigt sich schnell, ob die beim Vorstellungsgespräch angegebenen Stärken und Kompetenzen auch wirklich bei dem einzelnen Bewerber vorhanden sind. Die tatsächliche Verhaltensbeobachtung liefert ein realistisches Bild der Kandidaten und kann zur abschließenden Entscheidungsfindung für die geplante Einstellung beitragen. Fehlkosten können so reduziert werden.

Ausblick

15

15.1 Weitere Entwicklungen im hundegestützten Coaching

Wünschenswert für ein professionelles hundegestütztes Coaching wären vor allem die Entwicklung einheitlicher Qualitätsstandards, die Entwicklung qualifizierter Weiterbildungen sowie einheitliche Zulassungsvoraussetzungen für die Ausübung der Tätigkeit und stärkere Kontrollen für einen tierschutzgerechten Einsatz der Hunde beim Coach und Trainer. Diese Aspekte wurden in den vorangegangenen Kapiteln ausführlich erläutert.

15.2 Hundegestütztes Coaching mit Roboterhunden

Der japanische Elektronikkonzern Sony stellte 1999 den Roboterhund „Aibo" vor, der als Spielzeug für die Unterhaltung entwickelt wurde. Sony leistete damit Pionierarbeit bei der Einführung von Roboterhunden in Haushalten (Wikipedia o. J.). 2016 präsentierte das amerikanische Unternehmen Boston Dynamics seinen Roboterhund „SPOT" der Öffentlichkeit, der als der höchstentwickelte Roboterhund gilt. Er zeichnet sich durch zahlreiche Anwendungen und insbesondere durch seine Fortbewegung in schwierigen Umgebungen aus (Senecat 2022). Das New York Police Department (NYPD) testete diesen, um bei Einbrüchen, in Geiselsituationen und bei Gefahrgutvorfällen Leben zu retten (SPIEGEL Netzwelt 2021). Der chinesische Hersteller Unitree Robotics bietet zudem verschiedene Modelle für Forschungs- und Entwicklungszwecke, den Einsatz im Hochschulwesen, in der Servicerobotik oder bei der autonomen Überwachung an. Es gibt Roboterhunde für Kinder, in denen bereits Sensoren, Kameras und künstliche Intelligenz eingebaut sind. Sie sind mit oder ohne Fernbedienung sowie mit oder ohne Fell erhältlich. Es entstehen sogar erste Produkttestwebseiten, die auf entsprechende Angebote hinweisen

M. Lentzsch, *Hundegestütztes Coaching und Training*, https://doi.org/10.1007/978-3-658-42454-1_15

und Vergleichskategorien anbieten, wie Kuscheln, Toben, Sauberkeit, Charakter und Kosten. Das Ganze geschieht unter dem Motto: „Roboterhund oder echter Hund: Wer ist besser?" (DW 2022).

In der robotergestützten Therapie (RAT) werden anstelle von echten Tieren bereits Roboterhunde zur Behandlung von Patienten eingesetzt. Vorteile der RAT sind Sauberkeit, Sicherheit, geringer Geräuschpegel, robustere Arbeitsbelastung, niedrigere Kosten und keine alters- oder krankheitsbedingten Ausfälle. Erste robotergestützte Aktivitäten finden sich z. B. in der Altenpflege zur Verringerung der Einsamkeit, zur Minderung von Stress und Müdigkeit am Arbeitsplatz sowie zur Förderung von Therapien für gefährdete soziale Gruppen (Foltin 2022). Erfahrungsberichte zeigen, dass bei älteren Menschen mit Demenz durch den Einsatz von Roboterhunden Erinnerungen wachgerufen werden konnten, aus denen sich neue Gespräche ergaben. Die Senioren wurden dadurch wieder interaktiver (YouTube 2018). Erste Studien untersuchen die Wirksamkeit von RAT. Diese Entwicklungen zeigen, dass Roboterhunde früher oder später auch Einzug im hundegestützten Coaching halten könnten. Ob ein hundegestützter Coach mit dieser Technik arbeiten möchte, obliegt allein ihm selbst. Für mich persönlich kann und wird ein Roboterhund, egal wie fortgeschritten die Technologien in ihm auch sein werden, ein echtes, fühlendes und denkendes Lebewesen – wie einen Hund – niemals ersetzen können.

Literatur

DW. (2022) Video: Roboterhund oder echter Hund?. https://www.dw.com/de/roboterhund-oder-echter-hund-wer-ist-besser/av-62165384. Zugegriffen: 28. Mai 2023

Foltin, S. (2022). Hundegestützte Interventionen. Wissenschaft trifft Praxis – Ausgewählte Studien erklärt. (S. 324). Nerdlen: Kynos.

Senecat, M. (2022). Unitree Robotics vs Boston Dynamics: Welcher Roboterhund ist für Sie am besten geeignet?. https://www.generationrobots.com/blog/de/unitree-robotics-vs-boston-dynamics-welcher-roboterhund-ist-fur-sie-am-besten-geeignet. Zugegriffen: 27. Juni 2023

SPIEGEL Netzwelt. (2021) New Yorker Polizei setzt Roboterhund ein. https://www.spiegel.de/netzwelt/web/boston-dynamics-new-yorker-polizei-setzt-roboterhund-spot-in-der-bronx-ein-a-74efd4db-9134-4733-b28d-5203772d4813. Zugegriffen: 27. Juni 2023

Wikipedia. (o.J.). Aibo. https://de.wikipedia.org/wiki/Aibo. Zugegriffen: 27. Juni 2023

YouTube. (2018). faz. Roboterhund wird im Altenheim zum Hit. https://www.youtube.com/watch?v=b76UKipZmz8. Zugegriffen: 28. Mai 2023

Schlusswort

Falls Sie sich neu mit dem Thema hundegestütztes Coaching und Training beschäftigen, hoffe ich, dass ich Ihre Neugierde mit diesem Buch verstärken konnte. Falls Sie bereits selbst hundegestützter Coach oder Trainer sind, hoffe ich, dass ich Ihnen mit diesem Buch noch ein, zwei ergänzende Impulse für Ihre Arbeit bieten konnte. Falls Sie für die Personalentwicklung in einem Unternehmen verantwortlich sind, hoffe ich, ich konnte Sie von den Mehrwerten der Arbeit mit Hunden als Co-Trainer überzeugen. Wenn Sie selbst Hundehalter sind, hoffe ich, ich konnte Ihnen aufzeigen, was für einen wertvollen hundischen Trainer Sie bereits täglich um sich haben. Nutzen Sie die Chance für Ihre persönliche sowie Ihre gemeinsame Entwicklung als Mensch-Hund-Team.

Ich hoffe, ich konnte meine Leidenschaft zu hundegestütztem Coaching und Training mit diesem Buch an Sie, liebe Leser, übermitteln. Ich hoffe, ich konnte Sie von der Effizienz, Wirksamkeit und Nachhaltigkeit dieser hundischen Lern- und Entwicklungsform überzeugen. Und ich hoffe, ich konnte das Bewusstsein für notwendige Qualitätsstandards und Tierschutzaspekte aufzeigen. Denn nur so werden wir alle – Mensch und Hund – nachhaltig von der hundegestützten Arbeit profitieren können.

Ich lade Sie ein, Ihre eigenen Lebens- und Arbeitsthemen mit Hunden zu hinterfragen. Bleiben Sie neugierig, entwickeln Sie sich wohlwollend zur besten Version Ihres Selbst weiter – und das mit einem großartigen Partner, dem Hund. Lebenslanges Lernen ist ein Geschenk. Wir haben in Deutschland das Privileg der Selbstentfaltung und -wirksamkeit. Unternehmerisches und persönliches Wachstum muss daher niemals enden.

GPSR Compliance

The European Union's (EU) General Product Safety Regulation (GPSR) is a set of rules that requires consumer products to be safe and our obligations to ensure this.

If you have any concerns about our products, you can contact us on ProductSafety@springernature.com

In case Publisher is established outside the EU, the EU authorized representative is:

Springer Nature Customer Service Center GmbH
Europaplatz 3
69115 Heidelberg, Germany

The manufacturer's authorised representative in the EU is Springer
Nature Customer Service Centre GmbH, Europaplatz 3, 69115 Heidelberg,
Germany. If you have any concerns regarding our products, please
contact ProductSafety@springernature.com

Printed and bound by CPI Group (UK) Ltd, Croydon, CR0 4YY
28/04/2026
02098516-0011